AF136740

Johann Ludwig Formey

Versuch einer medicinischen Topographie von Berlin

Johann Ludwig Formey

Versuch einer medicinischen Topographie von Berlin

ISBN/EAN: 9783742893857

Hergestellt in Europa, USA, Kanada, Australien, Japan

Cover: Foto ©berggeist007 / pixelio.de

Manufactured and distributed by brebook publishing software
(www.brebook.com)

Johann Ludwig Formey

Versuch einer medicinischen Topographie von Berlin

VON

D. LUDWIG FORMEY,

KOENIGL. LEIBARZTE UND OBER-STAABS-MEDICUS, DES OBER-COLLEGII MEDICI
UND DES OBER-COLLEGII SANITATIS RATHE, DER KOENIGL. HOF-APO-
THEKEN-COMMISSION UND DER KAISERL. OEKONOMISCHEN
SOCIETAET ZU ST. PETERSBURG MITGLIEDE.

BERLIN, 1796.

BEI ERNST FELISCH.

SEINER MAJESTÄT

DEM

KÖNIGE

IN TIEFSTER UNTERTHÄNIGKEIT

GEWIDMET

VON DEM VERVASSER.

Allerdurchlauchtigster
Grofsmächtigster König!
Allergnädigster König und Herr!

Ew. Majestät haben geruhet mir
einen so ausgezeichneten Beweifs
Höchst Dero Wohlwollens und Königlichen Zutrauens zu geben, dafs
ich bei meinem ersten Schritt in der
literarischen Laufbahn, es wage,
Ew. Königlichen Majestät die Versicherung meiner ewigen Dankbarkeit

und meines unbeschränkten Dienst-
eifers öffentlich zu Füſsen zu legen.

Ich würde mich glücklich schäz-
zen, wenn gegenwärtiger Versuch
Ew. Königl. Majestät Aufmerksamkeit nicht ganz unwürdig wäre oder
wenigstens zum Beweise diente, daſs

ich keine andere Pflicht kenne, als die, mich in meinem Beruf immer vollkommner und gemeinnütziger zu machen.

Wie sehr dieser Beruf durch Ew. Majestät unerwartete Gnade erhöhet und erweitert worden ist; dieses zu

beschreiben habe ich nur Gesinnungen nicht Worte.

Ich bin in tiefster Unterwürfig-
keit

Ew. Königl. Majestät

Berlin,
den 22. April 1795.

allernnterthänigst gehorsamster

F o r m e y.

VORREDE.

Vor kurzem kam mir die Aeufserung eines
völlig competenten Richters, (Hr. Prof. Finke
in Lingen in dem dritten Theile seiner fchätz-
baren medicinischen Geographie) zu Gesichte:
„Er habe bei Ausfertigung seines Werks so
„manche medicinische Topographie gelesen,
„aber keine einzige gefunden die ihm Genüge
„geleistet hätte!"

Bei dem überzeugenden Gefühl, wie sehr
gegenwärtiger Versuch den Werken eines
Burggrav, Scheffer, Thilenius, Elsner, Thie-
ry, Consbruch über einen ähnlichen Gegen-

stand nachsteht, hätte dieses Urtheil mich vielleicht von meinem Vorhaben zurückbringen sollen. Allein der Gedanke, daſs jeder Beitrag zur näheren Kenntniſs der physischen Eigenschaften des Climas, der Gewässer, des Bodens einer Stadt oder Gegend, so wie die Wirkungen, welche sowohl daraus als aus der Lebensart und den Sitten für das Gesundheitswohl, die Bevölkerung und Mortalität der Einwohner entstehen, dem Arzte und Naturforscher willkommen seyn möchten, hat mir zur Ausführung meines Vorhabens Muth gemacht.

Ueber den Werth und den Nutzen guter medizinischer Ortsbeschreibungen, sind ältere und neuere Aerzte völlig einverstanden. Schon Hippokrates will, daſs ein jeder der die Arzneiwissenschaft an einem Orte ausübt, den Wechsel der Witterung und Jahreszeiten die Beschaffenheit der Winde, der Gewässer, des Bodens, die Lebensart der Einwohner beobachten soll. Was aber von so vielen

angepriesen und für nützlich befunden wurde,
war bisher in unserer vaterländischen phy-
sico - statistischen Litteratur eine unausge-
füllte Lücke geblieben. Ich fieng an in diesen wichtigen Gegenstand aufmerksamer einzudringen, und alle darüber einzeln gemachte Beobachtungen zu meinem Privatgebrauch
zu sammlen. Da ich nun hier ein zwar rei-
ches aber noch wenig bearbeitetes Feld fand,
so entschlofs ich mich, diese gesammlete Materialien und Bruchstücke zu ordnen und um-
zuarbeiten. Je weiter ich indessen meine Bemühungen fortsetzte, je mehr lernte ich den
Umfang und die Schwierigkeiten dieses Unternehmens kennen. Oft wäre ich beinahe abge-
schreckt worden, weil ich einsahe, dafs eine
auch nur mittelmäfsige Topographie einer
grofsen Stadt mehr innere Kräfte, Kenntnisse
und Erfahrung als ich besitze erheische, und
dafs dazu ein nicht gewöhnlicher Grad von
Scharfsinn und Sachkenntnifs erforderlich sey.
Nur die Hoffnung, dafs der gegenwärtige un-
vollkommene Versuch durch die Berichtigun-

gen und Zurechtweisung sachverständiger und
erfahrner Männer dereinst vielleicht seinem
Zwecke näher treten könne; hat meine Furcht
besiegt, und so wage ich es denn, dieses
Werk dem Publikum zu übergeben.

Wenn dieser Versuch einzig und allein
die Aufmerksamkeit der Aerzte auf sich zö-
ge, so würde er einen grofsen Theil des
von mir beabsichteten Zwecks verfehlen.
Welcher Arzt kennt nicht die Beschaffenheit und den Einflufs der natürlichen und
nicht natürlichen Dinge auf Gesundheit und
in Krankheiten so wohl überhaupt als besonders an dem Orte wo er seine Wissenschaft ausübt? Sollte aber der nicht medicinische Leser, sollte die unendlich gröfsere
Classe der Nichtärzte hier nicht hin und
wieder auf Gegenstände treffen, die ihm neu
und nützlich seyn könnten? Diese Absicht
mag die vielleicht zu grofse Weitläufigkeit
und Allgemeinheit bei einigen Gegenständen
und die Auseinandersetzung wichtiger ob-

gleich wissenschaftlich bekannter Sachen ent-
schuldigen.

Ueber den Plan des Werks selbst habe
ich nichts zu erinnern, weil er jedem vor
Augen liegt.

Ueber die Ausführung wird jeder Sach-
kundige nach Maafsgabe der dabei obwaltenden Schwierigkeiten selbst urtheilen; mir
soll jede gegründete Bemerkung und Belehrung willkommen und nützlich seyn.

Wegen des Styls mufs ich um Nachsicht bitten. Ich habe eine geraume Zeit,
allein mit beständigen Unterbrechungen, ja
selbst durch eine in Polen mitgemachte
Campagne, davon abgerufen, an diesem Werke gearbeitet, und überhaupt nur sehr kurze von Geschäften freie Augenblicke darauf
verwenden können, welches vorzüglich der
Form hat nachtheilig werden müssen. Was
von andern entlehnt ist, habe ich jedesmal

getreulich angezeigt, und wo ich die eigene
Worte meiner Gewährsmänner beibehielt, ge-
schahe es, weil ich die Sachen nicht hätte
besser ausdrücken können.

Berlin, den 7. Februar 1796.

I.

LAGE, UMFANG UND GEWÄS-SER VON BERLIN.

Berlin, die Hauptstadt der Mark Brandenburg und die Residenz der Könige von Preufsen, liegt in einer gröfstentheils sandigten Ebene, an beiden Ufern der Spree, eines schönen und fischreichen Flusses. Ihre geográphische Lage fällt nach Kirch's Berechnung in 52°, 50' nördlicher Breite, und 31°, 10' Länge. Nach der genaueren Bestimmung des Herrn Prof. Bernoulli aber kann man die Polhöhe zu Berlin zu 52°. 31'. 30'', und die Länge zu 31°, 2', 30'' annehmen.

Die Gegend um Berlin ist ganz frei, und beinahe auf allen Seiten sieht man nichts als eine unabsehbare Ebene vor sich, die weder von Bergen noch Waldungen beschränkt wird. Unbeträchtliche Anhöhen und kleine Gebüsche, meistens von Fichten,

A

liegen in verschiedenen Entfernungen um die Stadt. Unter den lezten bemerkt man vorzüglich auf der westlichen Seite den an das Brandenburger Thor angrenzenden Thiergarten, dessen Flächeninhalt 147577 Quadratruthen, also ohngefehr $\frac{2}{11}$ Quadratmeilen beträgt; auf der Südwestlichen die Hasenheide, und auf der Südöstlichen die Jungfernheide. Viele Dörfer und einige kleine Städte umgeben in mittelmäfsiger Entfernung die Stadt, und aus mehreren Thoren führen wohl angelegte Alleen dahin.

Ueber die Entstehung der Stadt selbst und über den Urfprung ihres Namens herrscht viel Dunkelheit, und aller angestellten Untersuchungen ungeachtet hat bis jezt nichts mit Gewisheit ausgemittelt werden können, als dafs Berlin vom Anfange an diesen Namen geführt habe.

Das Alter von Berlin läfst sich ebenfalls nicht mit Genauigkeit angeben; jedoch kann man dessen Existenz nicht füglich eher als vom Ende des zwölften Jahrhunderts annehmen, und also zur Zeit oder kurz nach der Regierung des Markgrafen Albrechts des Bären. Das älteste Document über Berlin ist ein Ablafsbrief, welchen der Cardinal und päbstliche Nuntius Raymund im Jahr 1202 der Nicolaikirche gab.

Die ersten Bewohner von Berlin oder der Ge-

gend, wo diese Stadt jezt liegt, waren höchstwahr-
scheinlich Wenden. Nach der Unterjochung und
Vertreibung derselben liefsen sich niederländische
Colonisten, welche Marggraf Albrecht der Bär dahin
gezogen hatte, daselbst nieder, und bauten sich
vermittelst des ihnen eigenen vaterländischen Fleifses
mehr und mehr an, so dafs man die Summe ihrer
Wohnungen eine Stadt nennen konnte. *a)*

Der vorzüglichste Nahrungs - und Erwerbzweig
der ersten Berliner war wohl die Fischerei, welche
von je her in der Mark sehr ergiebig gewesen, und
womit verschiedene Städte einen ansehnlichen Handel im Auslande trieben. Der Akkerbau war dazu-
mal in dieser ohnehin nicht fruchtbaren Gegend
sehr unbedeutend, und die Viehzucht, welche ebenfals mehr Mühe und Anstrengung erfordert, ist
wahrscheinlich erst durch die niederländischen Colonisten; welche schon damit bekannt waren, mehr
in Ausübung gekommen.

In dem ersten Zeitraum nach ihrer Entstehung
erlitt diese Stadt mannigfaltige Unglücksfälle und
Bedrückungen, welche ihren Wachsthum sehr zu-
rückhielten. Die Abwesenheit der oft abwechselnden Landesherrn, die sich um die Mark wenig be-
kümmerten, der Druck der Geistlichkeit, wovon

---

a) Versuch einer historischen Schilderung der Residenzstadt Berlin, 1ter Theil p. 7.

A 2

die für Berlin so nachtheilige Folgen der Ermordung
des Probstes Nicolaus von Bernau zum Beweis dienen können; die Räubereien und Fehden des Adels;
die Unruhen, welche die Erscheinung des in der
Brandenburgischen Geschichte berüchtigten falschen
Waldemar veranlafsten; eine Belagerung, welche
die Stadt 1349 aushalten mufste; ein grofser Brand,
welcher im Jahre 1367 entstand, und einen sehr
grofsen Umfang gehabt haben mufs, indem das
Feuer so entfernte Gebäude als das damalige Rath-
haus, die Nicolai - und Marienkirche nebst einem
ansehnlichen Theil der Stadt in Asche legte; verschiedene bösartige Krankheiten, welche man für
die Pest ausgab, und die vorzüglich in den Jahren
1500 und 1550 herrschten und den gröfsten Theil
der Einwohner aufrieben, waren wohl hinlängliche
Ursachen, die das Emporkommen dieser Stadt verhindern konnten : und doch mußten die Berliner,
dieser mannigfaltigen Unglücksfälle ohnerachtet, in
einem gewissen Wohlstande gelebt, und selbst einen
beträchtlichen Luxus geführt haben, indem der Ma-
gistrat von Berlin und Cölln im Jahre 1555 eine
Policeyordnung zur Einschränkung desselben ergehen liefs, und in derselben unter andern dem bei
den Weibern eingerissenen Luxus in Absicht des
Schmucks Grenzen sezte, und verordneten, dafs
bei Hochzeiten nicht mehr als 24 Schüsseln gegeben
werden sollten. *b)*

---

b) Küsters neues und altes Berlin, IVte Abtheilung.

Mit dem Jahre 1415 aber, wo der Burggraf
Friedrich von Nürnberg, welcher damals Statthalter
der Mark war, dieselbe nebst der Churwürde eigenthümlich und erblich erhielt, hatte Berlin das so
seltene Glück, eine ununterbrochene Reihe von
guten und weisen Regenten zu haben, durch deren
thätige Unterstüzzung allein der schnelle Wachsthum und der nachherige Flor dieser Stadt möglich
wurde, und wodurch sie bald in Absicht ihres Um-
fanges, ihrer Bevölkerung und ihres äufseren Glan-
zes, unter die merkwürdigsten Städte von Europa
gezählt zu werden verdiente. Zu diesem aufseror-
dentlichen Wachsthum trug die im Jahre 1536 unter
Joachim dem 2ten eingeführte Reformation so wohl,
als die nachherige Aufnahme der französischen Re-
fügiés, Pfälzer und Mährischen Brüder sehr viel
bei; so dafs sogar die vielfältigen Spuren des für die
Mark und für Berlin so verderblichen dreifsigjähri-
gen Krieges bald völlig ausgelöscht wurden.

Der gegenwärtige Umfang von Berlin beträgt
4546 Rheinl. Ruthen oder ungefehr 2⅔ deutsche
Meilen, und der Innhalt der ganzen Fläche der Stadt
ist 951,955 Rheinl. Quadratruthen oder 5177½ Märki-
sche Morgen. Es hat beinahe 1½ Meile in der Länge,
nehmlich von dem Stralauer Thore gegen Südosten
bis an das Oranienburger Thor gegen Nordwesten,
und eine starke Meile in der Breite, nehmlich von
dem Bernauer Thore gegen Nordosten bis an das
Potsdammer Thor gegen Südwesten.

Die Hauptstadt Berlin besteht eigentlich aus
fünf Städten und vier Vorstädten: nehmlich aus
den Städten:

1) Berlin, welche Nordostwärts an dem rechten
Ufer der Spree liegt.

2) Köln, das gleichsam eine Insel bildet, und
von zwei Armen der Spree getrennt wird,
und daher in Alt-Köln, welches gegen Wes-
ten zur Linken der Spree liegt, und in Neü-
Köln, welches Alt-Köln gegen über ist, ein-
getheilet wird

3) Der Friedrichs-Werder, welcher von Köln,
der Friedrichsstadt und Dorotheenstadt umgeben ist, und ehemals ein Sumpf war; daher
dieser Theil den Namen Werder hat.

4) Die Dorotheen- oder Neustadt, welche an die
Friedrichsstadt, an Köln und an das Spandauer
Viertel gränzt, und ihren Anfang der lezten
Gemahlin des Churfürsten Friedrich Wilhelms
zu verdanken hat. Ihr Boden war ehemals
ein Ackerfeld, und gehörte dieser Fürstin.

5) Die Friedrichsstadt, welche am Südwestlichen
Ende liegt. Ihr Boden war ebenfalls ein Ackerfeld, und der Anfang ihrer Erbauung geschah
1688 unter dem König Friedrich dem Ersten.

Die vier Vorstädte sind aufserdem noch

1) Die Königs-Vorstadt.

2) Die Spandauer Vorstadt gegen Nordost.

3) Die Strahlauer Vorstadt, welche ostwärts an die Königs Vorstadt grenzt.

4) Die Köllnische - oder Cöpenicker Vorstadt, welche der Stadt Cöln gegen Süden liegt.

Alle diese Städte und Vorstädte grenzen und hängen ungetrennt zusammen, und sind von einer steinernen Mauer umgeben. Aufserdem liegt noch eine ganze Vorstadt, das Voigtland genannt, und eine beträchtliche Anzahl einzelner Häuser, aufserhalb der Stadtmauer.

Die Stadt hat 15 geschmackvolle und prächtige, gröfstentheils neu erbaute Thore, 268 Strafsen und Pläzze, 30 Kirchen und 36 Brükken.

Die Anzahl der Vorderhäuser war im Jahre 1795 von 6750 ohne das Schlofs, die Kirchen und alle öffentliche Gebäude. Mit den Hinterhäusern rechnet man ohngefähr 10000 Häuser. Das Assecurationsquantum der Privathäuser betrug in demselben Jahre 22 Millionen Thaler.

Bei dem grofsen Umfange von Berlin läfst sich
nicht erwarten, dafs alle Theile der Stadt gleich
schön gebaut und geräumig seyn-können; indessen
giebt es vielleicht keine Stadt in Europa, welche so
schöne Gebäude in so grofser Anzahl aufzuweisen
hätte als Berlin. Was die Bauart im Allgemeinen
betrift, so ist zu bemerken, dafs die Häuser meistentheils ganz massiv, von drei, vier und selbst fünf
Stockwerken hoch, und sehr regelmäfsig gebaut sind.
Vorzüglich zeichnen sich in dieser Hinsicht die Do-
rotheen-und Friedrichsstadt aus, wo man ganze und
sehr lange Strafsen ununterbrochen mit den ge-
schmackvollsten Gebäuden geziert, antrift. Von alten
gothischen Häusern mit Erkern und Thürmen findet
man noch einige in Cöln und in Berlin, als den ältesten Städten: ihre Anzahl nimmt aber immer mehr
ab; so wie die der schönen Gebäude in allen Gegenden der Stadt und in den Vorstädten zunimmt, und
man erstaunt nicht selten, wenn man einige Zeit
hindurch eine Gegend nicht gesehen hat, eine Menge
der prachtvollsten Gebäude, wie durch einen Zau-
berstab aus der Erde hervorgewachsen, zu finden.

Die Häuser selbst sind geräumig, und die Menschen nicht so wie in andern grofsen Städten, darinn
zum Ersticken zusammengeprefst. Viele haben ge-
räumige Höfe und grofse Gärten, und sind mit allen
Bequemlichkeiten versehn. Das Aeufsere der neu-
erbauten Privathäuser hat viel Eleganz, und nicht
wenige ziehn selbst das Auge des Kenners auf sich.

Die Anzahl der Bewohner eines Hauses ist sehr
verschieden und hängt theils von- dem Stande der
Menschen, theils von der Lage und der Gröfse der
Häuser ab. Sehr viele Häuser haben ansehnliche
Seiten - und Hintergebäude, worinn allein zuweilen
zwölf bis sechszehn Familien wohnen.

Die Strafsen in Berlin sind breit, gerade und
geräumig, und gewähren nicht allein dem Auge
einen schönen Anblick, sondern tragen zur Gesundheit der Einwohner viel bei, indem der Wind aller-
wärts streichen, die Luft erneuern, und von den
Ausdünstungen und Unreinigkeiten befreien kann.
Viele derselben sind von einer beträchtlichen Länge,
und unter diesen verdient vorzüglich die Friedrichs-
strafse bemerkt zu werden, welche in einer geraden
Linie von dem Hallischen bis zum Oranienburger-
Thore sich erstreckt, und deren Länge 890 rheinl.
Ruthen, folglich beinahe eine halbe deutsche Meile
beträgt. Auch sind mehrere Strafsen mit Bäumen
bepflanzt, wovon die vorzüglichste und vielleicht
einzige in ihrer Art die prächtige Strafse auf der Dorotheenstadt ist, welche man mit dem Namen,
unter den Linden, bezeichnet. Sie nimmt die ganze
Länge der Dorotheenstadt ein, und ist 224 rheinl.
Ruthen lang und 14 rheinl. Ruthen 2 Fufs breit. Sie
ist mit einer sechsfachen Allee mehrentheils von
Linden bepflanzt, zwischen welchen auf jeder Seite
eine breite gepflasterte Strafse, und in der Mitte ein
breiter, nicht gepflasterter, aber fest gestampfter Spa-

ziergang ist, der mit einer hölzernen Einfassung
und mit Bänken versehn ist.

Auf beiden Seiten der Strafsen sind Rinnen
angebracht, welche das Wasser und die Unreinigkeiten aus den Häusern aufnehmen, und sie nach dem
Flusse, oder einem der mit diesem in Verbindung
stehenden Graben hinführen, und wodurch zugleich
der Steig für die Fufsgänger oder der sogenannte Bürgersteig von dem zum Fahren bestimmten Theile
der Strafse abgesondert wird. Diese Einrichtung hat
den Nuzzen, dafs die Strafsen leichter rein gehalten
werden können, und zugleich die Fufsgänger vor
den Wagen gesichert sind, welches bei dem schlechten Strafsenpflaster bei sehr kothigem oder schlüpfri-
gem Wege, und bei der Unvorsichtigkeit der Kut-
scher sehr nöthig ist. Allein durch die vor vielen Häusern angebrachte Auffahrten und steinerne
Treppen ist zum gröfsten Nachtheil der Fufsgänger
dieser Bürgersteig an vielen Orten unbrauchbar gemacht, und selbst gefährlich geworden.

Die Strafsen werden auf öffentliche Kosten zwar,
so viel als möglich, gereiniget und im guten Stande
erhalten, bei anhaltendem Regen nimmt jedoch der
Koth so überhand, dafs man in manchen Gegenden
der Stadt nicht zu Fufs durchkommen kann. Bei
anhaltender warmer und trockner Witterung wird
hingegen der Sand zum feinsten Staub zerrieben;
man schwebt wie in einer Wolke, und athmet den
Staub unaufhörlich ein.

Des Abends werden die Strafsen durch Later-
nen, welche vermittelst eiserner Stangen an den
Häusern oder auch noch auf Pfählen vor den Häusern angebracht sind, mittelmäfsig erleuchtet.

Eine beträchtliche Anzahl regelmäfsiger und
schöner, zum Theil mit Bäumen bepflanzten Pläzze
dient zur Verschönerung der Stadt, zur Erhaltung
der reinen Luft und zum Spaziergange für die Einwohner. Verschiedene derselben werden zu Markt-
pläzzen benuzt.

Durch die Stadt fliefst die Spree, welche vermöge ihrer Verbindung mit der Elbe durch die Havel und mit der Oder durch verschiedene Canäle, der
Handlung sehr vortheilhaft ist. Sie entspringt in der
Lausitz, fliefst über Cöpenick durch Berlin, und
fällt bei Spandau in die Havel. Aufserdem berührt
das Flüfschen Panke, welches bei Bernau entspringt,
einen Theil der Spandauer Vorstadt, und fällt beim
Anfange des Schiffbauerdammes in die Spree. Auch
sind noch verschiedene Graben, die mit der Spree in
Verbindung stehn, und wovon einige mit Schleusen
versehen und schiffbar sind; so dafs die Stadt mit
fliefsendem Wasser hinlänglich versorgt ist.

Die Spree enthält vorzügliche Arten von Fischen, als den Zander (Lucio perca L.) den Aal
(Muraena anguilla L.) den Barsch (perca fluviatilis L.) den Bley. (Cyprinus brama L.) Dieser Fisch

ist einer der häufigsten. Nach Richters *c*) Versicherung sind schon auf einen Zug für 300 Thaler Bleye gefangen worden. Der Karpfen (*Cyprinus carpio L.*) hält sich mehrentheils in den Seen, durch welche die Spree fliefst, auf. Der Sanddöbel (*Cyprinus dobula L.*) Die Güster und die Giebel. Der Gründling (*Cyprinus gabio L.*) Der Hecht, (*Esox lucius L.*) Die Karausche. (*Cyprinus carassus L.*) Der Kaulbarsch. (*Perca cernua L.*). Die Pletze. (*Cyprinus erythrocephalus L.*) Der Peitzger. (*Corbitis fossilis L.*) Der Steinbeisser. (*Corbitis barbatula L.*) Die Quappe. (*Gaduslota L.*) Der Rothauge. (*Cyprinus rutilus L.*) Der Schley. (*Cyprinus tinca L.*) Der Stähling. (*Gasterosteus oculeatus L.*) Der Stint. (*Salmo epertanus L.*) Die Uekeley. (*Cyprinus alburnus L.*) Der Wels. (*Silurus glanis L.*) Diese lezten Fische werden zuweilen in ungeheurer Gröfse gefangen.

Das Wasser der Spree ist ein weiches, süfses und helles Wasser, das zum Trinken und Kochen der Speisen zwar selten gebraucht wird, woraus aber unsere häufig genossenen Biere gebrauet werden. Es ist daher ein, in jeder Rücksicht unverantwortlicher und höchst schädlicher Misbrauch, dafs die Nachteimer in die Spree ausgegossen werden, wodurch nicht allein in der Nachbarschaft des Flusses, sondern über einen grofsen Theil der Stadt ein eben so unangenehmer als der Gesundheit nachtheiliger Geruch verbrei-

---

c) Ichtyologia p. 826.

tet wird, und wodurch zugleich das Wasser auf die
abscheuligste Art verunreiniget, der mehrentheils
sandige Grund des Strohms schlammig, und dem
darin wachsenden Schilf und andern Wasserkräutern
Nahrung gegeben wird.

Der Strohm, welcher an sich nicht wasserreich
ist, wird in den Sommermonaten sehr klein, so
dafs die damit verbundenen Graben fast gänzlich ver-
trocknen. Demungeachtet wird der Unrath eben so
häufig in diesen als in den übrigen Monaten hinein-
geschüttet. Dazu kommt noch, dafs die Nachteimer
nicht mitten in den Strohm, wo der Unrath noch
leicht weggespült werden könnte, sondern auf die
Seiten, wo er oft lange liegen bleibt, oder sogar in
die Schleusen, die des Nachts verschlossen bleiben,
ausgeschüttet werden. Hier häuft er sich an, und
erfüllt die Luft mit schädlichen Dünsten, die zur
Ausbreitung verschiedener Krankheiten, zumal der
Ruhr, viel beitragen.

Grofsinger *d)* behauptet: Berlin würde jährlich
200 Menschen weniger auf seiner Todtenliste haben,
wenn man aufhörte, die Nachteimer in die Spree
auszuleeren, und Büsching ist ebenfalls dieser
Meinung.

Es ist diese schädliche Gewohnheit bei uns um

---

d) Büschings wöchentl. Nachrichten, 1783.

so auffallender, da die Policey sonst in Abstellung
vieler der Gesundheit der Einwohner nachtheiliger
Misbräuche immer sehr wachsam und thätig gewesen
ist; allein die oft wiederholten Klagen und Erinnerun-
gen des Ober - Collegii - Sanitatis wegen dieser eben
so ekelhaften als nachtheiligen Verunreinigung des
Stroms sind stets unwirksam geblieben, und doch
könnte der Dünger, den so viel tausend Menschen
liefern, unsere umliegende Sandäcker verbessern und
fruchtbar machen, und die Abstellung eines der Gesundheit so nachtheiligen Verfahrens würde zugleich
auf die Landwirthschaft einen sehr heilsamen Einfluſs haben.

In andern groſsen und volkreichen Städten wird
der Unrath zu diesem Behuf verwendet. In Paris
werden des Nachts die Eimer in eine auf zwei Rä-
dern befestigte groſse Tonne, geschüttet, und sobald
solche damit angefüllt ist, wird·sie sorgfältig zuge-
macht und verpicht, und auf den Aeckern in einer
beträchtlichen Entfernung der Stadt ausgeleert. In
Warschau, wird ebenfalls der Unrath an einen besonderen Ort gesammlet, und als Dünger zum
Feldbau gebraucht und sogar verkauft. Ob gleich
die Themse bei London sowohl wegen der Breite
des Stroms, als dessen Schnellflüssigkeit dergleichen
schädliche Ausdünstungen nicht über die Stadt verbreiten würde, und obgleich die Gegend um London
mit unsern Sandfeldern nicht zu vergleichen ist; so
hat man es doch zum Besten des Ackerbaues so ein-

gerichtet, dafs auf der Themse des Nachts Barken
angefahren werden, in deren verschlossenen Behält-
nissen um Mitternacht der Unrath geschüttet, und
des Morgens viele Meilen weiter landein zum Dün-
gen gefahren und verkauft wird. Zu eben diesem
Behuf wird in Strafsburg und in Frankfurth am
Mayn der Gassenkoth verpachtet.

Folgende Vorschläge *e)*, welche aber leider bis
jetzt noch immer nicht ausgeführt worden sind, hat
ein um den Staat und die Wissenschaften gleich
verdientes Mitglied des Ober - Sanitäts - Collegii schon
im Jahr 1779 deshalb gemacht.

1) Dafs der Unflat als Dünger unter gehöriger
   Präcaution gesammlet und gleich des Nachts
   zu Wasser oder zu Lande aus der Stadt gefahren würde. Fände dieser Vorschlag nicht
   statt, so würde

2) Bei den neuen Bauten anzubefehlen seyn:
   dafs in jeder neuen Baustelle gemauerte Gruben mit Dampfröhren angelegt würden; eben
   dergleichen müfsten in alten Häusern, welche
   Hofraum, aber keine Mistgruben haben, anzu-
   legen befohlen werden. So können diejenigen, so Dünger zu Gärten gebrauchen, Stroh,

---

e) Pyl's neues Magazin für die gerichtliche Arzeney-
kunde und medic. Policey. Erster Band , pag. 68.

Auskehricht und dergleichen mit untermi-
schen; die aber, welche solchen nicht brau-
chen, könnten, um den Unflat zu verzehren,
Kalch darauf streuen lafsen. Es würden, son-
derlich bei den Kasernen, solche Gruben höchst
nöthig seyn, und die Verunreinigung der Luft
und des Wassers in den Graben, wie auch in
der Spree selbst, würde dann nicht mehr so
sehr aufs höchste getrieben werden. Wenn aber

3) Dieses alles nicht geschehen sollte, sondern es
müste bei der Verunreinigung der Spree nun
einmal so bleiben; so würde doch vom löbli-
chen Polizeidirectorium gemessenster Befehl
zu geben seyn:

a) Dafs das Austragen der mit Deckeln zu
versehenden oder doch sonst zuzudek-
kenden Eimer nicht eher, als nach eilf
Uhr des Abends, geschähe.

b) Dafs Oerter in der Spree angewiesen würden, wo Treppen und Brücken bis nahe
an die Mitte des Stroms heruntergehen,
woselbst die Eimer auf kleinen Wasch-
bänken ausgegossen, und abgespület werden können. Alsdenn müste

c) Das Reinigen der Eimer bei den Brunnen
der Strafsen aufs allerschärfste verboten,
und

und alle gehörige Maasregeln genommen worden, dafs diesem Befehl nach-
gelebt würde; wie auch

d) Dafs der Schleusenkanal und die darüber
gehenden Brücken nicht ferner mit dem
Unflat verunreiniget würden.

So zweckmäfsig und in der Ausführung heilsam und möglich diese Vorschläge sind, so ist
dennoch leider, bis jezt deswegen nichts geschehen.
Es wird vielmehr das Wafser täglich sowohl durch
die unter den Brücken angelegte Abtritte als auch
vorzüglich durch das unvorsichtige Ausleeren der
Eimer aufs abscheulligste verunreiniget und oft die
Brücken und Geländer derselben beschmuzt.

Wer des Abends in den Gegenden wo dieses
Ausgiefsen der Nachteimer öffentlich geschieht,
kömmt, kann sich sowohl, als die in der Nachbarschaft wohnende Einwohner von diesem pestilenzialischen Gestank einen Begrif machen. Es kann
daher der Wunsch nach Abstellung dieses Mis-
brauchs nicht oft und laut genug wiederholt werden.
Das häufig und allgemein genofsene Bier, mufs ja
aus diesem verunreinigten Wafser bereitet werden,
und kann weder gut noch zuträglich sein. Zu
vielen sowohl häuslichen als mechanischen Arbeiten
wird reines Flufswafser erfordert, und das unsrige
ist, zumal im Sommer, durch diese schädliche Ge-

B

wohnheit schlammigt und stinkend. Es sind also
würklich in dieser Rücksicht die Einwohner der
Residenz viel übler daran, als die Bürger kleiner
Städte, wo dergleichen nicht geduldet wird.

Springende Wafser giebt es in Berlin nicht,
allein an guten Trinkwafser ist kein Mangel. Viele
Häuser haben eigene Brunnen und ohngefehr alle
200 Schritte findet man dergleichen in allen Strafsen.
Die Anzahl dieser öffentlichen Pumpen beläuft sich
auf 517, und sie sind so eingerichtet, dafs dem
Wafser alle Gemeinschaft mit der äufserlichen ver-
änderlichen Atmosphäre abgeschnitten ist, ohne
jedoch den Zutritt der Luft völlig zu hemmen,
und zugleich sind sie vor allen möglichen Ver-
mischungen mit widrigen und eckelhaften Dingen
gesichert und die Menschen also vor aller Gefahr
dieser Art befreiet. Die Güte dieses Wafsers ist
aber sehr verschieden. In einigen Gegenden ist es
rein, hell, frisch und ohne Geschmack. Von vorzüglicher Güte ist z. B. das Brunnenwafser auf den
Schlofshöfen. In andern ist es hart, gelblich und
hat einen unangenehmen mohrigten Geschmack,
das dasselbe von dem Grund und Boden wo die
Brunnen gegraben sind erhält. Da verschiedene
Gegenden der Stadt auf ehemalige Wiesen gebauet
worden sind, so ist das Wafser dort nicht so gut,
als dasjenige, was aus sandigem Boden hervorquillt.
Ueberhaupt aber werden Hülsenfrüchte in unserem
Brunnenwafser nicht leicht weich gekocht, indem

es viel erdigte Theile enthält, auch schäumet dafselbe
nicht mit Seiffe, sondern sie wird von dem Quellwafser zersezt, und löst sich also nicht darinn auf,
welches jedoch durch einen geringen Zusatz von
Weinsteinsaltz leicht erhalten wird. Daher zum
Waschen, Regen - oder Flufswafser genommen
werden mufs. Jenes wird auch nicht so schnell
siedend gemacht als Flufswafser, sezt an den Gefäfsen eine harte erdigte Kruste ab, und kann zum
Brauen der mehrsten Biere nicht angewendet werden.

Diese Eigenschaften unsers Trinkwafsers sind
aber keinesweges der Gesundheit nachtheilig. Nach
den Versuchen des Herrn *Thouvenet* enthalten alle
Quellwafser in Frankreich einen viel gröfsern Antheil fester Bestandtheile als die Wafser der Flüfse,
und doch hat das Flufswafser nie dem, um etwas
schwereren Quellwafser an Güte gleich gesezt werden können: so dafs also die gute oder nachtheilige
Wirkung der Trinckwafser anderen Ursachen als den
darinn enthaltenen festen Bestandtheilen zugeschrieben werden mufs. Auch bei uns bestätigt die tägliche Erfahrung diese Wahrheit; denn es ertragen
im allgemeinen sowohl unsere Einwohner als an-
kommende Fremde das Wafser ohne Beschwerden,
und klagen weder über Hartleibigkeit und Magendrücken, noch über Durchfälle. In einzelnen Fällen
beschwert es jedoch den Magen, erhizt und verstopft. Ich kenne einige Leute, die nach dem Genufs unsers Brunnenwafsers unleidliches Magen-

drücken, ängstliche Verdauung und mancherlei Beschwerden erleiden, und welchen destillirtes Wafser oder filtrirtes Spreewafser nicht allein gut bekömmt; sondern welches sie auch von diesen Beschwerden befreiet. Die Natur des Trinckwafsers und der Getränke überhaupt ist eine Quelle von Krankheiten, der selten mit gehöriger Sorgfalt nachgespürt wird. · Es giebt Naturen und Körper, denen ein sehr hartes und mit erdigten Theilen geschwängertes Wafser gut bekömmt. Schon Hippocrates bemerkt, dafs Personen von einem schleimigten und mit üblen Säften angefüllten Körper, und diejenigen welche beständig einen sehr losen Leib haben, harte, schwer verdauliche und ein wenig gesalzene Wafser sehr gut vertragen, indem diese anhalten und die Spannkraft der Gedärme vermehren. Das Gegentheil findet sich bei reizbaren und mit Hizze begabten Eingeweiden und bei trockenen und hartleibigen Körpern. Erstere vertragen unsere Brunnenwasser sehr gut: Da es hingegen bei Andern Beschwerden verursacht.

Auf jeden Fall scheint unser Wafser der Erzeugung des Harnsteins nicht günstig zu sein, da solcher überhaupt eine nicht häufige Erscheinung unter unsern Einwohnern ist. Murray g) bemerkt dasselbe ·von Göttingen, woselbst bei einem sehr starken Ansatz von Tophus in den Kefseln und

---

g) Med. prakt. Bibliot. III. B. pag. 166.

Wafsergeschirren der Stein doch äufserst selten ist, und hält daher die Meinung, dafs die im Trinkwafser enthaltene Kalkerde die Erzeugung der Steine im menschlichen Körper bewirke, für ungegründet; dafs aber dafselbe zu Verstopfungen und anderen Uebeln öfters Anlafs gebe, ist wohl keinem Zweifel unterworfen. Bekanntlich ist das Brunnenwafser in Absicht seiner Güte nicht allein dem Quellwafser sondern auch dem mehrsten Flufswafser und selbst dem Regen - und Schneewafser nachgesezt worden. Das Berliner Brunnenwafser scheint aber in Rücksicht seiner Wirkung auf die Gesundheit eine Ausnahme von der Regel zu machen, indem die Fremden durch defsen Genufs selten leiden und die Einheimischen weder dem Steine, Kropfe, den Scropheln noch andern dem Brunnenwafser oft zugeschriebenen Krankheiten besonders unterworfen sind.

Da es aber zur genaueren Kenntnifs der Beschaffenheit unseres Trinckwafsers erforderlich war, dafselbe aufs neue mit Genauigkeit chemisch zu untersuchen, so hatte unser sehr geschickte Scheidekünstler, der Herr Apothecker Rose die Gefälligkeit das Wafser von sechs Brunnen aus verschiedenen Gegenden der Stadt zu prüfen, woraus sich folgendes ergab.

I.

DER BRUNNEN AUF DEM SCHLOSS-HOF LINCKER HAND VON DER WACHE, BEY DEM GROSSEN POR-TAL WELCHES NACH DER SCHLOSS-FREYHEIT FÜHRT.

Das Wafser dieses Brunnens, welches schon von Marggraf (Chymische Schriften 1ster Theil pag. 509) ehemahls untersucht worden ist, und seit langer Zeit von jedermann für das beste zum trincken gehalten worden ist, zeigte sich ganz hell und klar, hatte keinen fremden, sondern blofs einen kühlen angenehmen und reinen Geschmack. Die Temperatur des eben geschöpften Walsers, war + 9° R.

Gegen Reagentien verhielt es sich folgendermafsen. (NB. *a* zeigt bei allen Versuchen das Verhalten des rohen Wafsers an. *b* das Verhalten des bis zum achten Theil eingekochten und dann filtrirten Wafsers an.)

1) *Lackmustincktur* a) wurde sehr schön röthlich dadurch gefärbt. b) veränderte die blaue Farbe gar nicht.

2) *Concentrirte Vitriolsäure* a) entwickelte eine beträchtliche Anzahl kleiner Luftblasen.

3) *Kalckwafser* a) als zu einem Theile defselben ein Theil von dem Brunnenwafser gegofsen wurde ward ersteres getrübt und es schlug sich luftsaurer Kalck nieder. Zehn Theile des Brunnenwafsers löseten diesen Niederschlag vollkommen wieder auf, so dafs die Mischung wieder völlig klar wurde. b) trübte sich sogleich; Es setzten sich Flocken ab und nach mehreren Stunden hatte sich eine zarte Erde niedergeschlagen.

4) *Luftsaures flüchtiges und luftsaures Mineral alcali.* a) Verursachten eine merkliche Trübung und einen weifsen Niederschlag b) einen eben dergleichen Niederschlag.

5) *Kaustisches flüchtiges und kaustisches Mineral alcali.* a) zeigte sogleich eine bemerkbare, obgleich nur schwache Trübung; nach einigen Minuten schwammen in dem Glase einige leichte Flocken. b) wurde opalisirend, es schieden sich Flocken ab, welche nach einiger Zeit als ein leichter Schaum oben auf schwammen.

6) *Gálläpfeltincktur* zeigte weder bei a) noch b) eine Spur von Eisen.

7) *Reine Zuckersäure* bewirkte bey a) und b) eine sehr merkliche Trübung und einen weifsen Niederschlag.

8) *Salzsaure Schwererde* a) eine schwache Trübung die nicht sogleich erfolgte, b) hier erfolgte
gar keine Trübung und erst nach 24 Stunden
hatte sich ein kaum bemerkbarer Niederschlag
abgesezt.

9) *Vitriolsaure Bittererde* verursachte bei a) und
b) keine Trübung.

10) *Salpetersaures Silber* a) wurde sogleich trübe
b) noch merklicher.

11) *Vitriolsaures Silber* a) und b) wurde sehr
merklich getrübt und es entstand ein beträchtlicher Niederschlag. Aus diesem Verhalten kann
man auf folgende Bestandtheile schliefsen.

1) *Luftsäure* No. 1. 2. 3. defsen Quantität nach
No. 3. für ein gemeines Brunnenwafser beträchtlich ist.

2) *Kochsalzsaure Salze* No. 10. und 11.

3) *Vitriolsaure Salze* No. 8. und zwar Vitriolsaure Kalkerde, denn wäre es Vitriolsaures
Bittersalz gewesen, so würde der Niederschlag bey b) beträchtlicher als bei a) gewesen seyn.

4) *Luftsaure Erden* No. 2. a) gröstentheils
Kalkerde N. 7.

5) *Neutralisirte Erden* No. 4. 5. 7. welches nach No. 6. b) gröstentheils Kalkerde ist. No. 5. b) scheint Bittererde mit einer Säure verbunden anzuzeigen, welches aber nach No. 8. keine Vitriolsäure ist.

6) Daſs das Waſser kein freies Laugensalz enthält beweiset No. 9. und daſs kein Eisen darin ist No. 6.

Funfzig Pfund zu 16 Unzen gerechnet hinterlieſsen bei gelinder Wärme in einem Glaſskolben abgeraucht 225 Gran feste Bestandtheile. Jedes Pfund enthält also $4\frac{1}{2}$ Gran.

Unter diesen befinden sich auſser denen durch Reagentien angezeigten Bestandtheilen auch noch wahrer Salpeter und Kalksalpeter, denn da dieser Rest mit Weingeist übergoſsen, die Solution zum trocken abgedampft, die solüble Salze durch alcahol vom Kochsalz geschieden, die abermals eingetrocknete Auflösung aber mit Schwefelsäure geglühet wurde, so entwickelte sich eine beträchtliche Menge Schwefeldämpfe.

II.

DER BRUNNEN AUF DER NEUSTADT IN DER MITTELSTRASSE No. 18. D.

Das Wafser war nicht ganz hell und klar, sondern hatte ein opalisirendes Ansehen. Der Geschmack war nicht angenehm, sondern etwas kalkicht. Die Temperatur des eben geschöpften Wafsers 8° R. Gegen Reagentien verhielt es sich folgender Gestalt.

1) *Lackmustinktur* a) wurde schwachröthlich davon gefärbt. b) veränderte die blaue Farbe dieser Tinktur gar nicht.

2) *Kalkwafser* a) mit gleichen Theilen vermischt wurde trübe. 15 Theile Brunnenwafser löseten den Niederschlag wieder auf. b) trübte sich sogleich, nach einigen Minuten hatte sich ein beträchtlicher sehr lockerer Niederschlag abgesetzt.

3) *Concentrirte Vitriolsäure* entwickelte aus a) sehr häufige Luftbläschen, nach einiger Zeit hatte sich ein merklicher Bodensatz niedergeschlagen.

4) *Luftsaure Laugensaltze* a) trübte sich nicht sogleich, sondern erst nach einigen Minuten, und nach einer Stunde hatte sich eine feine weifse Erde abgesetzt. b) trübte sich ebenfalls nicht so-

gleich. Der nach einiger Zeit entstandene Bodensatz war unbeträchtlicher als bei a).

5) *Kaustische Alcalien.* a) wurde sogleich opalisirend; nach einigen Minuten entstanden leichte
Flocken, die zum Theil aber aufschwammen. b)
wurde im Augenblick trübe, es schieden sich
leichte Flocken ab, die zum Theil als ein Schaum
oben aufschwammen.

6) *Galläpfeltinktur* bewirkte keine Veränderung
weder bei a) noch b).

7) *Zuckersäure* a) verursachte sogleich einen starken Präcipitat. b) erst nach einigen Minuten
setzte sich ein geringer Niederschlag.

8) *Salzsaure Schwererde.* a) trübte sich sogleich
sehr stark. b) Hier war der Niederschlag weit
stärker und beträchtlicher.

9) *Vitriolsaure Bittererde.* Verursacht weder in
a) noch b) eine Veränderung.

10) *Salpeter* und *Vitriolsaures Silber.* Verursachten beide sowohl in a) als b) einen starken Niederschlag.

Diesen Versuchen zu Folge enthält dies Wafser.

1) *Freie Luftsäure.* No. 1. und No. 2. a). ferner an Erden gebundene Luftsäure No. 3.

2) *Kochsalzsaure Verbindungen No.* 10.

3) *Vitriolsaure Verbindungen* No. 8. Zufolge
No. 8. a. b. No. 7. b. und No. 2. b. ist
dies wahrscheinlich wahres Bittersalz; denn
No. 2. b. und No. 5. zeigen die Gegenwart
der Bittererde, da nun nach No. 7. b. in
dem abgekochten Wasser weniger Kalkerde,
nach No. 8. b. hingegen mehr Vitriolsäure
vorhanden war, so kann man auf die An-
wesenheit von Bittersalz, schliefsen, weil
sich der Gips während dem Kochen niedergeschlagen hätte.

4) *Erden mit Luftsäure verbunden.* No. 5.
Luftsaure Kalkerde scheint dies Wasser viel
zu enthalten. Dies beweiset auch No. 5.
Salzsaure Kalkerde ist nur wenig vorhanden.

Dafs dies Wafser kein freies Laugensalz und kein
Eisen enthält beweiset No. 9. und No. 6.

Funfzig Pfd. bis zur Trockne verdampft hinterliefsen 385 Gran. Jedes Pfd. enthält also $7\frac{7}{10}$
Gran an festen Bestandtheilen.

Anmerkung. Es ist sonderbar, dafs dieses Wafser
welches im Monat August opalisirend

war, im Monat Decbr. ganz hell und
klar wurde, und einen angenehmen Geschmack erhielt.

III.

DER BRUNNEN AUF DEM GENSD'AR-MES MARKT HINTER DEM KOMÖ-DIENHAUSE E. N. No. 167.

Das Wafser ist vollkommen klar und durchsichtig, und hat einen sehr angenehmen und frischen Geschmack. Die Temperatur war + 9° R.
Es verhielt sich gegen Reagentien folgendermafsen.

1) *Lakmustinktur* a) wurde dadurch merklich geröthet b) unverändert.

2) *Kalkwafser* a) gleiche Theile von beiden zusammen gemischt, wurden sehr stark getrübet.
11 Theil. Br. W. löseten den ausgeschiedenen Kalk
wieder auf. b) wurde opalisirend und es sezten
sich Flocken ab.

3) *Concentrirte Vitriolsäure* entwickelte aus a)
sehr häufige Luftbläschens.

4) *Luftsaure Alkalien* a) sogleich ein starker Niederschlag. b) die Trübung erfolgte nur nach einigen Minuten; der Niederschlag war sehr geringe.

5) *Kaustische Laugensalze* a) Es entstand sogleich
eine Trübung und nach einigen Minuten setzte
sich ein leichter Bodensatz. b) wurde opalisirend, und es schied sich ein flockigter Bodensatz aus.

6) *Galläpfeltinktur* bewürkte nicht die geringste
Veränderung.

7) *Zuckersäure* a) Verursachte augenblicklich eine
sehr starke Trübung, und nach einiger Zeit setzte
sich eine weifse Erde. b) eine merkliche Trübung, doch war der Niederschlag geringer als
bei a).

8) *Salzsaure Schwererde* a) ein sehr beträchtlicher
Niederschlag. b) der Niederschlag war beträchtlicher als bei a).

9) *Vitriolsaure Bittererde* wurde weder durch a)
noch b) gefällt.

10) *Salpetersaures und Vitriolsaures Silber* a) und
b) trübten dasselbe sehr stark.

Dies Wafser enthält also: freie Luftsäure, mit

Luftsäure verbundene Kalkerde, und Salz - und Vitriolsaure Verbindungen. Freies Laugensalz und Eisen ist nicht darin.

50 Pfd. bei gelinder Wärme abgeraucht hinterliefsen 570. Gran fixer Bestandtheile. Jedes Pfund enthält also 11⅖ Gran.

IV.

DER BRUNNEN C. N. No. 20. IN DER CHURSTRASSE.

Das Wafsen ist trübe, beinahe etwas gelblich, schmeckt weich und erfrischend. Die Temperatur des eben geplumpten Wafsers war + 8° R.

1) *Lakmustinktur* a) wurde sehr merklich dadurch geröthet. b) blieb unverändert.

2) *Kalkwafser* a) die durch gleiche Theile, Brunnen und Kalkwafser verursachte Trübung wurde durch 7. Theile vom ersteren wieder aufgehoben. b) wurde opalisirend und nach einiger Zeit setzte sich ein wolkigter Niederschlag ab.

3) *Concentrirte Vitriolsäure* a) entwickelte sehr

häufig Luftblasen, mehr als aus irgend einem der vorhergehenden Wasser.

4) *Luftsaure Laugensalze* a) verursachten eine bemerkbare Trübung. b) anfangs blieb alles helle, nur nach 12 Stunden hatte sich ein kaum bemerkbarer Antheil von Erde zu Boden gesetzt.

5) *Kaustische Laugensalze* a) bewürkten sogleich eine Trübung, und es wurde mehr Erde ausgeschieden als bei No. 4. b) wurde sogleich opalisirend, und es schied sich eine lockere halbdurchsichtige Erde aus.

6) *Galläpfeltinktur* blieb unverändert.

7) *Zuckersäure* schied bei a) einen beträchtlichen Antheil Erde aus. Bei b) erfolgte die Trübung erst nach einiger Zeit, und der Niederschlag war geringer als bei a).

8) *Salzsaure Schwererde* machte bei a) nur eine geringe Trübung die nicht gleich erfolgte, bei b) hingegen war die Trübung sehr stark und der Praecipität weit ansehnlicher.

9) *Vitriolsaure Bittererde* wurde weder durch a) noch b) zersetzt.

10) *Salpetersaures Silber* wurde durch a) und b) sehr beträchtlich niedergeschlagen.

11) *Vitriolsaures Silber* wurde zwar durch a) und b) zersezt, aber nicht so stark, als bei No. 10.

Dies Wafser scheint unter allen den gröfsten Antheil an freier Luftsäure zu haben, da schon 7. Theile hinreichten, um den aus einem Theil Kalkwafser niedergeschlagenen Luftsauren Kalk wieder aufzulösen; auch wurde die Lacmustinktur unter allen am meisten geröthet. Uebrigens deutet der Versuch No. 11. auf salzsaure; No. 8. und 10. auf Vitriolsaure Verbindungen. Dafs auch dies Wafser wirkliches Bittersalz enthält, scheint aus der Vergleichung der Versuche No. 2. b, No. 4. b, No. 5. und No. 8. b. zu folgen. Dafs viel Luftsaure Kalkerde gegenwärtig ist, beweiset No. 7. so wie die Abwesenheit des freien Laugensalzes durch No. 9. und die Abwesenheit des Eisens durch No. 6. bestätigt wird.

50 Pfd. lieferten durch gelindes Verdunsten 574 Gran an trocknen Bestandtheilen. Jedes Pfd. enthält also $7\frac{12}{47}$ Gran.

C

V.

DER BRUNNEN B. No. 27. *IN DER GRÜNSTRASSE.*

Das Wafser sahe etwas opalisirend aus, schmekte aber doch gut und rein, aber etwas fade. Die Temperatur war + 8¼ R. Durch Reagentien wurden dabei folgende Veränderungen bewürkt.

1) *Lakmustinktur* a) wurde nur ganz wenig geröthet. b) gar nicht.

2) *Kalkwasser* a) um den aus einer Unze Kalkwasser durch einen gleichen Antheil von Brunnenwafser ausgeschiedenen Luftsauren Kalk wieder aufzulösen, mufsten 20 Unzen von dem Brunnenwafser zugesezt werden. Die Mischung war auch jezt noch nicht ganz klar, aber doch wenigstens eben so wie das Wafser an sich ist. b) anfangs kaum bemerkbar trübe; nach ¼ Stunde setzte sich eine lockere Erde, die den 8ten Theil des Glases einnahm. Die Mischung war in einem verstopfien Glase gemacht worden, wie alle vorhergehende unter No. 2. b).

3) *Concentrirte Vitriolsäure* entwickelte einige kleine Luftbläschen.

4) *Luftsaure Alkalien* a) machten das Wafser anfangs kaum bemerkbar trübe, nach einer Stunde
war die Trübung merklicher, aber auch nur unbeträchtlich. b) nur nach einiger Zeit eine kaum
bemerkbare Trübung.

5) *Kaustische Alkalien* a) schieden anfangs kaum
etwas aus, nach einiger Zeit sammlete sich ein
leichter lockerer Präcipitat. b) ein ganz lockerer
Niederschlag.

6) *Galläpfeltinktur* blieb unverändert.

7) *Zuckersäure* a) sogleich eine starke Trübung,
und bald setzte sich ein ansehnlicher Niederschlag.
b) wurde anfangs gar nicht verändert, nur nach
einigen Stunden war ein geringer Niederschlag.

8) *Salzsaure Schwererde* a) zeigte Anfangs gar
keine Trübung. Nach einer Stunde war ein
kaum bemerkbarer Niederschlag erfolgt. b) wurde
gleich Anfangs sehr stark niedergeschlagen.

9) *Vitriolsaure Bittererde* wurde nicht niedergeschlagen.

10) *Salpetersaures und Vitriolsaures Silber* wurden durch a) und b) sogleich und stark pracipitirt.

Von allen bisher untersuchten Brunnen enthält

dies Wasser die wenigsten festen Bestandtheile.
Denn 50 Pf. bis zur Trockne abgeraucht, hinterliefsen nur 196 Gran, so dafs also jedes Pfund nur
$3\frac{21}{25}$ Gran davon hat. An Luftsäure ist es am
ärmsten, wie aus dem ersten und zweiten Versuch
erhellet. Uebrigens enthält es luftsaure Kalkerde
No. 7. aber wenig oder gar keine salzsaure Kalkerde, weil bei No. 7. b) die Trübung so gering war.
Des Gipses kann übrigens auch nicht viel vorhanden sein, weil die salzsaure Schwererde No. 8. a)
nur so wenig würkte. Aus No. 8. b) in Verbindung mit No. 5. a) und b) scheint zu folgen, dafs
auch dies Wasser etwas Bittersalz enthält. Kochsalz würde nach No. 10. noch am meisten vorhanden sein.

VI.

DER BRUNNEN AUF DEM HOFE DER ROSENSCHEN APOTHECKE IN DER SPANDAUER STRASSE AN DER ECKE DER HEIDEREUTER GASSE.

Das Wasser ist vollkommen hell und klar, hat
einen sehr angenehmen und frischen Geschmack.

Die Temperatur ist zu jeder Jahreszeit + 9° R.
Gegen Reagentien verhält es sich folgendermafsen.

1) *Lakmustinktur* a) wird dadurch sehr stark geröthet. b) bleibt unverändert blau.

2) *Kalkwasser* a) gleiche Theile von beiden zusammen gemischt trüben sich sogleich. 10 Theile
von Br. W. lösen den niedergefallenen Kalk wieder auf. b) schien anfangs klar zu bleiben, nach
einer Stunde hatte sich ein sehr geringer wolkigter mobiler Bodensatz abgesetzt.

3) *Concentrirte Vitriolsäure* entwickelte aus a)
häuffige kleine Luftbläschen, ausgeschiedene Erde
zeigte sich nicht.

4) *Luftsaure Alkalien.* a) durch das flüchtige Laugensalz entstand anfangs gar keine Trübung,
bald aber zeigte sich dieselbe und nach ½ Stunde
hatte sich ein Bodensatz gelegt. Fixes Laugensalz
bewürkte die Trübung früher. b) blieb durch
beide Alkalien anfangs hell, nach einiger Zeit
aber setzte sich in beiden Gläsern ein feiner weifser
Bodensatz ab.

5) *Kaustische Alkalien.* a) blieb im ersten Mo-
ment klar, bald aber wurde es opalisirend, und
es schied sich ein sehr lockerer wolkiger Bodensatz, aber nur in unbedeutender Menge ab. b)

wurde opalisirend und es schied sich ein unbedeutender wolkigter Bodensatz.

6) *Galläpfeltinktur* zeigte weder in a) noch b) die
geringste Spur von Eisen.

7) *Zuckersäure* bewirkte sowohl in a) als in b) sogleich eine Trübung. Der abgeschiedene Bodensatz war in b) etwas beträchtlicher.

8) *Salzsaure Schwererde* verursachte ebenfalls in
a) und b) sogleich eine Trübung des Bodensazzes
von b) etwas mehr als in a).

9) *Vitriolsaure Bittererde* wurde weder durch a)
noch b) gefällt.

10) *Salpetersaures Silber* wurde durch a) und b)
sehr beträchtlich niedergeschlagen.

11) *Vitriolsaures Silber* verursachte ebenfalls in a)
und b) einen Niederschlag, der aber nicht so beträchtlich als bei No. 10 war.

In Ansehung des Gehalts an Luftsäure steht
dies Wasser von den untersuchten in der Mitte.
Die fixen Bestandtheile sind vorzüglich Kochsalz,
salzsaure Kalkerde, Gips und luftsaure Kalkerde.
Auch scheint es ebenfalls etwas durch eine saure
gebundene Bittererde zu erhalten, doch würde es
unter allen am wenigsten davon haben.

Aus dieser Untersuchung des Wassers von mehreren Brunnen erhellet, dafs solches eine beträchtliche Menge freie Luftsäure und im allgemeinen nur wenige und mehrentheils unschädliche feste Bestandtheile enthält, und es läfst sich daraus erklären, warum die mehresten unserer Trinckwafser angenehm schmecken und im allgemeinen gut bekommen. Wir haben also auch in dieser Rücksicht alle Ursache vollkommen zufrieden zu sein.

Hin und wieder giebt es freilich einen Brunnen der schlechtes Wasser enthält; bei der grofsen Anzahl derselben in Berlin kann man sich aber sehr leicht gutes, helles, frisches und geschmackloses Wasser verschaffen. In manchen Gegenden und bei einzelnen Brunnen ist auch das Wafser nicht in jeder Jahreszeit gleich gut und wird auf einige Zeit zuweilen trübe und übelschmeckend. Bei der beträchtlichen Anzahl von Brunnen würde aber eine genauere Untersuchung eines jeden einzelnen Brunnens zu weitläuftig sein, und keinen Nuzzen gewähren.

Eine halbe Stunde von Berlin gegen Norden nahe am Pankeflufs haben wir ein mineralisches Wasser welches unter dem Namen des Friedrichs-Gesundbrunnen bekannt ist. Es quillt solches in einer nicht sehr angenehmen und sandigen Gegend aus dem mineralischen Grund einer Wiese und wird durch Röhren nach einem einzelnen Gebäude

hingeleitet, welches das eigentliche Brunnenhaus ist.
Aufser dieser Quelle ist noch eine andere in der
Gegend der Meierei-Gebäude, einige tausend Schritt
von dem Brunnen-Hause entfernt, vorhanden.

Nahe am Brunnenhause gegen Abend liegen
die Wohnhäuser für Badegäste und gegen Mitternacht ist eine Papiermühle befindlich.

Die Entdeckung dieses mineralischen Wassers
geschah zufällig 1701 durch den König Friedrich
den ersten. Derselbe wohnte nehmlich in einem,
in der Folge weggehauenen Lustwald, welcher der
Caninchengarten genannt wurde, einer Jagd bei,
und verlangte ein Glas Wasser: es wurde ihm von
diesem Quellwafser, defsen sich der Papiermüller
zum ökonomischen Gebrauch bediente, gebracht,
und der König fand in defsen Genufs fo etwas
vorzügliches, dafs er noch mehr davon trank, die
Quelle zu reinigen und von den Aerzten zu untersuchen, befahl. In der Folge haben sich viele Menschen sowohl Gesunde als Kranke dieses Wafsers
nicht ohne Nuzzen, bedient. Getrunken wird dies
Wasser von den Badegästen sehr selten; sondern
blos als Bad gebraucht. Es hat in rheumatischen
und chronischen Gliederreifsen, bei Hautkrankheiten, bei Schwäche nach Beschaffenheit der Umstände, kalt oder warm, gebraucht, öfters heilsame Wirkungen geäufsert. Ein Brunneninspektor und ein
Bademeister besorgen die ganze Badeanstalt und

jeden Sommer halten sich mehrere von unsern Einwohnern, theils zum Vergnügen, theils zum Baden, daselbst auf.

Das Wasser dieses Brunnens ist schon mehrmals chemisch untersucht worden. Der berühmte Marggraf stellte im Jahr 1751 Versuche mit diesem Wasser an. Im Jahr 1757 untersuchte der Hofrath Lesser als damaliger Physicus von Berlin mit Zuziehung der Apothecker Aschenborn und Fabricius ebenfalls dieses Quellwasser. Es schien indefsen eine neue und genauere Untersuchung desselben nöthig zu sein, und der Herr Apothecker Rose hatte ebenfalls die Gefälligkeit, dieses Wasser mit mir, theils an der Quelle selbst, theils bei sich zu Hause chemisch zu prüfen, und es wurden folgende Versuche damit angestellt:

I.

Verhalten des rohen unmittelbar bei der Quelle geschöpften Wassers.	*Verhalten des bis auf den achten Theil abgekochten, und wieder erkalteten Wassers.*

1. *Lakmustinktur.*

Wurde nur schwachröthlich gefärbt.	Wurde gar nicht verändert.

2. Kalkwasser.

Zu 2. Kubiczoll von
dem Brunnenwasser wur-
den 2 Kubiczoll Kalk-
wasser gegossen, wodurch
eine Trübung erfolgte.
Es wurden nach und nach
zu dieser Mischung 29
Kubiczoll des Brunnen-
wassers hinzugethan ohne
dafs die Trübung dadurch
gehoben wurde.

3. Luftsaures flüchtiges und Luftsaures Mineral-alkali.

Verursachte Anfangs
eine kaum bemerkbare
Trübung; nach einer hal-
ben Stunde hatte sich ein
sehr geringer Bodensatz
abgesezt.

Die Trübung und der
Bodensatz waren auch
hier sehr schwach.

4. Luftleeres flüchtiges und luftleeres Mineral-Laugensalz.

Bewürkten gar keine
Trübung.

Ebenfalls keine Trü-
bung.

5. Reine kristallisirte Zuckersäure.

Machte das Wasser erst
nach einiger Zeit trübe,

Ein kaum bemerkbarer
Präcipitat.

der Niederschlag war nicht
beträchtlich.

6. Salzsaure Schwererde.

Die dadurch in dem
Wasser verursachte Ver-
änderung war sehr gering.

Erst nach einigen Mi-
nuten zeigte sich ein Niederschlag, der aber äu-
fserst unbeträchtlich war.

7. Geistige Galläpfeltinktur.

Es entstand sogleich ein
purpurfarbener Nieder-
schlag.

Litt dadurch keine Ver-
änderung.

8. Cristallisirtes Blutlaugensalz.

Theilte dem Wasser
eine angenehme schwach-
bläuliche Farbe mit.

Blieb unverändert.

9. Salpetersaure Silber - Auflösung.

Das mit etwas reiner
Salpetersäure versetzte
Wasser wurde dadurch
sogleich milchicht, und
es setzte sich bald ein kä-
sigter Niederschlag ab.

Die Trübung und der
Niederschlag war hier weit
merklicher.

10. Schwefelsaure Silber- Auflösung.

Verhielt sich eben so.

Eben so.

Einige Cristallen des-
selben wurden in ein
Stöpselglas gethan, dies
an der Quelle gefüllt, und
sogleich wieder verstopft.
Der entstandene Präcipi-
tat, war weifs und nicht
im mindesten gefärbt.

II.

Analytische Untersuchung.

a) *Prüfung des gasartigen Bestandtheils.*

15 K.Zoll dieses Wassers wurden in eine glä-
serne Tubulate Retorte mit gekrümter Röhre geschüttet. Die Retorte fafste 30 K.Zoll Wasser. Die
Mündung derselben wurde unter ein mit Quecksilber gefülltes, und mit Quecksilber gesperrtes Zi-
linderglas, welches in K.Zolle abgetheilt war, geleitet. Durch unter der Retorte angebrachte Wärme
entwickelten sich 16 K.Zoll Luft, wovon 1 K.Zoll
durch Kalkwafser verschluckt wurde und den in
demselben aufgelöfsten Kalk als Luftsauren Kalk nie-
derschlug. Die übrigen 15 K.Zoll waren blos die
aus der Retorte ausgetriebene atmosphärische Luft,
welche nichts fremdartiges enthielt. Auch war

wärend der Operation die Oberfläche des Queck-
silbers mit keiner Haut überzogen worden. Hundert Kz. dieses Wassers enthalten also 666 K.Zoll.
Luftsäure.

b) Prüfung der fixen Bestandtheile.

Das zu dieser Untersuchung bestimmte Wafser
hatte der dortige Inspektor in neue mit dem Wafser
zuvor ausgespülte Flaschen gefüllt, und gut ver-
korkt und verpicht nach Berlin gesandt. In jeder
Flasche lag eine geringe Menge eines hellgelblichen
Niederschlags.

A. 30 Pfd. Burgerl. Gewichts, wurden in einem
gläsernen Kolben bei gelinder Wärme im
Sandbáde bis auf 8. Unzen abgeraucht, (was
sich in den Flaschen zu Boden gesetzt hatte
wurde sorgfältig zugesezt) und von diesen
in einer porcellanen Schaale alle Flüfsigkeit
bei gelinder Wärme auf dem Stubenofen
weggedampft, und es wurden 57 Gr. trockene Bestandtheile von gelblicher Farbe, erhalten.

B. Dieser Rückstand wurde mit Weingeist, der
aus $\frac{1}{7}$ Alkahol und $\frac{2}{7}$ Wasser bestand, dige-
rirt. Der nach 24 Stunden durch ein Fil-
trum wieder abgeschiedene Weingeist hinterliefs nach gelinder Verdünstung in einer

Theetasse 7 Gran, eines bräunlichen Salzes, welche durch gehörige Behandlung in 4. Gran Kochsalz, 2 Gran salzsaure Kalkerde und 1 Gran harzigen Stof zerlegt wurden.

C. Jene 50 Grane, welche der Weingeist nicht aufgelöset hatte (B) wurden mit 4 Unzen distillirtem Wasser übergofsen und die Mischung wurde ins Kochen gebracht. Die filtrirte und verdunstete Auflösung hinterliefs 5 Gran, welche durchaus nichts anders anders als Gips waren, der durch Extraktivstof braun gefärbt war. Um das Verhältnifs dieser beiden Substanzen zu erfahren, wurden diese 5 Gran mit sehr wenigem Wafser übergofsen, wodurch sich der Extractivstoff auflösete, der Gips aber zurück blieb. Dieser wog nun $3\frac{1}{2}$ Gran.

D. Die bei·C. zurückgebliebenen 45 Gran wurden mit 2 Pfd. destilirtem Wafser 2 Stunden lang, gekocht. Das filtrirte Wafser reagirte weder auf Gips, noch auf irgend ein aufgelöfetes Saltz. Da aber doch der Rückstand 4 Gran am Gewicht verlohren hatte, so wurde die Flüfsigkeit bei gelindem Feuer bis auf 4 Unzen verraucht, und nun noch einmal geprüft. Sie zeigte zwar jetzt eine Spur, aber auch nur eine Spur von Gips, als sie aber völlig erkaltet war, wurde sie opalisirend.

Bei fortgesetztem gelinden Abdampfen wurde
sie endlich gelatinirend, und zuletzt schied
sich eine flockigte Substanz ab, welche dem
Ansehen nach Kieselerde war. Die ganze
Flüssigkeit wurde eingetrocknet und der Rückstand auf ein Filtrum gesammlet. Ausgesüfst
getrocknet und mässig geglühet, wog er $3\frac{1}{2}$
Gran, und bewies sich als Kieselerde, denn er
lösete sich mit reinem kaustischen Pflanzen-
laugensalz im silbernen Schmelztiegel ge-
schmolzen, bis auf einen unbeträchtlichen
Theil Kalkerde völlig auf.

E. 1) Die im Weingeist und Wasser unauflösli-
che 41 Gran (D) löseten sich in reiner Salz-
säure mit Hinterlassung eines aufgequollenen
schleimigen Restes, der getrocknet 9 Gran
wog, auf. Die Salzsaure Auflösung sahe
gelblich aus, mit flüchtigem kaustischen
Laugensalz gesättigt, schied sich daraus ein
lockerer aufgequollener schleimiger Niederschlag, von gelbbrauner Farbe, welcher augenblicklich auf ein Filtrum gesammlet, aus-
gesüsset und getrocknet wurde. Er wog
5 Gran.

E. 2) Dieser gelbbraune Niederschlag wurde mit
einer verdünnten Schwefelsäure übergossen,
worin er sich gut auflösete. Diese schwefel-
saure Auflösung wurde sehr vorsichtig mit

dem reinsten Blutlaugensalz versetzt. $5\frac{1}{4}$ Gran wurden davon verwendet, und man erhielt 5 Gran Berlinerblau, welche in einem gewogenen Tiegel verbrandt $2\frac{1}{4}$ Gran metallisches, dem Magnet folgbares Eisen zurück liefsen. Hiervon mufs $\frac{1}{2}$ Gran, als dem Blutlaugensalz gehörend, abgerechnet werden. Es blieben also noch $1\frac{3}{4}$ Gran metallisches Eisen, die an luftsauren Eisen $3\frac{15}{16}$ Gran betragen; denn als solches mufs man es hier in Rechnung bringen, da es nicht als metallisches, sondern als luftsaures Eisen in dem Wasser enthalten war.

E. 5) Aus der schwefelsauren, mit Blutlaugensalz versetzten Solution fällte flüchtiges kaustisches Laugensalz noch 1 Gran Alaunerde und $\frac{1}{2}$ Gran Kieselerde. Denn als der enthaltene schleimige aufgequollene Niederschlag mit weniger Schwefelsäure begossen, eingetrocknet und mit Wasser wieder aufgeweicht wurde, blieb $\frac{1}{2}$ Gran Erde zurück, und die Auflösung selbst hatte einen stiptischen alaunartigen Geschmack.

F. Aus der salzsauren Auflösung, E. 1) woraus durch flüchtiges kaustisches Laugensalz, die Eisen und Alaunerde niedergeschlagen worden war, fällte luftsaures Mineralalkali 28 Gr. luftvolle Kalkerde.

G. Die bei E. 1. zurück gebliebene 9 Gran wurden in einem silbernen Schmelztiegel mit 36 Gr. kaustischem vegetabilischem Laugensalz $\frac{1}{2}$ Stunde lang geglühet, wodurch sie sich gänzlich, in demselben auflöseten. Die mit Wasser aufgeweichte Masse lösete sich klar auf, und mit Säure wurde daraus eine aufgequollene schleimige Erde abgeschieden, die getroknet und geglühet 7 Gran wog. Aus der Säure aber fällte kaustisches flüchtiges Laugensalz noch $\frac{1}{2}$ Gr. Alaunerde.

Dieser Untersuchung zu Folge würden in 30. Pfd. des Gesundbrunnen Wassers enthalten sein:

Kochsalz. B. . . .	4.	Gran.
Salzsaure Kalkerde. B. .	2.	—
Schwefelsaure Kalkerde. C.	$3\frac{1}{2}$.	—
Luftsaure Kalkerde. F. .	28.	—
—— Eisen. E. 2. .	$3\frac{15}{16}$	—
Kieselerde. D. $3\frac{1}{2}$. Gr.		
—— E. 3. $\frac{1}{2}$. —		
—— F. 7. —	11.	—
Thon Erde. E. 3. 1. —		
—— G. . $\frac{1}{2}$.	$1\frac{1}{2}$.	—
Extraktivstoff. B. 1. —		
——— C. $1\frac{1}{2}$. —	$2\frac{1}{2}$.	—
	$56\frac{7}{16}$	Gran.

Anmerkung 1. Die in diesem Wasser enthaltene be-

D

trächtliche Menge Kieselerde ist wirklich auffallend, und es scheint als wenn dieselbe nicht
blos mechanisch, als zufällige Unreinigkeiten
mit demselben vermischt, sondern wirklich
darin aufgelöset sei. Wenigstens mufs sie in
einem höchst fein zertheilten Zustande in demselben enthalten sein. . Dies zeigt der aufgequollene Zustand und der Umstand zu beweisen, dafs sie sich sogar zum Theil wieder in
reinem destilirtem Wasser auflösete. Siehe D.
der Untersuchung.

Anmerkung 2. Der Gehalt an Luftsäure ist sehr unbeträchtlich und etwa nur noch einmal so gros
als in reinem gewöhnlichen Brunnenwasser.

So wohl die Erfahrung als die chemische Untersuchung zeigen dafs man nicht sehr grofse Heil-
kräfte von diesem Wafser zu erwarten berechtiget
ist, indessen ist es als Badeanstalt in manchen Fällen, wegen der Nähe, sehr zweckdienlich.

II.

CLIMA VON BERLIN, VOLKS-MENGE, CHARAKTER, SITTEN DER BERLINER, STERB-LICHKEIT.

Der Einfluſs des Clima der sich auf die Pflanzen, und Thiere so sichtbarlich zeigt, würkt nicht minder mächtig auf die Menschen, und verändert sowohl ihre physische als moralische Eigenschaften auf eine auffallende Art. Nicht allein die Farbe der Haut, die Figur, die Stimme; sondern auch die Verschiedenheit der Temperamente, der Sitten und Gebräuche scheint von dem Clima abzuhängen. a) Die nördlichen Völkerschaften z. B. sind dem Trunke mehr ergeben als die Südländer, welche dagegen mehr Leidenschaft zur Wollust und zum Beischlaf

D 2

---

a) Arbuthnot, Essay on effects of air on human Bodies. Chap. 6. Montesquieu Espr. des loix Liv. 24. Chap. 24.

haben. Der physische Grund dieser Erscheinung
liegt ohne Zweifel darinn, dafs die Kälte den Um-
lauf der Säfte vermindert, und eine Erstarrung zuwege bringt, gegen welche, so wie gegen die unangenehme Einwirkung der Witterung, der Genufs
hizziger Getränke schüzt. Das Blut des Südländers
wird dagegen durch die brennende Sonnenstrahlen
erhizt und der Geschlechtstrieb vermehrt. Auch
zwingt die grofse Hizze beide Geschlechter leicht
gedeckt und beinahe halb nackt einher zu gehen,
welches zur Erwekkung dieses Triebes ebenfals beiträgt. Auch die angebohrenen Kräfte des lebenden
Körpers erleiden Veränderungen die, zumal für den
Arzt, von grofser Wichtigkeit sind. Die Reizbarkeit und Empfindlichkeit ist unter einem Himmelsstrich ganz anders modificirt als unter einem andern. Ganz verschieden wirken dieselben Ursachen
auf unsere Körper nach dem verschiedenen Clima
das wir bewohnen, und unsere Krankheiten und
Zufälle erleiden dadurch sehr auffallende Modificationen. Die Veränderungen der Luft und der Witterung überhaupt, die schnelle Abwechselung derselben und ihre eigenthümliche Beschaffenheit äus-
sern nicht minder beträchtliche Wirkungen auf den
Körper sowohl als auf die Seele, und geben vielen
Krankheiten sehr oft eine besondere und eigenthümliche Richtung. Je nachdem die Atmosphäre
rein oder mit fremden Theilen geschwängert, feucht
oder trocken, kalt oder warm ist, bemerken wir
sowohl bei Gesunden als Kranken Veränderungen,

die sich oft selbst bis auf die Seele erstrecken.
Hippocrates *b)* schreibt die Feigheit und Weichlich-
keit der Asiater, so wie den Muth und die Geistes-
fähigkeit der Europäer lediglich dem Clima das sie
bewohnen, zu. Auch die Jahreszeiten gehören
unter die Ursachen, welche die festen Theile zu
verkehrten Zusammenziehungen disponiren und die
Beschaffenheit der Säfte abändern; sie veranlaßen
nicht allein eigene Arten von Krankheiten, sondern
geben einem und demselben Krankheitszustand eine
ganz andere Gestalt.

Von der größsten Wichtigkeit ist es also unstreitig für den rationellen Arzt, diejenige Ursachen
kennen zu lernen, welche einen so mächtigen Ein-
fluß auf den menschlichen Körper zu äufsern im
Stande sind. Aus der Vergleichung dieser Ursachen mit dem jedesmal herrschenden Charakter der
Krankheiten wird er zu Resultaten gelangen, die
ihm die ausgebreitetste aber immer isolirte Erfahrung nie an die Hand geben kann. Wenn er hingegen sowohl diese wirkende Ursachen, als diejenigen welche ihren Grund in der Lebensart, in den
Sitten, in den Vergnügungsarten und in den Nahrungsmitteln der verschiedenen Classen von Menschen haben, mit Aufmerksamkeit aufsucht; wenn

---

b) De Aere, loc. et aquis.

er dabei den Gang der Krankheiten, die Wieder-
kehr derselben, die am öftersten obwaltenden und
einheimischen so wohl, als die durch Epidemie oder
Anstekkung sich allgemein ausbreitenden Seuchen
treu aufzeichnet und auf diese Art Ursache und
Wirkung vergleicht, so wird er dadurch in den Stand
gesezt werden, die Volkskrankheiten, ihren Gang,
ihre Stufenfolge, ihre Heilung richtiger zu bestimmen und nicht selten auf unerwartete und wichtige Aufschlüfse geleitet werden.

Der Umfang und die Wichtigkeit eines solchen
Unternehmens würde eine Vereinigung aller Aerzte
einer Gegend erfordern und ist für den einzelnen
deswegen abschreckend, weil er es fühlt, wie schwer
es ist, in so mannigfaltige und oft tief verborgene
Gegenstände gehörig einzudringen. Indefsen gehören zu jedem gröfseren Unternehmen einzelne Beiträge, und als solche habe ich nachstehende Bemerkungen über das Clima von Berlin, über die Lebensart, die Sitten, den Charakter und andere dahin gehörige Gegenstände aufgezeichnet.

Die nicht zu nördliche Lage von Berlin in
einer sandigen Ebene die durch abwechselnde Winde
leicht durchstrichen wird und wo keine Sümpfe
die Atmosphäre mit schädlichen Ausdünstungen
schwängern, erhält unser Clima rein und trocken.

Der Boden um Berlin ist sehr sandig, und

wenn die Witterung anhaltend trocken und warm
ist und der Sand durch die Sonnenstrahlen erhizt
wird; so ist es unglaublich wie beschwerlich er für
Menschen und Thiere ist. Der Staub ist dabei un-
leidlich und es werden zumal Augen und Lungen
leicht davon angegriffen. Dazu kömmt, dafs auch
in unserer an und für sich unfruchtbaren Gegend
bei anhaltendem Mangel an einem erquickenden
Regen alle Gewächse verdorren, und selbst die Blätter an den Bäumen sich zu Staub zerreiben lafsen.
Daher sind feuchte Jahre hier in jeder Hinsicht zu-
träglicher als trockene. Ob gleich der Boden um
Berlin nichts weniger als fruchtbar ist, indem er
gröfstentheils aus dürrem Sande mit wenigem Lehm
vermischt, besteht, so ist dennoch durch den Fleifs
und die Betriebsamkeit des Landmannes die Gegend
und das umliegende Feld bebauet, und schöne Korn-
felder sowohl als Gärten erfreuen nicht allein das
Auge, sondern tragen zur Unterhaltung einer reinen
Atmosphäre viel bei. Keine stehende Wässer noch
Sümpfe verbreiten in der Nähe ihre schädlichen
Ausdünstungen, und selbst der schlechteste Boden
ist bebaut und bleibt nicht unbenuzt.

Berlin hat keine regelmäfsig herrschende Winde;
am gewöhnlichsten kommen sie aus Süd-West, West
und Nord-West. Aus Ost und Südost wehen sie
seltener und nur bei anhaltender heiterer Witterung.
Ueberhaupt aber sind bei uns die Ostwinde trocken,
die Westwinde feucht. Die Südwinde bringen

warme Witterung und die Nordwinde Kälte. Beim
Nordost-Wind ist die Atmosphäre kalt und trocken,
beim Südost warm und feucht und beim Nord-
west - Wind kalt und feucht. Der Nordwind ist
aber weniger trocken als der Ostwind, weil er über
das Meer her wehet. Am häufigsten herrschen die
Westwinde, welche nach Whites *d)* Bemerkung
mehr als andere und überall die Luft reinigen.

Die Jahreszeiten sind hier wie aller Orten
nicht ein Jahr wie das andere. Der Frühling hat
gewöhnlich noch Frost, Schnee und Regen. Der
März bringt zwar zuweilen schon heitere und warme
Tage, die aber selten anhaltend sind, sondern mit
Kälte und Regen abwechseln. Nach einem Durch-
schnitt von 10 Jahren enthält der März 7 heitere
Tage, 13 trübe, 6 mit Regen und 5 mit Schnee.

Der April ist auch hier der unbeständigste
Monat in Absicht der Witterung und bringt oft
viel Hagel, der in andern Monaten eine seltene Erscheinung ist. Regen, Schneegestöber, Kälte und
Winde wechseln oft in kurzer Zeit mit heiterer
und angenehmer Witterung ab, doch kommen gewöhnlich schon die Baumknospen hervor und die
frühen Blüten zum Vorschein. Dieser Monat zählt
im Durchschnitt 8 heitere 13 trübe und 9 Tage mit
Regen oder Schnee.

---

d) Philos. Transact. Band 163. p. 206.

Der Mai ist ein schöner Monat bei uns. Der Sand ist noch angefeuchtet, alle Gewächse stehen in dem herrlichsten Triebe und die ganze Natur lebt wieder auf. Doch sind Nachtfröste in diesem Monat noch gewöhnlich. Er hat 7 heitere und 13 trübe Tage und 11 Tage mit Regen. Gewöhnlich fangen in diesem Monat die Gewitter an.

Unser Sommer ist anfänglich feucht und die anhaltende und grofse Hitze kömmt erst im Julius und August. Der Junius bringt gewöhnlich viel Regen der sehr erwünscht ist. *Unser* längster Tag ist in diesem Monat von 16 Stunden 30 Minuten. Er hat im Durchschnitt 6 heitere 11 trübe und 13 regnigte Tage und gewöhnlich 4 bis 5 Gewitter.

Im Julius haben wir theils heitre, theils trübe Tage bei einer grofsen Hitze. Viele Gewitter kühlen aber die Atmosphäre ab, und durch den Regen wird das Erdreich erquickt. Er hat 8 heitere, 16 trübe und 7 regnigte Tage. Im Durchschnitt auch 6 Gewitter.

Der August bringt uns angenehme warme Tage, mit unter aber noch sehr heifse und schwüle. Er hat 7 heitere 14 trübe und 10 Regen-Tage.

Der Herbst ist gewöhnlich die schönste Jahreszeit. Wenn die Tage gleich anfangen, kürzer und die Abende kälter zu werden, so ist doch mehrentheils der Himmel heiter und die Tage sind auch angenehm und warm. Der September hat überaus schöne Tage. Man kann im Durchschnitt annehmen, dafs er 9 heitere 13 trübe und 8 mit Regen hat.

Der October ist ebenfalls schön und gewöhnlich trocken bis gegen das Ende, wo Regen und kälteres Wetter eintritt. Er hat 9 heitere 13 trübe und 8 regnigte Tage.

Der November ist kalt, feucht und unangenehm. Kalte Nächte und selbst Nachtfröste stellen sich ein. Das Laub fällt von den Bäumen, Stürme wüthen und alles kündiget uns den herannahenden Winter an. Die Zugvögel verlassen unsere Gegenden und die Menschen müssen ihre Wohnungen durch künstliche Hitze erwärmen. Er hat 4 heitere 13 trübe Tage und 13 mit Regen und Schnee. Stinkende Nebel, die oft schon im October eintreten, sind in diesem Monate sehr häufig.

Unsere Winter sind in Absicht auf den Grad und die Dauer der Kälte sehr verschieden. Der mittlere Stand des Reaumürschen Thermometers ist im Winter 10 bis 12 Grad. Selten tritt ein anhaltender Frost vor der Mitte des Dezembers ein. Er hat im Durchschnitt 5 heitere 16 trübe 7 mit Regen und 5 Tage mit Schnee. Unser kürzester Tag fällt in diesen Monat und hält 7 Stunden 26 Minuten.

Mit dem Januar nimmt die Kälte gewöhnlich eher zu als ab, und die Erde ist mit Schnee bedeckt. Er hat 7 heitere 8 trübe 5 regnigte Tage und 11 mit Schnee.

Zu Anfang des Februars ist die Kälte oft noch anhaltend, allein die Sonne erwärmt bei Tage die Luft. Gegen das Ende dieses Monats ändert sich die

Witterung und wird regnigt und stürmisch und das
Thauwetter hält an. Es hat dieser Monat 4 heitere
11 trübe Tage, 7 mit Regen und 6 mit Schnee.

Ueberhaupt kann man im Durchschnitt auf nicht
mehr als 65 bis 70 meist heitere Tage im ganzen Jahre
rechnen. Völlig heitere Tage, wo sich am ganzen
Himmel kein Wölkchen und selbst am Horizont keine
noch so kleine Dunstdecke zeiget, sind sehr selten bei
uns und deren giebt es oft nur 2 bis 3 in einem Jahre,
zuweilen jedoch 15 bis 18. Die Gewitter sind zwar
zahlreich aber selten schwer. Gewöhnlich haben wir
deren 15 bis 20. Zuweilen zündet jedoch der Blitz,
daher unsere vorzüglichsten öffentlichen Gebäude und
die in der Nähe der Stadt befindliche Pulvermagazine
mit Wetterableitern versehen sind. Nordscheine werden oft aber selten mit sehr lebhaftem Lichte gesehn.
Man hat meistens zwischen 10 und 20 beobachtet.

Die Höhe des jährlich fallenden Regens und des
Luftwassers überhaupt schäzt man auf $19\frac{3}{4}$ Zoll. In
London beträgt sie $18\frac{1}{2}$, in Paris 17 in Petersburg $20\frac{11}{12}$
in Abo $23\frac{3}{4}$ Zoll. e)

Der mittlere Stand des Barometers ist 27 Zoll.
In den lezten fünf und zwanzig Jahren war der
höchste und tiefste Stand des Barometers und Thermometers folgender.

_____

e) Versuch einer Beschreibung der Rufs. Kais. Residenz
Stadt St. Petersburg etc. von Georgi. Seite 7.

Barometer

Datum.	höchster Stand.	Datum.	tiefster Stand.
1770. 26. Jan.	28." 7."' 5.	18. Febr.	26." 111."' 5.
1771. 18. Febr.	28." 10."' 7.	27. Jan.	27." 1."' 5.
1772. 25. Dcbr.	28." 7."' 5.	8. Jan.	27." 0."'
1773. 12. Merz.	28." 9."'	24. Febr.	27." 1."'
1774. 30. Dcbr.	28." 9."'	8. Febr.	27." 0."' 25.
1775. 17. Dcbr.	28." 8."'	14. Nov.	27." 2."' 5.
1776. 9. Dcbr.	28." 7."'	21. Nov.	27." 1."'
1777. 10. Dcbr.	28." 7½"'	5. Dec.	27." 2."'
1778. 25. Dec.	28." 9."' 5.	22. Dec.	26." 2."'
1779. 4. Mart.	28." 9."' 5.	22. Dec.	26." 11."'
1780. 19. Dec.	28." 9."' 5.	6. Ap.	27." 1."'
1781. 10. Jan.	28." 8."' 5.	26. Sept.	27." 1."' 4.
1782. 11. Jan.	28." 7."'	23. Mart.	26." 11."'
1783. 13. Dec.	28." 7."' 5.	7. Mart.	26." 10."' 9.
1784. 4. Jan.	28." 8."' 4.	7. Febr.	27." 0."' 5.

Thermometer nach Reaumur.

Datum.	höchster Stand.	Datum.	tiefster Stand.
10. Aug.	24.°	10. Jan.	7.°
27. May.	25.°	9. Febr.	11.°
27. Juny.	25.°	16. Jan.	6.°
25. May.	26.°	9. Febr.	10.°
18. Jun.	25.°	9. Dec.	14.°
24. Jul.	26.°	26. Jan.	14.°
17. Jul.	26.°	27. Jan.	18.°
10. Aug.	24.°	18. Febr.	13.°
14. Aug.	26.°	13. Jan.	9.°
7. Aug.	26.°	23. Jan.	9.°
3. Juny.	27.°	15. Jan.	11.°
4. Jul.	30.°	12. Dec.	9.°
26. Jul.	29.°	1. Jan.	15.°
3. Aug.	28.°	31. Dec.	12.°
8. Jul.	26.°	7. Jan.	15.°

Barometer.

Datum.	höchster Stand.	Datum.	tiefster Stand.
1785. 7 Febr.	28.″ 8.‴ 5.	7. Febr.	27.″ 1.‴ 5.
1786. 14. Febr.	28.″ 7.‴ 2.	14. Dec.	27.″ 1.‴ 7.
1787. 7. Jan.	28.″ 7.‴ 8.	2. Febr.	27.″ 2.‴ 2.
1788. 9. Octbr.	28.″ 5.‴ 4.	4. April.	27.″ 4.‴ 9.
1789. 4. Jan.	28.″ 11.‴ 1.	26. Febr.	27.″ 2.‴ 9.
1790. 19. Febr.	28.″ 8.‴ 10.	18. Dec.	27.″ 3.‴
1791. 3. Merz.	28.° 7.′ 9.″	2. Febr.	27.° 1.′ 14.″
1792. 2. Decbr.	28.° 8.′ 5.″	6. Decbr.	27.° 1.′ 10.″
1793. 18. Jan.	28.″ 8.‴ 2.	12. Dec.	27.″ 2.‴ 7.
1794. 17. Dec.	28.″ 8.‴ 10.	25. Jan.	27.″ — 4.
1795. 4. Jan.	28.° 9.′ 8.″	26. Nov.	27.° 1.′ 12.″

Thermometer nach Reaumur.

Datum.	höchster Stand.	Datum.	tiefster Stand.
4. Aug.	22.°	28. Febr.	19.°
22. Juny.	25.°	6. Jan.	14.°
30. Jul.	26.°	29. Jan.	7.°
20. Juny.	26.°	28. Dec.	20.°
17. Jul.	26.°	9. Jan.	17.°
23. Juny.	27.°	11. Febr.	8.°
30. Jan.	27.°	6. Nov.	7.°
18. Jul.	27.°	17. Febr.	12.°
17. Jul.	28.°	10. Jan.	15.°
9. Jul.	26½.°	24. Dec.	11½.°
11. Juny.	25½.°	24. Jan.	17½.°

Der Wechsel der Witterung ist bei uns sehr gewöhnlich und selten haben wir ein anhaltendes
Wetter. Die Luft welche bekannterweise auf einen
Menschen von mittler Gröfse mit einer Kraft von
zwei und dreifsigtausend Pfund drückt, wird oft in
einem kurzen Zeitraum abwechselnd schwerer und
leichter. Eben so schnell ist gewöhnlich bei uns
der Uebergang der Wärme zur Kälte, und kalte
Abende folgen mehrentheils auf heisse Tage, so
dafs oft in einigen Stunden das Thermometer um
10. 12. Grade steigt oder fällt. Selten ist die Luft
anhaltend trocken, vielmehr ist sie oft feucht sowohl im Sommer als im Winter und eben darum
nicht zuträglich.

Die Bevölkerung von Berlin, welche mit jedem
Jahre zunimmt, ist ansehnlich, ob es gleich nach
dem äufsern Anschein, zumal in abgelegenen
Strafsen, nicht so volkreich als andere Städte zu
sein scheint, weil die Strafsen grade und breit angelegt sind, und die Menschen nicht in einen engen
Raum zusammen geprefst werden. Diese Zunahme der Bevölkerung ist um so merkwürdiger, da
sie sonst in grofsen Städten immer abzunehmen
pflegt, und sie würde in Berlin noch beträchtlicher
sein, wenn die zum Leben nöthigen Bedürfnifse
sich nicht so sehr vermehrt und mit dem Luxus .
gleichen Schritt gehalten hätten. Der begüterte
fürchtet aber nicht selten eine zahlreiche Nachkommenschaft, weil er jedes seiner Kinder nicht so

wohlhabend wie er selbst sein würde; der Land-
mann hingegen, der von dem Ertrag eines unbedeutenden Stück Landes lebt, fürchtet weder Mangel für seine Kinder die er zur Arbeit gewöhnt,
nach Ungleichheit in ihren Vermögens-Umständen.
Die mehresten Hagestolze sind es, weil sie Kindern weder eine anständige Erziehung geben, noch
ihnen Vermögen hinterlafsen können. . So handelt
die denkende Classe der Menschen, da die andere
sich dem Naturtriebe überläfst, ohne sich um den
Zweck oder um die Folgen der Ehe zu beküm-
mern, und so vermindert Luxus, Ueppigkeit und
so genannte Sittlichkeit die Bevölkerung mehr als
Krieg, Pest und verheerende Seuchen. Aufserdem
beweisen die vortreflichen Listen des Doctors Hay-
garct *f)* dafs nach Verhältnifs mehr unverheirathete
als verheirathete in den nehmlichen Jahren sterben
und dafs die verehligten länger leben als die un-
verehligten. Auch will man in Engelland bemerkt
haben, dafs unter zwanzig Menschen, die sich aus
Verdrufs das Leben rauben, über die Hälfte unverheirathete sind. In Frankreich hat sich diese Bemerkung durch die Erfahrung bestätiget und sie
ist, wie mir scheint, die beste Apologie der Ehe.

_____

f) Philos. Transact. B. 68. pag. 147.

E

Die Volksmenge in Berlin war zu Ende des

	Jahres 1793.	1794.	1795:
1) Männer. - - -	25332.	25807.	26758.
2) Frauen. - - -	30187.	30563.	31494.
3) Söhne. - - -	20975.	21317.	21655.
4) Töchter. - - -	24861.	25018.	25527.
5) Gesellen. - - -	7865.	8020.	8305.
6) männl. Bediente.	3642.	3446.	3555.
7) Lehrjungen. - -	2823.	2746.	2700.
8) Mägdte. - - -	10919.	10817.	10495.
Summa	126604.	127754.	130487.

Das Militair betrug aufserdem

		1793	1794	1795
1) Männer - - -		15535.	8127.	12984.
2) Frauen - - -		6223.	5944.	5443.
3) Kinder - - -				
	a) männl. Geschl.	4557.	4134.	3660.
	b) weibl. Geschl.	4402.	4013.	3644.
	Summa	30517.	22218.	25731.

Die ganze Anzahl war

also von - 157121. 149952. 156218.

Diese grofse Anzahl an einem Orte vereinigter Menschen ist in Absicht auf Lebensart, Sitten, Beschäftigungs-Arten u. s. w. sehr verschieden und es ist daher nicht möglich im Allgemeinen über diesen Gegenstand etwas bestimmtes fest zu setzen.

Ueberhaupt herrscht jedoch verhältnifsmäfsig

viel weniger Luxus in Berlin als in andern grofsen
Städten. Obgleich der Hof hier residirt und dieses
den Wohlstand der Stadt vermehrt, so sind doch die
gewöhnlichen Ergözlichkeiten und Feste desselben
weder zahlreich noch glänzend, und überall bemerkt man den Geist der Ordnung. Die Anzahl der wirklich reichen Einwohner ist verhältnifsmäfsig sehr geringe und auch diese zeichnen
sich durch keinen zu grofsen Aufwand aus. Selbst
bei den Vornehmern und ersten des Staats, welche
zwar einen gewifsen Aufwand machen, und wie
man sagt standesmäfsig leben, bemerkt man viel
Sparsamkeit und Simplicität, und sie zeichnen sich
weder durch prachtvolle Equipagen und eine zahlreiche Dienerschaft, wie an andern grofsen Orten,
noch durch glänzende Feste oder kostspielige Schmau-
sereien aus.

Die Königl. Bediente werden durch ihr mäfsi-
ges Gehalt, zumal wenn sie kein eigenes Vermögen besitzen, in Absicht des Luxus in enge Schranken gehalten und der wohlhabende Kaufmann und
Bürger lebt zwar gut, aber doch mehr einfach und
eingezogen, als prächtig. Ueberhaupt theilen sehr
viele unserer Einwohner lieber den Armen von
ihrem Ueberflusse mit, als dafs sie ihn auf eine
verschwenderische Art in Seel und Leib verderben-
den Ergözlichkeiten verprafsen sollten. Demungeachtet fehlt es aber bei uns an nichts, was den
Gaumen des gröfsten Wollüstlings befriedigen

könnte. Im Winter erhalten wir Seefische, Austern, Caviar, Wildpret jeder Art, u. dergl. mehr im Ueberflufs. Im Februar und spätestens im März und April liefern unsere geschickte und fleifsige Gärtner frühzeitige Gemüse, als Spargel, Bohnen, junge Erbsen, Salat und den ganzen Winter hindurch sind die Treib-Häuser mit den schönsten Blumen in grofser Menge geziert. Selbst Kirschen, Pflaumen, Erdbeeren, Pfirsiche werden schon reif genossen ehe die Bäume im Freien nur die Blüthe dieser Früchte hervor gebracht haben, und die vorzüglichste Arten von französischen und andern ausgesuchten Obstarten, als Pfirsiche, Abricosen, edle Gattungen von Kirschen, Pflaumen, Birnen und Aepfel werden in unsern Gärten gezogen. Viele Privatkeller enthalten die vorzüglichsten Weine und selbst zum Kauf sind sie zu haben, nur wegen ihrer Güte und der hohen Abgaben sind sie sehr theuer. Am häufigsten werden französische und Rhein-Weine getrunken. Der gemeine Mann trinkt jedoch selten Wein und thut sehr wohl daran, denn er ist nicht im Stande den guten zu bezahlen und der bei uns so genannte Pontack und Muscatenwein die allenfalls bei Hochzeiten, Kindtaufen und Begräbnifsen den Gästen vorgesezt werden, sind gemischte, der Gesundheit nachtheilige Getränke.

Obgleich unsere unfruchtbare und sandigte Gegend uns bei weitem nicht mit den nothwendigen Nahrungsmitteln versieht, so fehlt es doch nie an solchen, und sie sind von vorzüglicher Güte. Unser mehrstes Getreide, als Waizen, Roggen, Gerste, Hafer kommt zu Wasser aus dem Magdeburgschen, dem Saalkreise, der Alt- und Neumark, Pommern, Schlesien, Westpreufsen und Pohlen; ingleichen bekommen wir viel Hülsenfrüchte eben daher.

Sowohl frisches als getrocknetes Obst liefert zum Theil die benachbarte Gegend; gröfstentheils kömmt es aber zu Wasser aus den übrigen Provinzen. Auch an Schlachtvieh ist nie Mangel. Ochsen werden aus Preufsen und Pohlen und Schweine aus der Moldau hergetrieben. Kälber, Hammel und Lämmer kommen im Ueberflufs aus allen Gegenden. Gemüse bringen die Gärtner und Bauern in hinlänglicher Menge und von vorzüglicher Güte auf die Märkte und die Kartoffeln, welche nicht allein die gewöhnliche Kost der Armen ausmachen, sondern auch auf den Tafeln der Vornehmern erscheinen, sind bei uns von vorzüglicher Güte und sehr häufig. Fische liefert uns zum Theil die Spree, zum Theil werden sie uns von der Havel und aus den benachbarten Seen gebracht.

Man rechnet, dafs im Durchschnitt täglich ungefehr 50 Ochsen ohne die vielen Kälber, Schweine und Hämmel geschlachtet werden. Täglich werden über 30 Winspel Roggen verbacken ohne den Weizen der auch in grofser Menge verbraucht wird. Monatlich werden ohngefehr 1200 Winspel Weizen und Gerste verbrauet, wovon die Gerste zwei Drittel ausmacht. Monatlich werden ohngefehr 300 Winspel Roggen zu Brandtwein geschroten, ohne die andern Arten von Getreide zu rechnen.

Im Jahr 1793 wurden in Berlin zur Consumption eingebracht:

I. An Wild.

31 stück rothe Dannen und Spies-Hirsche.
518 — Hirschkälber, Schmalthiere, Rehböcke und Rehe.
43 — wilde Schweine.
60 — Fröschlinge.
1440 — Hasen.
224 — Fasanen.
4501 — Haasel- Reb- und Stein-Hüner.
94 — wilde Enten und Wasser-Schnepfen.
500 Mandeln Krammetsvögel und Lerchen.

II. An zahmen Viehe.

4081 stück fremde Ochsen.
7345 — einländische Ochsen.
5847 — Kühe.
39793 — Kälber.
100574 — Hammel, Schafe und Schafböcke.

1398 Stück Lämmer.

55393 — Schweine.

3652 — Puten.

17475 — Gänse.

5212 — Enten.

3642 — Hühner.

pro. 236 Rthlr. 6 Gr. 9 Pf. fremde süfsewasser
Fische.

III. An Victualien.

76960 Pfund fremde Butter.

965853 — einländische Butter.

25526 Schock Eier.

176506 Pfund delicater Käse.

78510 — ordinairer dito.

87 Centner einländischer Käse,

Für 294 Rtl. 7 Gr. 4 Pf. Käse vom Lande.

— 599 — - — 6 — fremdes Zugemüse oder Garten - Gewächs.

107 Winspel Kartoffeln.

für 494 Rtl. 1 Gr. 5 Pf. fremdes Obst.

20 Winspel einländisches frisches franz. Obst.

245 — ordinair Obst.

128 — gebackenes Obst.

2414 — Weizen.

4446 — Roggen.

3859 — Weizenmalz zum Bierbrauen.

8000 — Gerstenmalz zum Bierbrauen.

77 — Weizenmalz zum Efsigbrauen.

91 Winspel Gerstenmalz zum Efsigbrauen.

5245 — Hafer.

2565 — Weizenschroot.

1665 — Roggenschroot.

5216 — Gerstenschroot.

303 — Futterschroot.

6885 — Weizenmehl.

14 — weifse Bohnen.

751 — Erbsen und Linsen.

193 — Hirse und Grütze.

55 — Buchweizen und Körnerwerk in Hülsen.

IV. Getränke.

Bier vom platten Lande, Königl. Aemter und einländischen Städten - Tonnen 5085$\frac{1}{2}$.

Englisches Bier - - — 65$\frac{1}{4}$.

Einländischer Brantewein . Quarte 8974.

Feine Weine - - Einer 1787.

Mittelweine - - — 196$\frac{5}{8}$.

Ordinaire franz. Weine — 13849$\frac{7}{16}$.

Spanische Weine - — 1414$\frac{5}{8}$.

V. Kaffee.

Kaffee - - - Pfund 1020569$\frac{3}{4}$.

VI. Zucker.

Roher Zucker - - Centner 37376$\frac{7}{8}$.

Syrop - - - — 26778$\frac{1}{4}$.

Anf diese Art sind unsere Einwohner mit gewöhnlichen und mit ausgesuchten Nahrungsmitteln
hinlänglich versehen; allein, da ein grofser Theil
derselben uns aus entfernten Provinzen zugeführt
wird, so bleiben sie doch theurer als an andern
Orten.

Aufser dem Wafser welches als gewöhnliches
Getränk häufig genossen wird, trinken die Berliner
viel Bier und Kaffee. Diese beide Getränke sind
so allgemein eingeführt, dafs es kein Haus und keine
Haushaltung giebt, wo sie nicht täglich genofsen
werden. Aufser den in Berlin, selbst gebraueten
weifsen und braunen Bieren welche von vorzüglicher Güte sind, trinken unsere Einwohner viele
fremde Biere, die von Crossen, Spandau, Ruppin,
Kotbus und andern Städten hergeführt werden,
und wir haben manchen rüstigen Biertrinker, der
an einem Abend sein halb Dutzend Quartbouteillen
zu sich nehmen kann. Die bedürftige Classe trinkt
das schlechteste und dünnste Bier, welches unter
dem Nahmen *Cofent* verkauft wird. Indefsen ist
der Gennfs des Biers dabei doch weniger allgemein,
als der des Kaffee's. Von den Vornehmsten bis zum
Bettler trinkt alles wenigstens einmal des Tages
Kaffee und von der frühsten Jugend an werden die
Kinder daran so gewöhnt, dafs in der Folge die
ärmsten Menschen sich eher die nothwendigste Bedürfnifse des Lebens, als dieses wo nicht schädliche
doch ganz überflüfsige Getränk, versagen. Der

hohe Preis dieser ausländischen Frucht hat jedoch
bewirkt, daſs zum Theil wenigstens statt deſsen
oder mit einem Theil Kaffee die Cichorien Wurzel
jezt häufig auf dieselbe Art zubereitet und genoſsen
wird. Vornehmere und Kranke trinken gewöhnlich
den der Gesundheit noch weniger zuträglichen Thee,
deſsen häufiger Genuſs zu manchen Beschwerden
und Nervenzufällen Aɟ laſs giebt. Nicht allein die
schwächende und erschlaffende Wirkung des häufig
genossenen warmen Getränks sollte auffallen und
dazu dienen, den Genuſs desselben einzuschränken;
sondern auch vorzüglich die Nerven betäubende
Eigenschaften dieser getrockneten Blätter macht solches gefährlich. Es ist bekannt, daſs die Menschen,
welche in Thee-Niederlagen arbeiten, von der Ausdünstung und dem Geruch desselben so angegriffen
werden, daſs sie beinahe ohne Ausnahme an Nervenzufällen leiden. Wie viel wirksamer und schädlicher muſs nicht der tägliche Gebrauch deſselben
als Getränk sein. Es giebt Leute in Berlin, die den
Kaffee so häufig wie die Turken und den Thee so
übermäſsig als die Chineser trinken. Billig sollte
jeder Gesunde aufser den Mahlzeiten, wenn ihn
hungert, nichts als ein Stück Brod, oder im Winter
eine Suppe, genieſsen, und wenn ihn dürstet,
Wasser trinken.

Der Einführung und dem häufigen Genuſs des
Thees und Kaffee's schreibt man es zum Theil zu,
daſs der Blasenstein überhaupt seltener als vormals

erscheint. In der Schweiz, und zumal in und bei Genf sollen auch seit der Einführung dieser Getränke die Kröpfe sehr abgenommen haben. So viel scheint gewiſs, daſs der Urin der Menschen, welche diese Getränke täglich genieſsen, viel weniger erdigte und öhlige Theile enthält, wie man solches am besten in den Woll- und Tuchmanufacturen entdeckt, indem er nicht mehr dieselbe seifenartige Beschaffenheit als ehedem hat. Auch soll seit der Einführung des Thees und Kaffees die Lungensucht gemeiner geworden sein, welche Erscheinung indeſsen warscheinlich von ganz andern Ursachen abhängt.

Der Branntwein ist das Lieblingsgetränk des gemeinen Mannes und aus einem Tranke zum Wohlgenuſs ist er zu einem täglichen, beinahe eben so allgemeinen Bedürfniſse geworden, als das Brod, ohne deſsen wohlthätige heilsame Eigenschaften zu besitzen. Eine der gewöhnlichen Wirkungen die der gemeine Mann sich von dem Brandtwein verspricht, ist, daſs er ihn stärken soll. Diese Kraft ist aber blos in der Vorliebe der Trinker gegründet, vielmehr erzeugt er Abspannung der Kräfte und Schläfrigkeit. Trägheit ist sein gewöhnlicher Begleiter. Sein nachtheiliger Einfluſs auf Geist und Körper ist bekannt genug. Aerzte und Erfahrung bezeugen dieses. Sein Geschmack, und insbesondere seine berauschende Kraft, wobei so mancher Unglückliche auf eine kurze Zeit sein Elend vergiſst

und die ihn den Königen der Erde gleich stellt, ist
wohl das, was an ihm vorzüglich gesucht wird.
Weiber und selbst Kinder werden oft an dieses Getränk gewöhnt. Es mufs freilich einem Mutter-
Herzen schwer fallen, mit einem Kinde den Won-
netrunk nicht zu theilen, der ihr so viel Vergnügen macht; und leider! hört man eben so viel von
Säufferinnen als von Säuffern sprechen. Bei dem
zarten Nervenbau der Kinder und des weiblichen
Geschlechts ist die Wirkung dieses Getränks für
dasselbe noch viel schädlicher als für das Männliche.
Wir können Brandteweintrinker als Menschen be-
trachten, die in einem ewigen Kriege mit einem
Feinde begriffen sind, der weder Alter noch Geschlecht schont, und Aerzte wifsen es am besten,
welche Niederlagen er anrichtet. Der gröfste Theil
der Armen und Bettler sind Leute die ihre Gesundheit, ihren Erwerb und ihr Vermögen durch das
Brantweintrinken verloren haben, und nachher dem
Staate zur Last fallen.

Der Trinker verliert beim Brantweinglase Zeit,
Geld, Gesundheit und Verstand und durch den
Verkauf dieses schädlichen Getränks, das freilich dem
Staate etwas einbringt, verliert dieser gewifs zehn-
fach mehr durch den häufig entstehenden Misbrauch
dieses berauschenden Gifts. Es würde sich gewifs
der Mühe verlohnen zu versuchen, ob nicht einem
Uebel Grenzen zu setzen wären, welches, wie wir
aus einer warnenden Erfahrung wifsen, beinahe

ganze Völkerschaften in Nordamerika aufgerieben
hat, und welches nach der Meinung des berühmten
Arztes Percival auch in Europa mehr Menschen
wegraft, als alle Fieber und bösartige Krankheiten.
Der vortrefliche Franck *h)* hat den Nachtheil der
geistigen Getränke ebenfalls geschildert, und seine
Bemerkung dafs er in den Weinländern, besonders
in bürgerlichen Haushaltungen eine der wichtigsten
Ursachen des Mifsgebährens und der fürchterlichen
Zufälle während der Schwangerschaft und in den
Wochen in den allzufreien Genufs des Weins gefunden, verdient gewifs Aufmerksamkeit. Selbst
die grofse Menge Getreide welche zum Branntwein
verbraucht wird, sollte defsen Gebrauch einschrän-
ken lehren. Der Einwohner der nördlichen Gegenden ist an sich schon ein stärkerer Esser als der
Südländer und doch verzehrt gegenwärtig der Branntwein den neunten Theil unsers Brodkorns. Es
giebt Menschen, die täglich ihre Flasche Branntwein
trinken; ein solcher Mensch verbraucht fünfmal
mehr Brodkorn als ein Anderer. Sowohl die Schädlichkeit als die Entbehrlichkeit dieses Getränks wird
wohl niemand leugnen, sobald man bedenkt, dafs
bis zum 13ten Jahrhundert, wo derselbe erfunden
worden, die Menschen ohne denselben lebten, und
dafs, seitdem er allgemein eingeführt worden ist, er
so manches Unglück angerichtet hat und noch täg-

---

h) System einer vollst. med. Polizei 3ter B. S. 435.

lich Hospitäler und Kirchhöfe bevölkert. Allein die
gänzliche Abschaffung desselben ist freilich mit zu
grofsen Schwierigkeiten verknüpft, als dafs sich
solche hoffen liefse. Schon unsere Vorfahren fanden einen so grofsen Reiz an diesem Getränke, dafs
sie die Entsagung desselben als das gröfste Opfer
ansahen, und durch dieselbe den Beistand des Him-
mels gegen die Türken, die damals das Schrecken
von Deutschland waren, zu erhalten hoften. Car-
thago opferte in ähnlichen Nöthen seine Kinder,
der Deutsche opferte den geliebten Branntewein i).

Anstatt aber, dafs man darauf bedacht sein
sollte, den zu häufigen Genufs des Brannteweins bei uns einzuschränken, hat es vielmehr das
Ansehen, als wollte man den Verkauf defselben
immer mehr begünstigen. In jeder Strafse giebt es
sogenannte Destilateurs-Laden, und aufser dem ist
er in jeder Material-Handlung zu erhalten. Der,
dem Trunke ergebene Mensch, hat dadurch nicht
allein Veranlafsung jeden Augenblick seinen Trieb
nach diesem schädlichen Getränke zu befriedigen;
sondern es werden viele andere Menschen dazu verführt und auch diesen wird er bald ein nothwendiges Bedürfnifs.

Es müfste schlechterdings nicht gestattet werden, dafs sich Menschen zum Branntweintrinken an

---

i) Hüpeden, Beiträge zur Geschichte des Brannteweins.

einem Ort versammleten. Hier reizt das Beispiel
zu mächtig. Der Mensch der mit einem Glase zum
Frühstück genug gehabt hätte, wird durch die Unterhaltung, die er dabei findet, verführt, dreimal
soviel zu trincken.

Die schädliche Wirkung dieses Getränks sowohl
in physischer als moralischer Hinsicht betrachtet,
ist auffallend und nur zu bekannt. Der erhöhete
Reiz, der durch seinen Genuſs auf eine kurze Zeit
die Kräfte zu vermehren scheint, verschwindet sehr
bald und es folgen Abspannung und Schläfrigkeit
nach. Wer sich am Morgen einen Rausch getrunken hat, ist auch den Tag über zur Arbeit untüch-
tig, ist mürrisch und unzufrieden. Häusliche Glück-
seeligkeit flieht von der Schwelle des Branntwein-
trinkers. Armuth und Verachtung werden seine
Begleiter, und um seinen Kummer auf eine kurze
Zeit zu verscheuchen, greift er wieder zu eben dem
Mittel, das die Ursache seines Unglücks war.
Stumpfheit der Sinne, körperliche Gebrechen und
ein frühzeitiger Tod sind die unausbleiblichen Folgen dieses Lasters, und eine arme Wittwe, verlaſsene
Waisen fallen dem Staate zur Last.   -

Unter den Juden findet man die wenigsten
Trunkenbolde, und ich bin überzeugt daſs die Ursache dieser Erscheinung lediglich darinn besteht,
daſs sie dergleichen öffentliche Branntweinhäuser,
wo sie nur verlacht und verspottet werden, nicht

besuchen. In Pohlen trinken die Juden sehr viel
Branntwein, und dieses scheint diese Bemerkung zu
bestätigen, indem sie dort weniger unter einem gewifsen Druck leben.

Es müfste daher die Policei das Branntweintrinken in dazu bestimmten Häusern schlechterdings
verbieten, und den Verkauf desselben nicht anders
als aufserhalb derselben verstatten. Durch eine
solche Vorkehrung würde mancher Unglückliche
noch vom Verderben gerettet, manches Verbrechen,
zumal beim Soldatenstande, verhindert werden, und
man würde nicht so oft das traurige Schauspiel vor
Augen haben, dafs ein Mensch durch seine Un-
mäfsigkeit im Trinken sich bis zum Vieh herab-
würdiget, und taumelnd vom Strafsengesindel mit
Gelächter verfolgt, ein Schandfleck der Seinigen und
der ganzen menschlichen Gesellschaft wird.

Indefsen vertragen die Einwohner nördlicher
Gegenden den Branntwein besser, als die Südländer. In Pohlen, Rufsland, Sibirien, Lappland schadet er weniger als bei uns, und bei uns weniger
als in warmen Ländern.

In Absicht der Kleidertracht, zumal bei Männern, herrscht viel Simplicität und man kann mit
einem schlichten Kleide in allen Gesellschaften erscheinen. Trefsen und Stickereien werden nur bei
Hofe getragen und man begegnet hier weniger als

in andern grofsen Städten gepuzten Menschen. Das
Militair erscheint immer in der Uniform und diejenigen Departeménts · welche · dergleichen erhalten
haben, tragen sie ebenfalls. Unsere Frauenzimmer
kleiden sich geschmackvoll und spielen mit den
Moden, hier wie aller Orten. Die steifen Schnür-
brüste, die, zumal bei Kindern von so üblen Folgen sein können, indem sie die Ribben und Schul-
terblätter verderben, Buckel verursachen und Engbrü-
stigkeit und Schwäche nach ihrem Gebrauch leicht
entstehen, sind mehrentheils abgeschaft; allein die
spitzen und mit hohen Absätze versehene Schuhe
wodurch das Gehen erschwert und die Füfse verdorben werden, sind noch allgemein eingeführt,
obgleich Camper in seiner Abhandlung von dem
besten Schuhe gezeigt hat, dafs die hohen Absätze
das Becken der Weiber enger machen und dadurch
mühsame Entbindungen entstehen können. In Absicht des Schmucks hat der Luxus sehr zugenommen. Juvelen in den Haaren, Ohrringe und Hals-
bänder, goldene Ketten und vorzüglich Ringe gehören zum Putz unserer Schönen, und die Hände
unserer Frauenzimmer sehn gewöhnlich wie das
Ringfutteral eines Juveliérers aus. Bei dem Bürger
und unter dem weiblichen Gesinde herrscht verhältnifsmäfsig mehr Luxus in Absicht der Kleidung als
bei andern Ständen. Auf die Gesundheit wird bei
der Kleidertracht, für Erwachsene sowohl als für
Kinder, nicht genug gesehen. Die Kleidung ist der
Jahreszeit selten angemessen, und obgleich Pelz und

F

Muff im Winter zur modischen Tracht gehören, so
werden doch bei den ersten Frühlingstagen beide
abgelegt und man sieht die Menschen in leichter Tracht mehrere Stunden in unserm ohnehin
feuchten Thiergarten bei dem geliebten Caffee im
Freien verweilen; und Colicken, Zahn oder andere
Gichtschmerzen, langwierige Husten und kalte Fieber mit nach Hause nehmen.

Das Schminken ist bei uns nicht wie in andern
grofsen Städten, als Paris, Wien, Warschau gewöhnlich und, ausgenommen bei Hofe, wo eine Dame
ohnedem nicht erscheint, legen unsere Schönen
wenigstens nicht öffentlich und allgemein auf. Mehr
als eine, deren Reize durch die vernichtende Hand
der Zeit zu leiden anfängt, sucht wohl durch dieses
Mittel die Blüte ihrer Wangen zu ersetzen; indefsen
geschieht es doch, wie sie meint, unbemerkt. Der
Nachtheil der Schminke ist indefsen zu grofs, als
dafs man nicht jeden für den Gebrauch derselben
warnen sollte. Auf zweierlei Art schaden Schminken, indem sie sich nehmlich mit der Haut genau
verbinden, die Ausdünstung an diesem Theile
hemmen und einen nachtheiligen Einflufs auf die
Haut selbst äufsern, welche dadurch ihre Zartheit
und ihre Weichheit verliert, rauh und schuppicht
wird und ihre natürliche Farbe verändert. Durch
ihre Bestandtheile schadet indefsen die Schminke
noch viel mehr, indem sie oft aus Metallkalken,

zumal aus dem weifsen Quecksilberpräcipitat besteht, und das feine auf der Haut eingeriebene Pulver zum Theil von den einsaugenden Gefäfsen aufgenommen, in das Blut geführt und durch dieses in den ganzen Körper verbreitet wird. Daraus entstehen leicht Schwäche der Nerven, Auszehrungen und Schwindsuchten, Auflösung und Verderbnifs des Bluts und bei einer übrigens nicht tödlichen dazukommenden Krankheit, unterliegt der Körper.

Was die physische Bildung anbetrift, so ist es bekannt, dafs in einer grofsen Stadt wo alles dazu beiträgt, den Körper zu schwächen, die Menschen weniger robust und stark sind, als auf dem Lande. Im allgemeinen ist der Berliner von mittlerer Gröfse, hat selten lebhafte Farben und wenige Anlage zum Fettwerden. Diejenigen Handwerker, welche eine sitzende Lebensart führen und ihr Leben in einer eingeschlofsenen und verdorbenen Atmosphäre zubringen, als Schneider, Schuster, Weber u. s. w. sehen hier wie aller Orten mehrentheils kränklich aus. Dies ist eine Folge ihrer Gewerbe und ihrer Lebensart. Das weibliche Geschlecht hat gröfstentheils eine angenehme Bildung, einen schönen Wuchs, aber wenig Feuer und Lebhaftigkeit. Blondinen sind hier sehr häufig.

Uebrigens sieht man weniger verwachsene Menschen und Krüppel bei uns, als an andern Orten

F 2

und wenigstens wird dafür gesorgt, daſs dergleichen
Leute welche Eckel und Abscheu erregen, sich nicht
auf öffentlichen Plätzen, am Eingange der Kirchen
und auf Spaziergängen versammlen, und durch
Darstellung ihrer Gebrechen und Schäden, in der
Absicht, Mitleiden und Wohlthätigkeit zu erwecken,
Schrecken und Abscheu erregen, wie solches ehemals in Paris und in andern groſsen Städten gewöhnlich war. Der unerwartete Anblick solcher
Menschen hat oft die nachtheiligsten Folgen auf
reizbare und empfindliche Körper gehabt und Krämpfe, Ohnmachten und frühzeitige Geburthen ver-
anlaſst.

Von dem eigenthümlichen Charakter der Berliner läſst sich nichts bestimmtes sagen, weil die
Eingebohrene, so sehr mit Ausländern vermischt
sind, und weil durch den Aufenthalt in einer
groſsen Stadt, wo so manche Leidenschaften auf
eine unnatürliche Weise rege gemacht werden,
die ursprüngliche Anlagen und angebohrene Eigenheiten gröſstentheils entstellt werden. Obgleich
dem Berliner eine den Einwohnern groſser Städte
gewöhnliche Urbanität eigen ist, so hat sie doch bei
ihm den angebohrnen Ausdruck der Ehrlichkeit und
Aufrichtigkeit nicht völlig ausgelöscht. Freimüthig
und ohne viel Complimente im gewöhnlichen Leben, wird er, wenn es zum Wortwechsel oder Hand-
gemenge kommt, nachdrücklich grob. Friedfertig
und still in seinem Betragen, wird er hitzig und

selbst wüthend, wenn er gereizt wird oder seine
Ehre für beleidigt hält. Er ist ein fleifsiger arbeit-
samer Bürger, der selbst oft Sonn- und Feiertage
bei der Arbeit zubringt, und seine Erholungen sind
weder kostspielig noch häufig.

Auch raucht er stark Tobak, und diese Gewohnheit ist selbst in der Mittelklasse unserer Einwohner fast allgemein. Viele, zumal junge Leute ziehen
sich durch den unmäfsigen Gebrauch des betäuben-
den Tabaksrauchs und durch den häufigen Verlust
des Speichels den er nach sich zieht, eine schwache
Verdauung und andere Beschwerden zu. Wie viel
Nachtheil der immerwährende Tabacksrauch verur-
sache, wenn man, ob schon man selbst nicht raucht,
sich lange in demselben aufhält, kann man am
besten aus der blafsen Farbe der Bedienten in den
Caffee-Häusern der grofsen Städte, sehen. Die Lebensart dieser Menschen, welche nicht immer die
beste ist, kann zwar auch wohl oft dazu beitragen.
Frauenzimmer, selbst die Gemeinsten, rauchen nie.
In den höhern Ständen ersezt der Gebrauch des
Schnupftobaks das Rauchen und ist auch beim schönen Geschlecht leider! zu häufig.

Wenn sich der gemeine Mann im Winter etwas
zu gute thun will, so macht er sich eine recht heifse
Stube und trinkt einen erbärmlichen, mit Syrop
versüfsten, Kaffee. An diesem kleinen Feste nehmen Frau und Kinder Antheil und es wird dazu
Butterbrod in Uebermaafs gegessen.

Ueberhaupt tragen die elenden Wohnungen, welche der gemeine Mann in Berlin hat, zu den Krankheiten dieser arbeitsamen Classe unserer Mitbürger viel bei, und die vielen Bauten in Berlin sind ein wahres Unglück für sie. Jeder, der ein altfränkisches Haus, worinn dergleichen Leute wohnten, niederreifst, erbaut an defsen Stelle ein Prachthaus und richtet es zu grofsen Wohnungen für wohlhabende Leute, ein. Daher sind in Berlin grofse Wohnungen in Ueberflufs und verhältnifsmäfsig wohlfeil zu haben; kleine hingegen werden immer seltener und theurer, und der Arme findet kaum ein Obdach für sich und die Seinigen. Er schränkt sich daher immer mehr ein, und behilft sich mit einem einzigen Zimmer, worinn er nicht allein sein Handwerk treibt; sondern auch mit seiner ganzen Hausgenossenschaft wohnt und schläft. Bei dem hohen Preise des Brennholzes versperrt er nun im Winter der äufsern Luft allen Zugang aufs sorgfältigste, und so leben diese Menschen in einer Atmosphäre, die beim Eintritt in ein solches Zimmer jeden Fremden zu ersticken droht. Es wäre daher wohl zu wünschen, dafs bei den häufigen Königlichen Bauten, auf diese schätzungswerthe Klasse unserer Mitbürger mehr Rücksicht genommen und den oft tödlichen Folgen ihrer elenden und kleinen Wohnungen abgeholfen würde. Wenn diese Menschen eine verdorbene Luft nicht beständig einathmeten, so würden sie und ihre Kinder stärker sein und nicht so oft erkranken.

Die Armuth dieser Klasse von Menschen hat
einen grofsen Einflufs nicht allein auf die Sterblichkeit, sondern auch auf die Bildung der am Leben
gebliebenen Kinder. Die Vernachläfsigung der kleinen Kinder, der Mangel an Raum, an gesunder
Luft, an Wäsche und die schlechte Nahrung schwä-
chet dieselben und macht sie schief, krumm und auf
alle Art verwachsen.

Wenn nun in einer solchen kleinen Haushaltung Pocken, Masern oder andere Krankheiten Kinder oder Erwachsene befallen, so ist nicht allein das
Elend unbeschreiblich; sondern der Tod mehrentheils unvermeidlich.

Aufklärung, Geistescultur und eine natürliche
helle Beurtheilungskraft findet man in allen Classen,
und es fehlt den Berlinern weder an Feinheit noch
an Verschlagenheit. Selbst der gemeine Mann
spricht und urtheilt gern selbst über alle Gegenstände. Politische Neuigkeiten sind sein Stecken-
pferd und die Zeitungen seine liebste Lectüre. Er
ist enthusiastisch für sein Vaterland eingenommen,
stolz darauf, ein Preufse zu sein, und sieht auf seine
Nachbaren mit einer Art von Geringschäzzung herab.
Vor allem hat das Militair viel Reitz für ihn, und
er nimmt einen grofsen Antheil an allem was darauf Bezug hat. Diese Vorliebe für den Soldaten-
stand erstreckt sich über alle Klassen der Einwoh-

ner und selbst bis zu unsern Schönen, die davon
nichts weniger als frei sind.

Der Vorwurf von Irreligion der dem Berliner
so wiederholentlich gemacht worden ist, ist nichts
weniger als gegründet; eigentlich ist der Berliner
weder Bigott noch Heuchler und sezt einen gröfseren Werth auf eine gute Handlung, als auf fleifsi-
ges Besuchen der Kirchen. Indefsen vernachläfsi-
get er auch den Religionsunterricht nicht.

Der Berliner ist überhaupt dienstfertig und
wohlthätig, und versäumt selten eine Gelegenheit,
wo er seinem armen Mitbürger nüzljch werden kann;
davon zeugen hinlänglich die grofse Anzahl von
milden Stiftungen, von welchen wir in der Folge
ausführlicher reden werden, und die häufigen Geld-
beiträge, die jährlich für Hülfsbedürftige gesam-
melt werden. So viel von dem Mittelstande.

Der Adel, der Begüterte und die höhere Classe
der Einwohner überhaupt haben eine feinere Erziehung; allein dabei oft mehr Vorurtheile als der
gemeine Mann, und es läfst sich überhaupt weniger von ihrem eigenthümlichen Charakter sagen,
weil Leidenschaften und Verstellung vielen eine
ganz fremde Gestalt giebt. Vorzüglich bemerkt
man bei dieser Klasse der Einwohner eine grofse
Vorliebe für alles Fremde und Ausländische, welche

sich über alle Gegenstände und bis auf die Menschen selbst, erstreckt. Jedes fremde Produkt, jede fremde noch so widersinnige Erfindung zieht er der vaterländischen vor. So fährt er auf einem hohen Whisky den der Engländer erfand, um über die Zäune und Hecken, womit seine Felder aller Orten eingefaſst sind, hinwegsehen zu können, der aber dem Berliner sonst keinen Vortheil gewährt, als daſs er schwerer hinauf kommt, höher sizt, und bei dem ungewohnten Fuhrwerk leichter den Hals brechen kann. Seinen Pferden läfst er den Schweif und die Ohren abschneiden, sich und seine Leute kleidet er nach fremder oft geschmackloser Sitte und spielt den Ausländer durch Tracht und Gebehrden mitten unter seinen Mitbürgern, die seine Thorheit herzlich belachen. Auch auf Menschen erstreckt sich diese Vorliebe. Ein französischer Koch und Tanzmeister, werden ihr Glück nie in Berlin verfehlen. Alles Fremde und Ungewöhnliche zieht die Aufmerksamkeit auf sich und spannt die Erwartung, und so gelingt es selbst jedem auch noch so groben Charlatan, die höheren Stände für sich einzunehmen; die abgeschmacktesten und widersinnigsten Behauptungen eines solchen Glücksritters, weit entfernt, sie von dem Betruge zu überführen, dienen gewöhnlich dazu, dem Fremdling noch mehr Achtung und Zutrauen zu verschaffen. Sehr bald wird er in allen Gesellschaften als ein aufserordentlicher Mensch ausposaunt und bald darauf eingeführt und jeder ver-

traut sich demselben unbedingt an. Geheime- und
Universal-Arzneien haben besonders von je her viel
Glück bei uns gemacht, und noch ganz kürzlich
wurde einer der elendesten und gröfsten Charlatans
von der vornehmsten Klasse unserer Einwohner,
als ein zweiter Aesculap verehrt.

Ich kann mich nicht entbrechen, dasjenige hieher zu sezzen, was einer der besten und beliebtesten
Schriftsteller Deutschlands so wahr und richtig über
die Cultur des gegenwärtigen Zeit-Alters sagt, und
welches jedermann in der Natur gegründet finden
wird.

„In der niedern und zahlreicheren Klasse
„stellen sich uns rohe gesetzlose Triebe dar, die
„sich nach aufgelöfstem Bande der bürgerlichen
„Ordnung entfefseln und mit unlenksamer Wuth
„zu ihrer thierischen Befriedigung eilen. — Auf
„der andern Seite geben uns die civilisirten Klassen
„den noch widrigern Anblick der Schlaffheit und
„einer Depravation des Charakters, die desto mehr
„empört, weil die Cultur selbst ihre Quelle ist.
„Ich weis nicht, welcher ältere oder neuere Philo-
„soph die Bemerkung gemacht hat: dafs das Edlere
„in seiner Zerstörung das Abscheulichere sei, aber
„man wird sie auch im moralischen wahr finden.
„Aus dem Natursohne wird, wenn er ausschweift,
„ein Rasender, aus dem Zögling der Kunst ein
„Nichtswürdiger. Die Aufklärung des Verstandes,

„deren sich die verfeinerten Stände nicht ganz mit
„Unrecht rühmen, zeigt im ganzen so wenig einen
„veredelnden Einfluſs auf die Gesinnungen, daſs sie
„vielmehr die Verderbniſs durch Maximen befesti-
„get. Wir verläugnen die Natur auf ihrem recht-
„mäſsigen Felde, um auf dem Moralischen ihre
„Tiranney zu erfahren und indem wir ihren Ein-
„drücken widerstreben, nehmen wir ihre Grund-
„säzze von ihr an. Die affectirte Decenz unserer
„Sitten, verweigert ihr die verzeihliche *erste* Stelle
„um ihr in unserer materialistischen Sittenlehre die
„entscheidende Letzte einzuräumen. Mitten im
„Schooſse der raffinirtesten Geselligkeit, hat der Egois-
„mus sein System gegründet, und ohne ein gesel-
„liges Herz mit heraus zu bringen, erfahren wir
„alle Ansteckung und alle Drangsale der Gesell-
„schaft. Unser freies Urtheil unterwerfen wir ihrer
„despotischen Meinung, unser Gefühl ihren bizar-
„ren Gebräuchen, unsern Willen ihren Verführun-
„gen. Nur unsere Willkühr behaupten wir gegen
„ihre heiligen Rechte. Stolze Selbstgenügsamkeit
„zieht das Herz des Weltmanns zusammen, das in
„dem rohen Naturmenschen noch oft sympathetisch
„schlägt, und wie aus einer brennenden Stadt sucht
„jeder nur sein elendes Eigenthum aus der Verwü-
„stung zu retten. Nur in einer völligen Abschwö-
„rung der Empfindsamkeit glaubt man gegen ihre
„Verirrungen Schutz zu finden, und der Spott der
„den Schwärmer oft heilsam züchtiget, lästert mit
„gleich wenig Schonung das edelste Gefühl. Die

92

„Cultur, weit entfernt, uns in Freiheit zu setzen,
„entwickelt mit jeder Kraft die sie in uns ausbil-
„det, ein neues Bedürfnifs. Die Bande des Physi-
- „schen schnüren sich immer beängstigender zu,
„so dafs die Furcht zu verlieren, selbst den feuri-
„gen Trieb nach Verbesserung erstickt, und die Maxi-
- „me des leidenden Gehorsams für die höchste Weis-
„heit des Lebens gilt. So sieht man den Geist der
- „Zeit zwischen Verkehrtheit und Rohigkeit, zwi-
„schen Unnatur und blofser Natur, zwischen Su-
„perstition und moralischen Unglauben schwanken
„und es ist blos das Gleichgewicht des Schlimme-
„ren was ihm zuweilen noch Grenzen setzt.".

Die Richtigkeit und das Wahre dieser freilich
nicht tröstlichen Schilderung des Geistes unsers Zeit-
alters fühlt gewifs ein jeder, der die Menschen, zumal in grofsen Städten, mit Aufmerksamkeit und
unpartheiisch beobachtet, und die Anwendung davon wird er selbst zu machen oft Gelegenheit
finden.

Weder an Beispielen erhabener Tugend einer-
seits noch auf der andern an Lastern und Verbrechen fehlt es bei uns. Der Selbstmord ist nicht
selten, und gewönlich eine Folge von Ausschweifungen und gemachten Schulden. Der Kindermord
ist im Verhältnifs mit den vielen unerlaubten
Schwangerschaften zwar nicht häufig, aber doch nicht
ohne Beispiel. Ein geschwächtes Mädchen hat weder

öffentliche Beschimpfung zu befürchten, noch eine
Geldstrafe zu erlegen, und diese weise Einrichtung
hat manche Mordthat verhindert. Eine solche Person ist verbunden ihre Schwangerschaft der Obrig-
keit anzuzeigen, und wird bei Vernachläfsigung
dieser Anzeige nachdrücklich bestraft.

Die öffentlichen Ergötzlichkeiten sind bei uns
in Vergleichung mit andern Haupt und Residenzstäd-
ten, weder zahlreich noch prächtig, und hierin steht
Berlin den mehrsten grofsen Städten nach. Während des Carnevals ist grofse Italiänische Oper und
Redoute, beides unentgeldlich. Ein mittelmäfsiges
Schauspiel, an defsen Verbesserung aber unter der
gegenwärtigen Regierung gearbeitet worden ist,
macht die einzige öffentliche Unterhaltung aus, und
das Haus ist, ob es gleich höchstens 800 Menschen
fafsen kann, öfterer leer als angefüllt. Nach Verhältnifs sind immer die Hälfte Juden im Schauspiel-
hause; ich will nicht glauben dafs Müfsiggang die
Ursache davon sei; aber eine Hauptursache ist wohl
diese dafs sie weniger häufsliches Glück haben, weniger in Gesellschaften kommen, und ihnen der
Eintritt in allen Ressourcen versagt ist. Clubs,
Ressourcen, Caffeehäuser und Tabagien, sind der
gewöhnliche Versammlungsort der verschiedensten
Stände und eine grofse Anzahl unserer Einwohner
bringt seine Abende beim Spieltische oder unter
Gesprächen dort zu. Im Sommer und selbst bei
heiteren Wintertagen macht das Spazierengehn eine
der angenehmsten Unterhaltungen der Berliner aus.

Der Thiergarten, ein nahe am Thor belegenes Wäldchen von mannigfaltigen Holzarten, *) in welchem sehr geschmackvolle Anlagen gemacht worden sind, ist fast der einzige und allgemeine Versammlungs‑ort der Berliner. Bei schönem Wetter, zumal des Sonntags, strömt alles zu Fußs, zu Pferde und in Wagen dahin. Ein Theil der Spaziergänger nimmt Erfrischungen in den hier häufig vorhandenen Caffee und Speisehäusern, andere sizzen auf öffentlichen Bänken, und geniefsen nebst der freien Luft des un‑terhaltendsten Schauspiels. Das einzige was diese sonst überaus angenehme Promenade verdirbt, ist der im Sommer bei anhaltender Trockenheit der Witterung unleidliche und übermäfsige Staub, von welchem man sich kaum einen Begriff machen kann, und der wirklich oft zum Ersticken ist. Die Vor‑nehmeren benuzzen diesen angenehmen Ort meh‑rentheils des Morgens, die grofse Anzahl der Spa‑ziergänger versammlet sich aber nach der Jahres‑

---

*) Der Thiergarten hat an Nadelholtz und Eichen 444 Morgen und 72 ☐ Ruthen.

An Elsen und Birken 159 Morgen und 53 ☐ Ruthen.

An Wohnungen, Feldern und Gärten 15 Morgen 104 ☐ Ruthen.

An Wiesen 13 Morgen 28 ☐ Ruthen. An Gärten und Teiche 14 Morgen 97 ☐ Ruthen. An Alleen, Fufssteige und Plätze 172 Morgen 167 ☐ Ruthen. Ueberhaupt also 819 Morgen und 161 ☐ Ruthen.

zeit, entweder gleich nach Tische oder gegen Abend
daselbst.

Auch der Tanz ist eine Erholung für die Einwohner von Berlin, an welchem jedoch die geringere Classe nur selten, entweder bei Hochzeiten
oder Kindtaufen oder auch auf sogenannten Tanz-
böden oder Tanzsälen Antheil nimmt. Die Vornehmeren und auch der Mittelstand halten des Winters oft Bälle und Pikeniks, und hierinn schweifen
sehr viele, zumal des jüngeren Frauenzimmer, aus,
und mehr wie eine hat schon vom Tanze einen
siechen Körper behalten, und selbst einen frühzeitigen Tod gefunden. Englische, Französische und
Deutsche Tänze werden abwechselnd getanzt, und
letztere welche bei uns Waltzer genannt werden,
sind sowohl weil sie Leidenschaften, die in den
Jahren wo man gerne tanzt, schwer in Schranken
zu halten sind, erregen, als weil sie den Körper
übermäfsig erhizzen und ermüden, gefährlich und
oft für die Gesundheit aufserordentlich nachtheilig.
Husten, Blutspeien, Lungenentzündungen sind
häufige Folgen des Tanzes bei uns und er giebt
nicht selten zu Auszehrungen und Schwindsuchten
Anlafs.

Die Vornehmeren und Begüterten halten unter
sich, zumal des Winters, häufig Gesellschaften. Das
Spiel ist die allgemeine und einzige Beschäftigung
dabei und währt bis zur Abendmahlzeit. Auch

diese Art des Vergnügens hat sehr oft eine nachtheilige Wirkung auf die Gesundheit unserer Mitbürger. Man versammlet sich in geheizten und
fest vermachten Zimmern bei grofser Erleuchtung.
Je zahlreicher die Gesellschaft, je stärker die Erleuchtung ist, um so schneller wird auch die Atmosphäre verdorben und da sie durch keinen Luftzug,
den unsere Damen wie die Pest fürchten, erneuert
wird, erhält sie einen hohen Grad der Verderbnifs.
Sobald nun noch dazu der Genufs des Nerven-
schwächenden Thees vorangegangen ist, setzt sich
alles an den Spieltisch, selbst die muntere Jugend
ist nicht davon ausgenommen, und das junge Mädchen von 14 Jahren, mufs schon gravitätisch ihre
Whistpartie machen. Das beständige Sizzen bei
einem gewöhnlich fest anschliefsenden und unbe-
quemen Anzuge, in einer verdorbenen Atmosphäre
wodurch das Athemholen äufserst erschwert wird,
das späte Essen des Abends, der Genufs erhizzen-
der Speisen und Getränke und das lange Wachen,
schwächen den Körper. Schlaflosigkeit oder unru-
hige Träume sind die geringsten Folgen einer solchen Lebensart, und wenn dergleichen Unterhaltungen täglich wiederholt werden, ist es wohl ein
Wunder wenn unsere Frauenzimmer schwache Nerven und ein kränkliches Ansehen haben. Nichts ist
der Gesundheit nachtheiliger als der Aufenthalt in
einer verdorbenen Luft und alles zielt darauf ab,
den geringen Antheil von Lebensluft in solchen, so
eben geschilderten Gesellschaften völlig zu verzehren.

Die Anzahl der Menschen, die Erleuchtung, der
Gebrauch von Rauchwerk, Blumen, welche oft den
ganzen Abend über in den Zimmern bleiben, wohl-
riechende Wässer womit Damen und Stuzzer reichlich versehen sind, alle diese Dinge verzehren den
zum Athmen nothwendigen Antheil der Atmosphäre und verwandeln ihn in einen schädlichen
Bestandtheil derselben; — und nun wundert man
sich noch warum bei dieser unnatürlichen Lebensart die .Menschen schwächlicher und kränklicher
werden, warum Krämpfe. Ohnmachten und alle
Nervenzufälle, zumal bei Vornehmeren, häufiger
als jemals herrschen, warum Catharre, Gicht und
rhevmatische Beschwerden so allgemein werden.
Allein muſs auf einer Seite der Aufenthalt in
einer verdorbenen Atmosphäre, auf der andern
die Entwöhnung von der frischen Luft nicht unaus-
bleiblich zu solchen Beschwerden Anlaſs geben.
Wenn wir wie unsere Vorfahren lebten, so würden
wir auch eben so gesund sein als sie es waren, oder
wenigstens nicht solchen Uebeln unterworfen sein.
In jedem Gesellschafts - Zimmer sollte billig ein
Kamin oder wenigstens in den Scheiben ein Ven-
tilator sein, wodurch die Luft erneuert werden
könnte. Allein beides würde das geschmackvolle
Ameublement entstellen, und wer kann sich zu so
etwas wohl entschlieſsen?

Die Lebensart der verschiedenen Classen unserer Einwohner, ihr Erwerb, ihre Sitten sind über-

G

haupt so verschieden, dafs man hierüber weder im
Allgemeinen etwas bestimmtes sagen kann, noch
aber die Lebensart eines jeden insbesondere zu
schildern vermag. Durch seine Manufacturen und
Fabricken ist Berlin ein nahrhafter Ort geworden,
und diese verschaffen einer grofsen Anzahl von
Menschen Beschäftigung und Unterhalt. In den
ganz- und halbwollenen Tuch und Zeug- Manufacturen allein, finden 13000 Menschen Arbeit. Die
Seidenmanufacturen beschäftigen deren 7000. Durch
die Strumpf- Band- Halbseiden- Baumwollen- Ta-
peten- Manufacturen werden viele tausend Menschen ebenfalls ernährt. Unsere Metallfabriken, als
die Gold- und Silbermanufacturen, die Gelbgiefser,
Gürtler, Bleifabrikanten, Goldschläger, Schriftgiefser,
Stahlarbeiter haben eine grofse Anzahl Arbeiter;
die Königl. Porcellan- Fabrik allein beschäftigt deren
mehr als 500, auch arbeiten viele Personen in den
Leder, Blumen- und Huth- Canten und Blonden,
Clavierseitendrath, Federposen, Fischbein, Lakier-,
Maafs- und Einsatz- Gewicht, Tobackspfeiffen und
Seiffen- Fabriken; nicht minder in den Uhrfabri-
ken, Wachsbleichen und Zuckersiedereien. Die
Anzahl der Menschen welche durch unsere Fabriken
und Manufacturen beschäftiget und unterhalten wer-
den, beläuft sich zwischen 9 bis 10000.

Die freien und mechanischen Künste, die In-
nungen, die zünftige und unzünftige Gewerbe verschaffen aufserdem vielen Arbeitern ein gutes Aus-

kommen. Nach Herrn Nicolais *) Angabe waren
zu Ende des 1784ten Jahres:

1) Bei der Kaufmannschaft, den Künsten,
Manufacturen, Fabriken, Handwerken und
anderen Gewerben in Berlin

21539 Herrn und Meister.
7744 Diener und Gesellen.
6293 Jungen und Arbeiter.

überhaupt also 35576 Personen.

2) In Königl. und andern Aemtern standen
3433. Von ihren Mitteln lebten 1507
Personen.

Hieraus erhellt satsam, dafs, wer bei uns gesunde Glieder, einige Talente und Arbeitsamkeit
besitzt, nicht Mangel und Elend zu befürchten hat;
vielmehr lebt die gröfsere Anzahl der angeführten
Personen in Berlin nicht schlecht, und ist für Armuth gesichert.

Aber auch diejenigen, welche aufser Stande sind,
sich und die Ihrigen zu ernähren, sind bei uns nicht
verlafsen und für den Gebrechlichen, Abgelebten
und das Elternlose Kind wird auf die menschenfreundlichste Art gesorgt. Die Armen - Anstalten

G 2

---

*) An A. O. 2. B. pag. 587.

und milden Stiftungen in Berlin sind zahlreich und vortreflich. Unter Aufsicht des Armen Directorii steht:

1) *Das Dorotheen Hospital,* welches von der Churfürstin Dorothea, zweiten Gemahlin des Churfürsten Friedrich Wilhelm des Grofsen gestiftet worden, und zur Aufnahme armer Bürger - Wittwen bestimmt ist.

2) *Das Koppensche Armenhaus* welches eine ähnliche Stiftung ist.

3) *Das Charité-Haus,* welches aufser der Krankenanstalt ein Hospital für Elende und abgelebte Personen hat.

4) *Das Irren-Haus.* *)

5) *Das Arbeits-Haus,* welches 1742 gestiftet wurde um der überhand genommenen Strafsenbetteley zu steuren. In diesem Hause werden alle alte oder sonst Hülfe und Mitleiden verdienende Personen, welche sich ihren Unterhalt nicht verschaffen können und nicht betteln

---

*) Von dieser und der vorigen Anstalt wird unten ausführliche Nachricht gegeben werden.

wollen, aufgenommen, und nach Beschaffenheit ihres Alters und übrigen Umstände beschäftiget; wogegen sie anständig unterhalten und ernährt werden.
Aufserdem werden alle Bettler die man
auf den Strafsen aufgreift, dahin gebracht
und sind von den vorigen völlig abgesondert; desgleichen werden in dieser
Anstalt ungetreues und liederliches Gesinde und Lehrburschen, jedoch nach
vorgängigem richterlichen Erkenntnifs
und die venerisch gewesene und in der
Charité geheilte Weibspersonen unter leid-
licher Arbeit einige Zeit behalten. Von
dieser Anstalt werden jährlich über 1000
Menschen unterhalten.

6) *Die Armenkasse*, welche Kranke die
nicht in das Charité-Haus aufgenommen
sind, sondern lieber bei den Ihrigen bleiben wollen, mit Geld, freier Cur und
Arznei unterstüzt; auch erhalten abgelebte Leute und besonders Wittwen mit
Kindern nach Anzahl der Leztern eine
wöchentliche Unterstüzzung an Brod und
Geld.

7) *Das grofse Friedrichs-Hospital* oder
Waisenhaus wo einige hundert Elternlose Kinder die entweder in Berlin ge-

bohren, oder deren Eltern doch einige
Jahre' hier gewohnt haben, lutherischer
oder reformirter Confession, von 8 Jahren
und darüber ernährt, erzogen und unterrichtet werden. Kleinere Kinder werden
aufser dem Hause zur Verpflegung für
ein monatliches Kostgeld an gewisse Leute
gegeben.

In diesen erwähnten Anstalten werden alljähr-
lich 10 bis 12000 Menschen unterhalten und die
Ausgaben betragen im Durchschnitt 80 bis 90000
Thaler.

Aufser diesen milden Stiftungen sind an lutherische Hospitäler und Armenanstalten in Berlin:

1) *Das Heilige-Geist Hospital*, welches
schon im 13ten Jahrhundert gestiftet worden und für 33 männliche und weibliche
Hospitaliten eingerichtet ist.

2) Das ebenfalls im 13ten Jahrhundert gestiftete *Georgen Hospital*, worinn betagte
Bürger und Bürgerinnen aufgenommen
werden.

3) *Das Splett-Haus*, für 12 arme Frauen.

4) *Das Gertraut-Hospital* welches 1405

gestiftet und von ähnlicher Einrichtung ist.

5) *Zwei Armenhäuser* in der Todten‑Gasse,
worinn 18 alte Weiber erhalten werden.

6) *Das Jerusalems Hospital* ebenfalls für
alte Frauen.

7) *Die Nicolai und Marienkirchen Armenkasse* welche einer gewissen Anzahl
armer Personen wöchentlich 3 bis 6 Gro-
schen Allmosen giebt.

8) *Die Bürger‑Waisenkinder‑Casse*, welche einige Knaben erhält.

9) *Die Schindlersche Legaten‑Casse*, aus
der 8 Studirenden, jedem auf zwei Jahre
jährlich 100 Thaler Unterstüzzung als Sti-
pendium, 8 Schülern auf Gymnasien
jedem jährlich 50 Thaler, ebenfalls auf 2
Jahr, und 6 armen Töchtern von guten
Eltern bis zu ihrer Verheiratung oder
Majorennität jeder jährlich 25 Rthlr. gereicht werden.

10) *Die Petrikirchen Armen‑Casse*, welche
unter der Aufsicht des Probstes Allmosen austheilt.

11) Die Armenkasse für lutherische Arme
der *Friedrichswerderschen und Doro-
theenstädtschen Kirche.*

12) Verschiedene *Communitäts - Cassen,*
woraus Freitische für dürftige Gymna-
siasten errichtet sind.

Deutsche reformirte Stiftungen sind ebenfalls
mehrere, als:

1) *Das Götzensche Wittwenhaus,* worinn
arme Wittwen freie Wohnung und Holz
erhalten.

2) *Das Domhospital* worinn 40 Arme sich
befinden.

3) *Der rothe Hof,* welcher dürftigen Personen vom Stande freie Wohnung giebt.

4) *Das Hospital der Parochial - Kirche*
für 30 Arme.

5) *Die Andreäsche Legaten - Casse,* aus
der einige Prediger - Wittwen und Waisen von gutem Herkommen jährlich
Pension und 1000 Hausarmen Allmosen
erhalten.

6) *Die Allmosenkasse beim Dom* } theilen
Die Lüderizsche Legatenkasse } wöchent-lich All-
Die Parochial Armenkasse } mosen aus.

Waisenhäuser von privat Personen gestiftet:

1) *Das Kommessersche Waisenhaus,* wor-inn lutherische und reformirte Waisen-kinder aufgenommen, ernährt und un-terrichtet werden.

2) *Das Schindlersche Waisenhaus* eben-falls zur Aufnahme, Unterricht und Er-nährung von Elternlosen Kindern be-stimmt.

Aufser diesen Anstalten haben sowohl die deut-schen Gemeinden in Berlin als die Böhmischen und Catholischen, Freischulen unter denen sich die von einer Gesellschaft eben so würdiger und vortrefli-cher, als wohlthätiger und menschenfreundlicher Einwohner kürzlich gestifteten *Erwerb - Schulen* vorzüglich auszeichnen.

Für abgelebte oder verwundete Krieger hat Friedrich der II. das schöne, mit der Innschrift **Laeso et invicto militi** versehene Invaliden-haus gestiftet. In dieser Anstalt werden eine gewisse Anzahl Soldaten welche nicht mehr dienen können, aufgenommen und verpflegt. Das Haus hat eine

eigene Krankenanstalt welche unter Aufsicht des
Ober - Staabs - Medici, von einem Königl. Pensionair
Chirurgus und drei Compagnie - Chirurgen besorgt
wird. Auch hat die Anstalt 2 Kirchen, davon eine
lutherisch und reformirt und die andere katho-
lisch ist.

Die französische Colonie hat sich von jeher
durch die gute Einrichtung und die Zweckmäfsig-
keit ihrer milden Stiftungen vorzüglich ausgezeichnet. Hieher gehören:

1) *Die Maison françoise,* worinn eine gewisse Anzahl bejahrter Männer `freie
Wohnung und Unterhalt bekommen.

2) *Das französische Hospital,* worinn sowohl alte als schwache Personen umsonst
oder gegen ein geringes Kostgeld auf Zeitlebens, als arme Kranke bis zu ihrer Ge-
nesung aufgenommen werden. Auch
Wahnwizzige werden hier gleichfalls versorgt. Von der Einrichtung der beiden
leztern wird unter Krankenanstalten ein
Mehreres gesagt werden.

3) *Das Hospital* für kranke Kinder.

4) *Die Maison de Refuge* für verarmte
Leute von den refugirten Familien.

5) *Die Maison d'Orange* für die Hülfs-
bedürftigen Abkömmlinge der Protestan-
ten, welche im Anfange dieses Jahrhunderts aus Oranien vertrieben wurden.

6) *Das französische Waisenhaus*, worinn
Knaben von 7 Jahr und Mädchen vom 5ten
Jahre an aufgenommen, ernährt und un-
terrichtet werden.

7) *Die Ecole de Charité* ein freier Wohn-
und Erziehungsort für arme Kinder der
französischen Colonie.

8) Verschiedene Anstalten zum Besten der
Hausarmen.

a) *Die caisse du sou pour livre.* Eine
Stiftung für sogenannte p a u v r e s h o n-
t e u x.

b) *Die Caisse des Reliquats* dient gleichfalls zur Unterstüzzung verarmter und
ihrer Hauptversorger beraubter Personen.

c) Eine wöchentliche Vertheilung von Brod
und etwas Geld an Hausarme (a s s i-
s t a n c e r é g l é e.)

d) eine Anstalt welche wöchentlich 2 mal
alten und kranken Personen Brühe und
Fleisch austheilt (la marmite).

e) Eine Gesellschaft zur Versorgung wahrer
Armen mit Holz.

Diese Gesellschaft, welche schon seit geraumer
Zeit auf das menschenfreundlichste unsere bedürftige Einwohner mit Materialien zur Feurung unterstüzt, theilte in dem Winter von 1794 bis 1795
unter 728 arme Familien 255½ Haufen theils an
Holz theils an Torf, aus. Die Gesellschaft teutscher
Nation, welche auf dieselbe Art an nothleidende
Arme Brennholz austheilt, unterstüzte in dem Jahre
1794 bis 1795, 1821 Familien auf diese edle Art und
vertheilte unter dieselben 241⅝ Haufen Holz und
25⅘ Torf, so dafs überhaupt in einem Winter 2549
arme Familien in Berlin freies Brennholtz erhalten haben. Diese vortreffliche Anstalt gehört zu
den redendsten Beweisen der ächten Wohlthätigkeit
unserer Einwohner.

Auch die Jüdischen Armenanstalten zeichnen
sich durch ihre gute Einrichtung, besonders aus.
Die vornehmsten sind:

1) Die allgemeine Armenanstalt welche Al-
mosen an arme sowohl, hiesige als durch-
reisende Juden austheilt.

2) Das Lazareth, wovon unten ein Mehreres.

3) Eine Gesellschaft die für die Pflege der
Kranken aus der Gemeinde überhaupt
Sorge trägt, und sowohl aus männlichen
als weiblichen Mitgliedern besteht. Sie
hält ihren eigenen Arzt und Wundarzt
und eine hinlängliche Anzahl Kranken-
wärter. Sie hat Kleidungsstükke, Betten
und Erfrischungen beständig vorräthig
und Zwei Mitglieder derselben welche
durchs Loos gezogen werden, bleiben bei
gefährlichen Zufällen Tag und Nacht um
den Kranken.

4) Eine Stiftung zum Unterhalt der Dürftigen welche die Hausarmen mit Brod,
Feuerung u. s. w. versorgen.

5) Eine Gesellschaft die für den Unterricht
in der Religion sorgt.

6) Eine Gesellschaft die den Armen Hemden und andere nothwendige Kleidungsstükke reicht.

7) Eine Gesellschaft die auf eine heimliche
Weise den Armen Gutes thut, ohne dafs
es jemand erfährt, wodurch also die be-
schämende Publizität erspart wird.

8) Die Begrabungsgesellschaft, welche mit
dem Begraben der Todten sich beschäftiget.

9) Eine Anstalt zu Ausstattung armer Mädchen.

10) Die Heiraths - Gesellschaft, welche aus
200 armen und reichen Hausvätern besteht. Wenn einer seine Tochter verhei-
rathet, zahlt jedes Mitglied 1 Rthlr. so dafs
die Braut 200 Rthlr. bekömmt.

11) Eine Gesellschaft welche armen Studirenden ein Gewifses monatlich reicht.

12) Mehrere Freischulen, besonders hat die
vom Herrn Baurath Itzig gestiftete sehr
grofsen Nutzen, und viele junge Leute
gebildet.

13) Eine neuere Anstalt ist die Gesellschaft
der *Freunde* deren Zweck es ist, sich ge-
genseitig zu unterstützen. Die Gesellschaft besteht gröfstentheils aus jungen von
Religionsvorurtheilen freien Leuten und
man kann mit Recht hoffen, dafs diese
Gesellschaft vieles zur Bildung und Aufklärung der Juden wirken wird.

Diese kurze Uebersicht der milden Stiftungen

in Berlin zu denen noch mehrere wohl eingerichtete Wittwen, Sterbe und Stipendien Cassen gerechnet werden können, sind ein thätiger Beweis
der Wohlthätigkeit unserer Mitbürger und wenig
grofse Städte werden so, viele und so vortrefliche
Anstalten dieser Art aufzuweisen haben. Es könnten
indessen diese einen noch viel gröfsern Nuzzen
schaffen, als sie es würklich thun, wenn die verschiedenen Fonds und milden Beiträge, woraus unsre
Armen unterstützt werden, sämmtlich vereiniget,
und zu einem gemeinschaftlichen Zwekke verwendet würden und durch diese Vereinigung könnten
die Vorsteher der Armenanstalten eine gröfsere Anzahl Bedürftige unterstüzzen, als sie es jezt im Stande sind. Eine grofse Anzahl unbedeutender Stiftungen dieser Art kann nie den Nuzzen schaffen,
den wenige zweckmäfsige und nach einem gröfseren Plan eingerichtete Stiftungen haben würden. *)

Von dieser Schilderung der Wohlthätigkeit und
Menschenliebe unserer Einwohner kommen wir auf
einen sehr abstechenden aber nicht minder bemer-
kungswerthen Gegenstand, nehmlich auf die Befriedigung des Geschlechtstriebes, welche nicht grofse
Schwierigkeiten in Berlin findet. Die Abnahme

---

*) Eine ausführliche Beschreibung dieser Anstalten fin-
det sich in Nicolais Beschreibung von Berlin II. Theil
pag. 622 woraus diese Nachrichten zum Theil ge-
schöpft sind.

der Ehen und das späte Heirathen giebt zu manchen Ausschweifungen Anlafs und die Gelegenheit
auch aufser der Ehe einen genauen Umgang mit
dem andern Geschlecht zu haben, verringert die
Anzahl derselben beträchtlich. Die Verbreitung der
Luftseuche ist eine natürliche Folge davon. Jedoch
ist dieses schreckliche Uebel hier bei weitem nicht
so allgemein als es sich viele vorstellen. Die öffentlichen Häuser stehen unter beständiger Aufsicht der
Polizei. Ihre Anzahl beläuft sich auf einige Achtzig.
Aufserdem treiben aber viele Mädchen dieses Handwerk für sich, ohne zu einer solchen öffentlichen
Wirthschaft zu gehören. Die Anzahl der Lustmäd-
chen war nach der Liste der Wundärzte welche
ihren Gesundheitszustand zu untersuchen hatten im
Januar 1795 von 558 worunter 23 als venerische zur
Charité geschickt worden waren, und sieben theils
schwanger, theils in diesem Monath niedergekom-
men waren.

Die Frechheit mit welcher solche Geschöpfe ihr
Gewerbe öffentlich treiben, ist für jeden Menschen
und zumal für Fremde, auffallend. In den Strafsen
wo sie hauptsächlich ihren Sitz aufgeschlagen haben,
pflegen sie aus allen Häusern heraus zu sehen und
jeden Vorübergehenden anzurufen. Gröfstentheils
sind sie aus der niedrigsten Volks-Classe, und verrathen dieses bald durch ihre Sprache und Manie-
ren. Sie gehören freilich nicht alle zur gleichen
Categorie und der Preis den sie für ihre Gunstbe-

zeugungen erhalten, ist, sehr verschieden und erstreckt sich von Goldstücken bis zur Scheidemünze.

Dergleichen öffentliche Häuser sind für eine
grofse volkreiche Stadt ein nothwendiges Uebel;
allein es ist Pflicht für die Regierung ein wachsames Auge auf sie zu haben, und es sollte schlechterdings verboten sein an solchen Orten berauschende Getränke zu verkauffen, wodurch die Ausschweifungen unglaublich vermehrt, und Zank und Schlä-
gereien die oft sehr ernstlich werden können, befördert werden. Musik und Tanz sollte ebenfalls
daselbst nicht zugelafsen werden, weil es Lokungen
zur Besuchung dieser Häuser und kostspielige Ver-
gnügungen sind.

Da solche öffentliche Häuser nur um gröfsere
Uebel zu verhüten gestattet werden, so ist es eben
so zweckwidrig als schädlich, zu erlauben, dafs man
durch irgend ein Mittel zu Besuchung derselben gereizt werde. Die Neugierde die bei manchen unschuldigen Jüngling die Veranlafsung dazu sein kann,
wird für ihn die Quelle des Elends und des Unglücks. Die verführerische Eleganz mancher dieser
Häuser, die angenehme Bildung, die Jugend, der
reizende Anzug der Mädchen, die berauschenden
Getränke haben so manchen Unschuldigen ins Elend
und Verderbén gestürzt, dafs es wohl Zeit wäre,
ernstliche Maasregeln gegen diesen Unfug zu treffen.
Nicht um Leidenschaften zu erregen, sondern um

H

ihnen eine unschädlichere Richtung zu geben, und
damit diejenigen welche keine Weiber ernähren
können und gleichwohl trotz aller Bewegungsgründe,
ihre Leidenschaften nicht bändigen wollen oder
können, wenigstens der Unschuld, dem Bande der
Ehe und ihrer eigenen Gesundheit zu schonen verleitet würden, werden dergleichen öffentliche Häuser
geduldet. Allein bei der gegenwärtigen Verfaſsung
derselben, und bei der zu groſsen Nachsicht werden
die Absichten die man bei ihrer Zulaſsung gehabt
hat, gänzlich verfehlt, und sie sind eine wahre Pest
für die menschliche Gesellschaft.

Es fehlt zwar nicht an heilsamen Polizei-Ver-
ordnungen über diesen Gegenstand, allein sie werden nicht mit gehöriger Aufmerksamkeit und Strenge vollzogen. Die Ausbreitung der Lustseuche zu
verhindern sind Wundärzte angestellt und besoldet,
welche wöchentlich die dergleichen Lebensart füh-
rende Dirnen in Absicht ihres gegenwärtigen Ge-
sundheitszustandes zu untersuchen und die Angesteckten sogleich nach der Charité zu schicken verpflichtet sind. Obgleich nicht zu leugnen ist, daſs
diese Maasregel wenigstens verhindert daſs die in
einem hohen Grade inficirte Mädchen nicht ferner
zum groſsen Nachtheil der Stadt ihr schändliches
Handwerk treiben, so können dergleichen Untersuchungen dennoch nicht verhindern, daſs mancher
von einer so eben von dem Wundarzte untersuchten
Dirne angesteckt werde, indem es öfters der Fall

sein kann, daſs sie die Lustseuche einem andern mit-
theile, ehe sich die Kennzeichen des Uebels bei ihr
selbst geäuſsert haben, so daſs also niemals jemand
der einen Umgang mit einem öffentlichen Mädchen
gehabt, wenn sie auch noch so gesund zu sein scheint,
für Anstekkung gesichert sein kann, indem es leicht
möglich ist, daſs er das Gift, das ihr vielleicht so
eben von seinem Vorgänger mitgetheilet worden
ist, auffängt.

Wenn aber auf der einen Seite dergleichen
Dirnen gerechte Verachtung verdienen, so muſs man
ihnen auf der andern auch nicht alles Mitleiden
versagen. Es ist vielmehr Pflicht, dafür zu sorgen,
daſs die von einem unbesonnenen und verführten
Mädchen einmal gewählte Lebensart, dieselbe nicht
auf immer von der Tugend absondere und daſs ihr
die Möglichkeit nicht entrissen werde, nach Aner-
kennung ihres Fehlers eine so schändliche Lebensart zu verlassen. Allein die mehresten dieser Geschöpfe sind, wenn sie einmal so tief gesunken,
schwerlich vom gänzlichen Verderben zu retten,
indem theils die Schande die ihnen anklebet, theils
die Abhängigkeit worinn sie die Kuppler durch gemachte Schulden zu erhalten wiſsen, ihnen den
Weg zur Rükkehr zu einem ehrlichen Fortkom-
men gänzlich versperren. Manches Mädchen kann
durch jugendlichen Leichtsinn und Verführung zu
einer solchen Lebensart auf eine kurze Zeit verleitet
worden sein, ohne auf immer gegen die Gefühle

der Ehrbarkeit und der Pflicht unempfindlich zu bleiben; allein die Unmöglichkeit in der sie sich befindet aus dem Abgrund, worinn sie sich gestürzt hat herauszukommen, macht dafs sie immer tiefer sinkt. Das scheuslichste Uebel, die Lustseuche, zerstört ihre Reize, Armuth und Verachtung verfolgen sie, und sie mufs entweder das noch schändlichere Handwerk der Kuppelei ergreiffen, oder im Elend und Verachtung verschmachten.

Mit der gröfsten Aufmerksamkeit und Strenge müfste aber die Polizei gegen diejenigen Dirnen verfahren, welche auf öffentlichen Strafsen und in abgelegenen Gegenden sich aufhalten und die Vorübergehenden, so zu sagen, anfallen. Gerade diese sind gewöhnlich angesteckte Dirnen die das Gift der Lustseuche am mehrsten verbreiten, und leider! sieht man sie häufig wie Schatten im Mondenschein herumwandeln, und es giebt keine Gattung der schändlichsten und widernatürlichsten Excesse, welche sie nicht, zu begehen, stets bereit sein sollten.

Die unehlichen Schwangerschaften sind demohngeachtet bei uns häufig, und beweisen hinlänglich, dafs dergleichen öffentliche Häuser nicht gegen die Verführungen schützen, welches doch der Hauptgrund ihrer Zulafsung sein sollte. Die Anzahl der unehelichen Kinder beläuft sich im Durchschnitt bei uns auf 6 bis 700. Das Verhältnifs der unehelichen Kinder zu den Gebohrnen überhaupt

ist im Durchschnitt bei uns wie 10 bis 12 zu 100.
In Dresden waren im Jahre 1794 unter hundert
Kindern 20 bis 21 uneheliche. In Leipzig 21 bis 22
in Dessau 14 bis 16.

Die geringere Anzahl unehelicher Kinder ist keinesweges für Berlin ein Beweis befserer Sitten und
einer gröfseren Enthaltsamkeit; vielmehr läfst sich
gerade daraus auf einen höhern Grad der Sitten-
verderbnifs schliefsen; weil beide Geschlechter bei
einem unerlaubten Umgange allezeit die wirkliche
Zeugung zu vermeiden suchen. Es mufs daher die
Schwangerschaft eines Mädchens gelinder geahndet
werden, als wenn erwiesen wird dafs sie es bei
diesem möglichen Falle nicht geworden: obschon
auch hieraus nie mit Gewifsheit auf onanitische
Sünde zu urtheilen ist, da die Fruchtbarkeit keine
allgemeine weibliche Eigenschaft ist. a)

Man kann aber aus der Anzahl unehlich ge-
bohrner Kinder ziemlich richtig auf das Gesundheitswohl im gemeinen Wesen schliefsen, als welches so sehr von der Zunahme des Sittenverderb-
nisses zu leiden hat. Nach Süfsmilch b) waren die
bisherigen Berechnungen unserer Zeiten nicht zum

---

a) Hufsty, Diskurs über die Medic. Polizei. §. 459. 1ster
Band.

b) Göttl. Ordnung. B. I. u. III.

günstigsten; ungeachtet auf dem Lande manchmal
Ausnahmen statt haben. *c)*

Bei der Abnahme der unehelichen Geburten
mufs man also zugleich wohl überlegen, ob auch
wirklich die Sitten des Volks damit überein kommen, und ob nicht ein schlimmeres Laster selbst
die aufserehéliche Zeugung hemmet, und um so
mehr Gefahr für Gesundheit und Zeugung bringt?
Die Onanie, dies schleichende und fürchterliche
Laster, welches seine verheerende Wirkungen auf
Seele und Körper gleich mächtig äufsert, ist auch
bei uns die Quelle vieler Uebel. Beide Geschlechter leiden gleichviel an den Folgen derselben. Der
blühende und aufwachsende Jüngling der das Unglück hat sich dieser heimlichen Sünde zu ergeben,
verschwendet die Kraft, welche die Natur zur Ausbildung seines Körperbaues so nothwendig bedarf.
Sein äufseres Ansehen verliert den Reiz der Jugend,
seine Verdauung wird fehlerhaft, seine Kräfte
schwinden, seine Augen trüben sich, Gedächtnifs
und Beurtheilungskraft gehn verlohren, Hypochon-
drie bemeistert sich seiner Seele und eine ewige
Reizung, die mit der Befriedigung derselben immer
zunimmt, quält ihn unaufhörlich. Sich und andern zur Last geniefst er die Freuden des Lebens
nicht, und wenn ein frühzeitiger Tod seinem Elende

---

c) Henslers Beitrag zur Geschichte des Lebens und der
Fortpflanzung der Menschen auf dem Lande.

nicht bald Grenzen sezt, so ist er ein Greis in den
mannbaren Jahren. Unfähig zur Begattung sieht er
alle Freuden der häuslichen Glückseligkeit für ihn
dahin sterben, und er mag nun die Thorheit begehen dennoch ein Weib zu nehmen, oder im ehe-
losen Stande seinen Kummer in sich selbst begraben, so bleibt er immer ein bedaurenswürdiger
Gegenstand, und ein warnendes Beispiel für andre.
Diese Folgen einer zu häufigen Ergiefsung des Sa-
mens kommen häufiger bey dem männlichen als
bey dem weiblichen Geschlecht zum Vorschein, indem der Bau ihrer Zeugungstheile von der Art ist
dafs eine wunderbahre und grofse Umkrümmung
der Saamengefäfse statt hat, so dafs die Absonderung dieser Feuchtigkeit nur sehr langsam vor sich
gehn kann.

Das weibliche Geschlecht empfindet indefsen
die traurigen Folgen dieser Ausschweifung ebenfalls in einem hohen Grade. Das junge Mädchen
defsen Bildung und Verstand so viel versprach, ver-
liehrt dadurch die Reize die sich zu entfalten an-
fingen. Ihr mattes Auge, ihr blafses und gelbliches
Ansehen, die Magerkeit und der Verfall ihres Körpers verrathen bald den Feind der heimlich an
ihrem Leben nagt. Bleichsucht, Unordnung im Geschäfte der Reinigung, erhöhete Reizbarkeit und
Empfindlichkeit untergraben ihre Gesundheit. Krämpfe, Mutterbeschwerden und das ganze Heer der
Nervenübel peinigen sie unabläfsig. Unfruchtbar-

keit ist auch für das weibliche Geschlecht eine fast
unausbleibliche Folge dieses Lasters, und nicht selten werden die zur Fortpflanzung des Menschen
bestimmten Organe bei ihnen so angegriffen, dafs
die fürchterlichsten Uebel, Vorfall, Verhärtungen
und selbst Krebsschäden der Gebährmutter die Folgen
davon sind.

Dies fürchterliche Laster, das dem Menschen
der sich ihm ergab, und dem Staate gleich nachtheilig ist, indem es nicht allein die aufblühende
Jugend, die Kraft und Hofnung des Staats verpestet;
sondern selbst den Keim des zukünftigen Menschen
zerstört, kann nicht oft genug mit den fürchterlichsten Farben geschildert werden. Schulen, Pen-
sions - Anstalten sind die gewöhnlichen Werkstätte,
aus denen dieses Laster sich auf 'die menschliche
Gesellschaft verbreitet. Welche Sorgfalt, welche
kluge Aufmerksamkeit sollten daher nicht die Vorsteher solcher Anstalten darauf wenden, die ersten
Keime dieses Lasters zu entdecken und frühzeitig
zu ersticken. Allein noch weit wichtiger wäre es
ihm zuvor zu kommen, denn da wo es einmal
eingerissen ist, helfen weder Ermahnungen noch
Strafen und bei dem besten Willen einem so schädlichen und entehrenden Laster zu entsagen, erliegen
die Unglücklichen immer aufs neue.

Es wäre daher Pflicht junge Leute von beiden
Geschlechtern für die Gefahr zu warnen, zumal da

dies vielleicht das einzige Mittel ist, diesem Laster
Grenzen zu sezzen. Unwifsenheit und Neugierde
stürzen manchen in dies Verderben, und ist die
Onanie erst zur Gewohnheit geworden, so ist selten
noch Rettung für den Verführten zu hoffen. Die
beste und wirksamste Art die Jugend über diesen
Gegenstand zu belehren, mögen Erzieher festsetzen;
nur glaube ich dafs je ofner man über diesen
wichtigen Punkt der physischen Erziehung mit der
Jugend verfährt und spricht, desto eher man auch
das Ziel erreicht. Man mufs sie über die Wichtigkeit der Fortpflanzung belehren, die Gefahr jeder
Ausschweifung und ihre schreckliche Folgen schildern, und indem man die Neugierde der Jugend
über diesen Gegenstand stillt, und ihnen die Sache
ernsthaft und mit Würde vorstellt, werden Ein-
drücke in ihnen zurück bleiben, die gewifs heilsame Folgen haben müssen.

Indefsen giebt es auch noch in Berlin viele
unverdorbene Jünglinge und Mädchen, und wenn
gleich die Folgen einer zu grofsen Enthaltsamkeit,
wovon Franck verschiedene sonderbare Beyspiele
anführt, bei uns und zumal bei dem männlichen
Geschlechte wohl selten vorkommen mögen, so fehlt
es doch nicht an kraftvollen Ehemännern, gesunden Müttern und an einer reichlichen Nachkommenschaft. Sehr verschieden sind die Jahre in welchen man in Berlin das Band der Ehe knüpft. Die
Männer müssen gewöhnlich warten bis sie im

Stande sind eine Frau zu ernähren und dieses dauret
oft sehr lange. Sehr reiche und sehr arme Menschen
machen hierinn eine Ausnahme. Die Mädchen werden selten vor dem 15. bis 17. Jahre fruchtbar und
hören erst gegen das 50ste auf es zu bleiben. Doch
giebt es junge Mädchen die schon im 12ten Jahre
die monatliche Reinigung bekommen, und Weiber
bei denen sich solche im 40sten Jahre verliert.
Uebrigens sind die Weiber fruchtbar, und die Entbindungen gehen, wenn auch langsam, doch mehrentheils natürlich von statten, daher die Hebammen noch immer häufiger als die Accoucheurs gebraucht werden. Doch hat sich das Vorurtheil der
Weiber gegen letztere zum Theil sehr gemindert
und sie werden auch bei natürlichen Geburten, zumal in den höhern Klassen, zugezogen. Unter
hundert Geburten kann man höchstens 4 bis 6
schwere und widernatürliche im Durchschnitt annehmen. Frühzeitige Geburten erfolgen nur selten,
dagegen aber sind Misfälle häufig. Die Zwillings-
geburten verhalten sich zu den Gewöhnlichen wie 1
zu 60. Wir haben zuweilen Geburten von 3 auch
4 Kindern, jedoch sind dieses äußerst seltene Erscheinungen.

Aus der Vergleichung der Gebohrenen mit der
Zahl der im Kindbett gestorbenen Weiber erhellet,
daß unter hundert Geburthen nur eine der Mutter
das Leben kostet.

Das Verhältniſs der Todtgebohrenen in Berlin
zu der Anzahl der Gebohrenen überhaupt ist ſich
nicht immer gleich. Von

dem Jahre	wurden überh. geb.	dar. waren Todtgeb.	das Verhälm. war also wie
1758-1763	22902	974	1: 25, 5.
1764-1769	26656	1318	1: 20, 2.
1770-1774	19465	1098	1: 17, 7.
1785-1794	76331	2728	1: 27,$\frac{2405}{2738}$.

Woraus erhellet daſs in den letzten 10 Jahren
die Anzahl der Todtgebohrenen beträchtlich abgenommen hat, welches zum Theil der Verbesserung
des Entbindungswesens zugeschrieben werden muſs.

Die Pflicht ihre Kinder selbst zu stillen beobachten die Berlinerinnen ziemlich allgemein, und
selbst in höhern Ständen wird sie nicht vernachläfsi-
get. Sowohl dieses als daſs das Ausgeben der Kinder bei Ammen auf dem Lande bei uns völlig unbekannt ist, gereicht zur Ehre unserer Einwohne-
rinnen, denn wenn auch Gesundheits-Umstände oder
Bequemlichkeit sie hindert das Kind mit ihrer eigenen Milch zu ernähren, so entziehen sie diesem
doch nicht die unersezliche Mütterliche Sorgfalt,
und eine Amme besorgt das Kind unter ihrer
Aufsicht.

Das Selbststillen hat nicht allein auf die Säug-

linge.sondern auch auf die Mütter einen sehr heilsamen Einflufs und Déparcieux *) behauptet dafs
diejenige Mütter welche ihre Kinder selbst stillen
nicht allein gesunder sind, sondern auch länger
leben, und ob sie gleich weniger Kinder erzeugen,
so erziehen sie dagegen mehrere und die Bevölkerung gewinnet in doppelter Hinsicht dabei.

Ob wir gleich keine Findel - Häuser haben, so
ist doch das Aussezzen der Kinder sehr selten, und
unsere Einwohner ahmen in der Vermeidung dieser
schändlichen Gewohnheit ihren Vorfahren nach, von
welchen Tacitus sagt: „Die Deutschen sezzen ihre
„Kinder nicht aus, und bei ihnen bewirken gute
„Sitten mehr als anderwärts gute Gesezze.“

Aus dieser Ursache sind uns also Findelhäuser
leicht entbehrlich. Wenn aber auch dieses nicht der
Fall wäre, so ist das Resultat dergleichen Anstalten
fast überall sehr abschreckend. Aus den Registern
des Findelhauses zu Paris erhellet nehmlich dafs
von 5989 darinn aufgenommenen Kindern, 5105,
vor dem fünften Jahre gestorben, so dafs nur 884
derselben über dieses Alter hinaus am Leben geblieben sind. Es sind also von der Geburt bis zum
5ten Jahre von 100 Findelingen 87 gestorben, oder
es sind von 100 nur 15 das ist ⅛ am Leben geblie-

---

*) Essai sur les probabilités de la durée de la vie hu-
maine. Paris 1746.

ben. In Amsterdam sind von 1761 bis 1770 inclus.
205 Kinder in dem dortigen Findelhause aufgenommen worden, und davon lebten den 31sten Dec.
1780 nicht mehr als 36, so dafs 169 gestorben oder
von 100 nur 18 auferzogen wurden.

Das Lebensziel unserer Einwohner erstreckt
sich meistentheils zwischen 60 und 75 Jahren; doch
erreichen viele Personen, zumal vom weiblichen
Geschlechte ein weit höheres Alter. Man hat angenommen dafs unter 1000 Menschen in Berlin
nur 72 ein Alter von 70 Jahren erreichen und es
ist behauptet worden, dafs alte Leute in Berlin
überhaupt selten wären, und dafs es kein Beispiel
gebe, dafs ein Mensch daselbst über 98 Jahre alt
geworden sei. *)

Diese Behauptung ist aber völlig ungegründet,
und hundertjährige Menschen sind keine ganz seltene Erscheinung bei uns. Nachstehendes Verzeichnifs der drey lezten Jahre zeigt, dafs eine nicht geringe Anzahl Menschen bei uns ein sehr hohes
Alter erreichen.

Im Jahre 1793 betrug die Anzahl aller Verstorbenen 5282. Darunter befanden sich:

---

*) Schlözers Briefwechsel, 14tes Heft.

	Männer.	Weiber.	Summa.
Von 80. Jahren.	8.	15.	23.
— 81. —	1.	4.	5.
— 82. —	2.	7.	9.
— 83. —	6.	12.	18.
— 84. —	4.	4.	8.
— 85. —	2.	4.	6.
— 86. —	3.	6.	9.
— 87. —	3.	3.	6.
— 88. —	1.	1.	2.
— 89. —	1.	—	1.
— 90. —	1.	2.	3.
— 91. —	1.	2.	3.
— 92. —	3.	3.	6.
— 93. —	—	2.	2.
— 94. —	1.	2.	3.
— 95. —	1.	—	1.
— 97. —	—	1.	1.
— 98. —	1.	—	1.
	39.	68.	107.

Unter diesen 107 über 80 Jahr alt gewordenen Leuten befanden sich 29 Weiber mehr als Männer.

Im Jahr 1794 war die Anzahl aller in Berlin Verstorbenen 5596. Darunter waren

	Männer.	Weiber.	Summa.
Von 80. Jahren.	12.	15.	27.
— 81. —	4.	11.	15.
— 82. —	5.	20.	23.
— 83. —	6.	13.	19.
— 84. —	10.	14.	24.
— 85. —	3.	9.	12.
— 86. —	4.	8.	12.
— 87. —	—	3.	3.
— 88. —	5.	8.	13.
— 89. —	2.	3.	5.
— 90. —	1.	3.	4.
— 91. —	2.	4.	6.
— 92. —	1.	2.	3.
— 93. —	2.	1.	3.
— 95. —	—	3.	3.
— 96. —	1.	—	1.
— 97. —	—	1.	1.
— 101. —	—	1.	1.
— 104. —	1.	—	1.
	57.	119.	176.

Im Jahr 1795 war die Anzahl aller in Berlin Verstorbenen 7659 darunter waren.

	Männer.	Weiber.	Summa.
Von 80. Jahren.	16.	27.	43.
— 81. —	5.	10.	15.
— 82. —	10.	11.	21.
Latus.	51.	48.	79.

	Männer.	Weiber.	Summa.
Von 83. Jahren.	2.	19.	21.
— 84. —	6.	15.	21.
— 85. —	5.	9.	14.
— 86. —	8.	9.	17.
— 87. —	2.	5.	7.
— 88. —	2.	5.	7.
— 89. —	—	3.	3.
— 90. —	1.	4.	5.
— 91. —	—	1.	1.
— 92. —	—	4.	4.
— 93. —	—	1.	1.
— 94. —	—	1.	1.
— 95. —	—	2.	2.
— 96. —	—	—	—
— 97. —	—	1.	1.
— 98. —	—	—	—
— 99. —	—	—	—
— 100. —	—	1.	1.
— 101. —	—	—	—
— 102. —	—	1.	1.
	57.	129.	186.

Unter diesen 186 über achtzig Jahr alt gewordenen Leuten befanden sich 72 Weiber mehr als Männer.

Unter diesen 469 Personen welche in 3 Jahren zusammen genommen ein so hohes Alter erreichten, waren 163 Frauen mehr als Männer. Es scheinen demnach die Frauen bei uns ein höheres Alter zu erreichen, als die Männer: Ueberhaupt ist die Mortalität bei diesem Geschlechte fast ohne Ausnahme jährlich um einige hundert geringer als bei dem männlichen; dagegen werden aber auch um so viel weniger gebohren. Von 1785 bis 1795 sind 1824 Männer mehr als Frauen gebohren aber 2313 Frauen weniger als Männer gestorben.

Obgleich die Sterblichkeit in Berlin weit beträchtlicher ist, als auf dem Lande, so ist sie doch geringer als in andern grofsen Städten. Nach Süfsmilch's Berechnung *) ist sie nur als $\frac{1}{28}$ in Berlin anzunehmen, da sie in andern grofsen Städten gewöhnlich $\frac{1}{25}$ und nicht selten $\frac{1}{24}$ beträgt. In 6 guten Jahren stirbt hier der 41ste und in 10 gemischten der 38ste Mensch.

In den 15 Jahren von 1779 bis 1794 beträgt die Zahl der Gebohrenen 76331. Der Gestorbenen 76214; so dafs in diesem Zeitraume 117 mehr gebohren als gestorben sind. Nach diesem 15 jährigen Durchschnitt wäre demnach das Verhältnifs der Gestorbenen zn den Gebohrenen in Berlin wie 10 zu $10\frac{1170}{76214}$.

Das natürliche Verhältnifs der Gestorbenen zu den Gebohrenen soll sein 10 zu 12 und in einigen Gegenden auch nur 10 zu 11.

Man nimmt nehmlich an, dafs jetzt ohngefehr 1000 Millionen Menschen auf dem Erdboden leben.

---

*) Göttl. Ordnung 1ster Theil pag. 109.

I

Man rechnet auf eine Generation 33 Jahre und es sind demnach in 33 Jahren die 1000 Millionen Menschen gestorben. Es sterben also

alle Jahre 30 Millionen Menschen.

— Tage 82000 Menschen.

— Stunden 3400 —

— Minuten 60 —

— Secunden 1 —

Es werden dagegen gebohren.

alle Jahre 36,000,000 Menschen.

— Tage - 89,000 —

— Stunden - 4,000 —

— Minuten - 72 —

— Secunden - $1\frac{1}{10}$ — *)

Das Verhältnifs der Gebohrenen zu den Gestorbenen ist also sehr vortheilhaft für Berlin, indem es das natürliche Verhältnifs nicht einmal erreicht. **)

Folgende vergleichende Tabelle, worinn die Sterblichkeit nach dem Alter in verschiedenen grofsen Städten angegeben wird, zeigt das Verhältnifs von Berlin gegen diese, und ist also nicht am unrechten Orte hier.

---

*) Klügels Encyclopädie 1 Th. pag. 516 u folg.

**) Das Jahr 1795 macht eine sehr traurige Ausnahme dieses schönen Verhältnifes indem die Mortalität überaus grofs in demselben gewesen ist und 2429 mehr gestorben als gebohren sind. Es kann allso dieses Jahr nur als eine höchst seltene Erscheinung angeführt werden.

Tabelle

unter 1000 Gestorbenen ist das Verhältnifs in verschiedenen grofsen Städten ohngefehr folgendes.

Lebens-Jahre	In Stockholm sterben von 1000.	In London sterben von 1000.	In Petersburg sterben von 1000.	In Paris sterben von 1000.	In Wien sterben von 1000.	In Berlin sterben von 1000.	Nachdem Laufe der Natur sollen von 1000 sterben.
Von der Geburt bis zum 1sten Jahre	458.	363.	$311\frac{1}{2}$.	268.	338.	254.	237.
Von 1 bis 2 Jahre			$60\frac{1}{2}$.	99.	55.	85.	90.
2 - 5	46.	87.	40.	91.	73.	112.	78.
5 - 10		34.	11.	50.	42.	29.	46.
10 - 15	107.	51.	10.	17.	13.	10.	23.
15 - 20		77.	$29\frac{1}{2}$.	23.	18.	16.	22.
20 - 25	108.	96.	54.	29.	26.	34.	22.
25 - 30		97.	73.	31.	30.	35.	26.
30 - 35	75.	80.	72.	32.	28.	37.	28.
35 - 40			69.	41.	42.	49.	37.
40 - 45	64.		50.	34.	33.	36.	32.
45 - 50			56.	56.	44.	38.	58.
50 - 55			$32\frac{1}{2}$.	29.	36.	38.	43.
55 - 60			27.	43.	43.	42.	48.

Die grössere Sterblichkeit in Berlin sowohl als in andern grofsen Städten ist besonders bei Kindern auffallend. Man kann annehmen, dafs in Berlin die Summe der in den Kinderjahren Verstorbenen mehr als die Hälfte der ganzen Anzahl aller Gestorbenen beträgt, und dafs mehr als die Hälfte aller Gebohrenen in den ersten Jahren ihres Lebens wieder zu Grabe getragen werden.

In den lezten 15. Jahren, nehmlich von 1779 bis 1794. starben überhaupt in Berlin 76214 Menschen, worunter 40008 Kinder sich befanden. Die Anzahl aller in diesem Zeitraum Gebohrenen war 76531. davon starben angeführtermafsen 40008 in den Kinder-Jahren. Es verhalten sich demnach die gestorbenen Kinder zu den in diesem Zeitraume Gebohrnen wie 1. zu $1\frac{16323}{40008}$ so dafs es wie in einer jeden grofsen Stadt, also auch in Berlin ein besonderes Glück und eine wirkliche Kunst ist, Kinder grofs zu ziehen.

Auf dem Lande hingegen ist das Verhältnifs nur wie $\frac{2}{5}$ oder $\frac{2}{10}$. Dieser grofse Unterschied der auf 10000 eine Differenz von 1000 ausmacht, hängt von mannigfaltigen Ursachen und zum Theil auch wohl von der Schwäche der Eltern in Städten ab.

Die in diesen Jahren vorkommende Kinder-Krankheiten tragen zu dieser grofsen Sterblichkeit ebenfalls viel bei.

Eben so auffallend ist dieselbe zwischen dem 20ten

und 45ten Jahre. Statt 145 welche in diesem Alter unter 1000 sterben solten, werden im Durchschnitt 191. zu Grabe getragen. Also auf jedes 1000, 46 mehr. Diese gröfsere Sterblichkeit in der schönsten und dauerhaftesten Periode des menschlichen Lebens ist eine Folge auf der einen Seite des Luxus und der Ueppigkeit, und auf der Andern, der Armuth und der Dürftigkeit. Gerade in diesen Jahren beherrschen die Leidenschaften die Menschen mit ihrer ganzen Stärke, und Jeder sucht nach seiner Art solche zu befriedigen. Wer einmal 45 Jahren erreicht hat, schweift selten aus, kennt den Grad seiner Kräfte und den Werth seiner Gesuudheit besser und wendet mehr Sorgfalt darauf beide zu erhalten.

Im Durchschnitt verhalten sich in Berlin sowohl die Gebohrnen als die Verstorbenen zur Zahl aller Einwohner wie 1 zu 28. In Wien hingegen stirbt gewöhnlich der 19te Mensch.

Zur Bestätigung verschiedener Behauptungen lasse ich das summarische Verzeichnifs der seit dem ersten Advent 1779. bis den 1ten Advent 1794 in Berlin Gebohrnen und Gestorbenen hier folgen:

Verzeichnifs

der, seit dem 1sten Advent 1779 bis den 1sten Advent 1794 in Berlin Gebohrnen und Gestorbenen.

	Gebohrne			Gestorbene			
	männlich Geschlechts	weiblich	Summa	Männer	Frauen	Kinder	Summa
Vom 1. Adv. 1779 bis 1780.	2671	2585	5256	968	1045	2653	4666
1780 — 1781.	2551	2301	4852	1041	1012	2474	4527
1781 — 1782.	2522	2353	4875	1205	1217	2282	4704
1782 — 1783.	2377	2381	4758	1154	1114	2861	5129
1783 — 1784.	2353	2353	4686	1212	1173	2519	4904
1784 — 1785.	2628	2324	4952	1289	305	2567	4461
1785 — 1786.	2433	2344	4777	1243	1225	2619	5077
1786 — 1787.	2672	2409	5081	1356	1264	2509	5129
1787 — 1788.	2623	2481	5104	1300	1195	2419	4914
1788 — 1789.	2446	2505	4951	1349	1295	3546	5990
1789 — 1790.	2775	2554	5329	1358	1249	3151	5738
1790 — 1791.	2660	2529	5189	1201	1156	2168	4525
1791 — 1792.	2961	2707	5668	1254	1135	2083	5272
1792 — 1793.	2812	2625	5455	1229	1135	2918	5282
1793 — 1794.	2844	2674	5518	1256	1511	2849	5136
Summa	39208	37123	76531	18375	17831	40008	76214

Die jährliche Todtenlisten euthalten eine nicht geringe Anzahl im Wasser oder auf eine andere Art ver-
unglückter Menschen. Im Jahre

1790 kamen auf solche Art ums Leben
      26 worunter 4 Ertrunkene.
1791 — 24 — 4
1792 — 27 — 9
1793 — 28 — 5
1794 — 38. — 10

Also in 5 Jahren überhaupt 143 Menschen, welche durch Unglücksfälle umkamen und darunter 34
ertranken. Unter einer solchen Anzahl hätten gewiſs
durch eine zweckmäſsige und schnelle Hülfe verschiedene vom Tode gerettet und dem Staate und den Ihrigen wiedergegeben werden können. In allen diesen
Fällen, wo oft noch Hoffnung zur Belebung ist, alles
aber von der Benuzzung der ersten Augenblicke und
der rechten Anwendung der Rettungsmittel abhängt,
fehlt es an zweckmässiger Einrichtung bei uns. Das
Edickt wegen schleuniger Rettung der, durch plözli-
che Unglücksfälle leblos gewordenen, im Wasser oder
sonst Verunglückten und für todt gehaltenen Personen
vom 15 November 1775 ist zwar zweckmässig und enthält zugleich einen Unterricht über die Mittel, wodurch in den meisten Fällen Scheintodte gerettet werden können, und versichert demjenigen Belohnun-
gen, welcher eine für todt gehaltene Person in dem
zunächst gelegenen Ort unterbringt und die zur Wie-
derbelebung empfohlene Versuche anwendet, allein
es läſst sich kaum erwarten, daſs dergleichen Hülfs-

mittel, selbst bei dem bestimmtesten Unterricht von
Unkundigen in der Arzneiwissenschaft gehörig ausge-
übt und zum Nuzzen der Verunglückten gereichen
werden. Aber auch dann, wenn unter Aufsicht Kunst-
verständiger Männer diese Versuche glücken sollen,
werden dazu Hülfsmittel erfordert die bei uns gänzlich mangeln. Wir haben keinen bestimmten Ort,
wo dergleichen in den Mauren unserer Stadt Verunglückte hingebracht werden könnten, es fehlt an einem
öffentlichen Instrumenten Apparat, keinem eigenen
dazu bestimmten Arzt oder Wundarzt ist es zur besondern Pflicht gemacht, in solchen Fällen eiligst herbei
zu eilen, und ehe die nötigen Vorkehrungen getroffen werden, verstreicht die Zeit der Hülfe, oder es
werden bis dahin verkehrte Mittel angewendet, durch
welche der lezte Funcke des Lebens, anstatt vorsichtig angefacht zu werden, zum völligen Verlöschen gebracht wird.

Musterhaft sind hingegen und nachahmungswür-
dig die Rettungsanstalten für im Wasser Verunglückte
Menschen in andern grofsen Städten, und die verbes-
serte und nach wissenschaftlichen Grundsäzzen ange-
ordnete Fürsorge für die Rettung und Wiederherstellung solcher Personen gehört zu den wohlthätigsten
Fortschritten der Menschheit in der lezten Hälfte unsers Iahrhunderts. Vorzüglich zeichnen sich die im
Jahre 1776 in London errichtete Humane Society a)

---

a) Kite, Preisschrift über die Wiederherstellung schein-
bartodter Menschen.

und die Hamburgische Rettungsanstalten *b*) unter allen übrigen aus. Auch in Amsterdam und in den
mehrsten Holländischen Städten, ja selbst in Nord-
Amerika und in Ostindien existiren dergleichen, und
verdienen von unserer Seite Aufmerksamkeit und
Nachahmung *c*) In Hamburg wurden von 1790 bis 1793
unter 108 im Wasser Verunglückten 75 durch die Ret-
tungs-Anstalten ins Leben zurück gebracht, so dafs
in diesen 4 Jahren die Anzahl der gelungenen Fälle
sich zu den nicht gelungenen wie 2 zu 1 verhält, oder
dafs mehrentheils unter Dreien, die verunglückten,
zwei gerettet worden sind. In Amsterdam betrug die
Anzahl der gelungenen Rettungsfälle in 25 Jahren in
allem 990 *d*).

Dieser glückliche Erfolg sollte patriotisch gesinnte
Bürger reizen, auch bei uns ähnliche Rettungsanstalten zu bewirken. Edikte reichen bei weitem nicht
hin, da wo ein solcher Zweck beabsichtet wird und
sind für den gemeinen Mann schon daher von wenigem Nuzzen, weil er dieselbe selten liest, indem sie
nicht die Quellen sind, aus welchen er Belehrung zu

---

b) Geschichte und jezige Einrichtung der Hamburger Ret-
tungs Anstalten von Günther

c) Archenholtz England und Italien 1ter Theil p. 83 Reichs-
anzeiger des Iahres 1794. 2ter Band. 12 Stück pag. 105 —
110.

d) Gothaische gelehrte Anzeige 1793. Historie en Gedenck
Schriften van de Maatschappy tot Redding van Drenke-
lingen, op gerecht binnen Amsterdam.

schöpfen glaubt. Unsere, an unnüzzem Gewäsch
noch immer reichen Calender könnten am schicklich-
sten dergleichen Unterricht enthalten. Auch die Vertheilung der von dem Dr. Struwe in Görlitz herausgegebenen Noth- und Hülfs- Tafeln unter den gemeinen Mann, würde gewifs sehr nützlich sein.

Das, der Gesundheit so heilsame Baden in Flüs-
sen ist durch Mangel an Vorsicht nicht selten die Veranlafsung zu dem unglücklichsten Tode. Unsere
Polizei hat zwar auf das Baden an gefährlichen Stellen
ein scharfes Verboth gelegt; allein demohngeachtet
verunglücken jedes Jahr einige Menschen, und es wäre
daher zu wünschen, dafs unsere Badeanstalten besser
angelegt und eingerichtet sein möchten, und wir, so
wie Wien solche, durch die Verwendung des Dr.
Ferro erhalten hat, öffentliche kalte Bäder in unseren
Mauren hätten.

Auch manche andere üble Gewohnheiten welche
nicht selten dem Leben unserer Einwohner Gefahr
drohen, könnten aus dem Wege geräumt werden.
Die grofse Anzahl von Hunden z. B. welche in Berlin
gehalten werden, ist in mancher Rücksicht eine nachtheilige Gewonheit, zu geschweigen, dafs diese
Thiere ohne Nuzzen einen grofsen Antheil von Nahrung verzehren, und durch das freie Herumlaufen
derselben auf den Strafsen, schwangere Weiber, Kinder und andere durch das Bellen oder Anspringen derselben zum Nachtheil ihrer Gesundheit erschreckt

werden können, so vergeht selten ein Jahr, wo nicht
Menschen durch den Bifs eines tollgewordenen Hun-
des der grausamsten Todesart ausgesezt worden find.

Die Polizei hat zwar schon öfters diesen Gegenstand ihrer besondern Aufmerksamkeit gewürdiget,
und es fehlt nicht an Verordnungen, welche die Verminderung der Hunde zum Zweck haben. Während
der Hundstage werden durch den Scharfrichter alle
Hunde welche ohne ein, von demselben zu erkaufen-
des Zeichen, auf den Strafsen herumlaufen, aufge-
griffen und todt geschlagen. Vor kurzem erschien
eine Polizei-Verordnung welche den Einwohnern unserer Stadt bei namentlicher Strafe befahl, keinen
Hund frei herum laufen zu lafsen, sondern solchen
stets an einem Bande zu führen. Demohngeachtet
aber sind diese Thiere nach wie vor in grofser Anzahl,
und laufen ohne Aufsicht frei herum.

Zur Verhütung des Tollwerdens der Hunde ist
das sogenannte Wurmschneiden bei uns gesezmäfsig
befohlen. Wie unnüt, unzweckmäfsig und selbst
lächerlich diese Operation ist, welche darinn besteht,
dafs den Hunden von dazu approbirten Wurmfchnei-
dern ein Knorpel unter der Zunge herausgefchnitten
wird, ist längst erwiesen. Es ist daher äusserst wich-
tig auf ein Mittel zu dencken, welches als würkliches
Vorbauungsmittel gegen das Tollwerden der Hunde
nüzlich angewendet werden könnte; die Ohnmacht
unserer Kunst gegen die Folgen des Bifses dieser wü-

thenden Thiere und gegen die ausgebrochene Wasser-
scheu bei Menschen ist ein triftiger Grund mehr, derselben durch Verminderung der Hunde vorzubeugen.
Mann will bemerkt haben dafs die Hunde, die grosse
Hitze, den Durst, die strenge Kälte und andere an-
gebliche Ursachen der Wuth ohne übele Folgen ertra-.
gen können. Nur der Begattungstrieb trozt aller
Einschränkung. So bald die Befriedigung defselben
verhindert wird, ist dieses Thier in Gefahr in stille
oder offenbahre Wuth zu fallen e). Dafs Saamen Ueberflufs und behinderte Stillung des Geschlechtstriebes eine solche Wuth erzeugen könne, ist kaum zu
bezweifeln. Bei Menschen ist etwas ähnliches nicht
ohne Beispiel; Nymphomanie und Mutterwuth beim
weiblichen Geschlecht, Melancholie und Manie bei
Männern als Folgen gehemmter Liebe, sind ja bekannt.
Tollhäuser, Mönche und Eremiten geben den besten
Beweis, und Zimmermann f) giebt Belege genug wie
nahe der Heiligenschein an verliebte Narrheit gränzt.

Man hat aus diesem Grunde das Castriren der
Hunde als das wahrscheinlichste und vielleicht einzige Vorbauungs-Mittel gegen die Hundeswuth vorgeschlagen, und dieser sinnreiche Vorschlag verdient
alle Aufmerksamkeit. Anstatt den Hunden einen un-

---

e) Gruners Allmanach für Aerzte und nicht Aerzte 1795.
pag. 116.
f) von der Einsamkeit.

bedeutenden Knorpel unter derZunge auszuschneiden, lafse man sie castriren. Wenn auch der Erfolg bewiese, dafs geschnittene Hunde und Hündinnen (bei welchen diese Operation ebenfals statt finden müfste) demohngeachtet toll würden, so würde doch durch dieses Mittel die unnütze und schädliche Vermehrung dieser Thiere am sichersten vermieden werden, und dann schon wäre der Nutzen beträchtlich genug. Das Wurmschneiden ist aber nicht allein völlig unnütz, sondern es bewürckt auch den Schaden, dafs viele Menschen sich dadurch für das Tollwerden ihrer Hunde sicher halten und auf die ersten Zeichen der ausbrechenden Wuth nicht achten.

Seit einigen Jahren benuzzen die Landleute in unsern Gegenden die Hunde zum Fortbringen der Milch die sie zum Verkauf hieher schicken. Zu diesem Entzweck spannen sie solche vor ihren Karren und im Winter vor kleinen Schlitten, und lafsen sie ziehen. Die Einwohner von Kamschatka gebrauchen die Hunde ebenfals zum Ziehen, in London werden sie zum Drehen der Bratenwender auf eine andere Art benutzt. Allein wenn diese Thiere zur Arbeit angehalten werden und beständig im Joche liegen, so lehrt die Erfahrung dafs sie noch leichter toll werden und wenn gleich die vom Ober - Collegio - Sanitatis official angestellte Untersuchungen gelehrt haben, dafs keines dieser Thiere bifs jetzt toll geworden ist so erfordert doch obige Gewohnheit der Landleute besondere Aufmerksamkeit.

Es vergeht selten ein Jahr wo nicht mehrere Menschen in Berlin an Vergiftung sterben, und der Mangel an Fürsorge und die Nachlässigkeit mit welcher
man oft mit Giften umgeht, muſs mit Recht gerügt
werden. Unsere Apotheker und Material - Händler
sind zwar auf das schärfste angewiesen mit dem Verkauf giftiger Substanzen sehr vorsichtig zu sein, und
solche nicht an unbekante Leute zu überlaſsen.

Es giebt indeſsen mehrere Gewerbe, als Färber
Goldschmiede, Gürtler und dergleichen, welche Gifte
gebrauchen, und denen sie daher verkauft werden
müſsen; und es ereignen sich nicht selten Beispiele,
wo durch Mangel an Vorsicht, oder auch wohl vor-
sezlich und absichtlich Menschen uns Leben kommen. Noch kürzlich hat in einer benachbarten kleinen Stadt ein 70 jähriger Gürtler aus Geitz mehrere
Leute mit Arsenick vergeben. Es ist aber freilich
sehr schwer den Verkauf giftiger Sachen so einzuschränken, daſs man für jeden Miſsbrauch gesichert
sei: um so mehr muſs man aber ein wachsames Auge
darauf haben und zugleich bei der Vermuthung einer
geschehenen Vergiftung mit Aufmerksamkeit alle vor-
handene Kennzeichen derselben aufsuchen.

Da aber diese nicht selten trüglich sind und meistens sehr viele Zweifel zurück bleiben, so kann man
auf der andern Seite nicht vorsichtig genug zu Werke
gehen, indem leicht hier eine Uebereilung Platz finden kann, und unschuldige Menschen in einen für

sie kränkenden Verdacht gerathen: die erste Pflicht
für den Arzt bei dergleichen Untersuchungen ist,
ohne allen Lärm und mit der gröfsten Zurückhaltung
zu Werke zu gehen, denn es kann keinem Arzte unbekannt sein; dafs es eine Menge Zufälle gebe, die
den Gesundesten ohne bekannte Ursache überfallen,
die Rolle der stärksten Gifte spielen und selbst nach
dem Tode dem Gifte ähnliche Merkmahle hinterlassen
können g). Es wird daher bei dergleichen Vorfällen viel
Behutsamkeit, Scharfsinn, Klugheit und Kenntnifse
erfordert, und auch bei uns vermifst man diese nothwendige Eigenschaften hin und wieder.

Unsere Gegend ist von giftigen Thieren frei, und
wir bedürfen keiner Vorkehrungen dagegen. Das
Gewächsreich aber enthält bei uns, wie aller Orten,
viele betäubende und giftige Pflanzen die nicht allein
wild wachsen sondern auch von manchen Unkundigen
als Zierde in die Gärten verpflanzt werden, wodurch
zumal Kinder leicht vergiftet werden können. Billig
sollte man daher auf die Ausrottung giftiger Pflanzen
nahe um die Wohnungen der Menschen bedacht sein.
Das Eisenhütlein, der Schierling, das Bilsenkraut,
der Allraun, der Nachtschatten, der Stechapfel, die
Belladonna, giftige Schwämme und dergleichen sollten nicht allein in den Gärten schlechterdings nicht
geduldet, sondern könnten mit leichter Mühe völlig
ausgerottet werden.

***

g) Franks System einer med. Polizei B. IV. p. 429.

In wie fern der Gebrauch der Gifte in der ausübenden Arzneiwissenschaft überhaupt zulässig sei ist nicht meine Absicht hier zu entscheiden. Allein die Unvorsichtigkeit die bei uns hierin obwaltet, ist unverantwortlich. Nicht allein der Doctortitel giebt oft einem unwissenden Menschen das Recht mit den Giften auf eine unverantwortliche und leichtsinnige Art umzugehn, sondern jeder Feldscherer, Barbier und Quaksalber verschreibt willkührlich Merkurialsalze, Schierling, Opiate und mehrere dergleichen Mittel welche in der Hand eines geschickten Arztes grossen Nutzen, in der Hand dieser unwissenden Menschen aber nicht selten unheilbare Nachtheile stiften. Dieser Mifsbrauch ist bei uns so eingerissen und die Verordnung wodurch einzig und allein die von approbirten Aerzten verschriebene Recepte in den Apotheken gemacht werden sollen, scheint zum grofsen Nachtheil unserer Mitbürger in Vergessenheit gerathen zu sein; so dafs es wohl Zeit wäre gegen diesen eingerissenen Mifsbrauch mit erforderlicher Strenge zu verfahren. Dieses wäre um so nothwendiger als die Grenzen wodurch ein Arzneimittel von einem Gifte getrennt wird, oft weniger in der Eigenschaft des Körpers, als in der Dosis und in der mehr oder weniger geschickten Anwendung desselben zu suchen ist. Ehemals wurde überhaupt eine weit gröfsere Vorsicht und Strenge hierin beobachtet. Noch im Jahre 1698 wurde der Doctor Greenfield in London auf Befehl des Collegiums der Aerzte nach Newgate gebracht

weil

weil er überführt worden war die spanische Fliegen in Substanz innerlich verordnet zu haben.

Auch die Bleyglasur des Töpfergeschirrs gehört unstreitig zu den Giften, die, wenn auch langsam und oft unmerklich, doch nicht minder gefährlich und tödtlich auf die Gesundheit der Menschen wirken. Herr Hofrath Ebel hat das grosse Verdienst neuerlich darauf die Aufmerksamkeit gerichtet zu haben. Die nachtheiligen Folgen des verschluckten Bleykalks für die Gesundheit sind bekannt und richten sich in Rücksicht der Zufälle und der Gefahr nach der Constitution des Kranken, nach der Menge des genossenen Stofs und nach den zu gleicher Zeit herrschenden sonstigen Krankheiten. Stets bleibt aber die Wirkung gefährlich und zwar um so mehr als die eigentliche Ursache der vorhandenen Zufälle leicht übersehen wird. Dafs aber der Bleiglasur des Töpfergeschirres die gröfste Anzahl unserer langwierigen Uebeln, die Schwächlichkeit und Krankheitsanlage der gegenwärtigen Generation vorzüglich zuzuschreiben sei, ist gewifs übertrieben h). und dafs wie es Herr Hofrath Ebel zufolge der Aussage der Töpfer

h) Westrumb, kleine physikalisch- chemische Abhandl. IVter Band. Dr. Piepenbrieg, über die Schädlichkeit der Bleiglasur.
Dr. Sponitzer, Unters. und nähere Bestimmung der neulich in Anregung gebrachten Schädlichkeit der Bleiglasur des irrdenen Geschirrs. Berlin 1795.

K.

behauptet, die mehrsten dieser Handwerker an Verstopfungen und an der Gicht leiden, auch an Händen
und Füfsen lahm werden, bestätiget sich wenigstens
bei uns nicht, wo sie im allgemeinen einer eben so
guten Gesundheit als andere geniefsen.

Da indessen die Möglichkeit, durch die in den
Speisen aufgelöfste Bleiglasur des Töpfergeschirres,
Bleitheile zu verschlukken nicht in Zweifel gezogen
werden kann, so hat diese Sache die Aufmerksamkeit
unsers Ober Sanitäts Collegiums auf sich gezogen,
und durch die Bemühungen defselben wird nächstens
eine Landesverordnung bei uns ergehen, welche eine
zwekmäfsigere und völlig unschädliche Methode das
Töpfergeschirr zu glasiren öffentlich bekannt machen
wird. Im allgemeinen besteht diese Methode darinn,
ein gutes wirkliches Glas aus verglasbaren Erden und
Salzen auf das Töpfergeschirr aufzutragen, und es in
Töpferöfen einzubrennen. Auch läfst die Königl.
Porcellan - Manufaktur ein Sanitäts Geschirr verfertigen, welches die gewöhnliche Porcellanglasur aus
Gips, Schwerspat und Flufsspat hat, und daher nur
in Porcellanöfen eingebrannt werden kann.

Nächst den Giften sind die Wirkungen einer
verdorbenen Atmosphäre auf die Gesundheit von der
gröfsten Wichtigkeit. Es ist bekannt, dafs in grofsen
und volkreichen Städten die Luft nie so rein und gut
sein kann als auf dem Lande, weil der Aufenthalt so
vieler Menschen in einem eingeschränkten Raum

durch das Athemholen, durch die Fäulniſs thierischer
und vegetabiliſcher Substanzen, und durch das Ver-
brennen der Körper nebst vielen andern schädlichen
Ausflüſsen die Beschaffenheit der Luft abändern, den
respirablen Antheil derselben verzehren, und die
Atmosphäre mit schädlichen Dünsten erfüllen. Ob
Berlin hierinn eine besondere Ausnahme mache,
oder ob, wie es Herr *) Achard vermuthet, die Natur
ein uns noch ganz unbekanntes Mittel habe, die
atmosphärische Luft zu reinigen und die respirable
Luft zu ersezzen, kann ich nicht entscheiden; es
bleibt indessen sehr merkwürdig daſs die Resultate
der Versuche dieses berühmten Physikers gerade
das Gegentheil von dem, was man erwartete, waren.

Um die Güte der atmosphärischen Luft an verschiedenen, in und um Berlin gelegenen Oertern
zu bestimmen, stellte Herr Direct. Achard durch
Hülfe eines mit Salpeter-Luft gefüllten Eudiome-
ters wiederholte Versuche an. Die Resultate seiner
im Sommer angestellten Versuche waren folgende:
wobei nur zu merken, daſs die Zahlen die Verminderung des Umfangs einer Mischung von 112
Theilen der zu untersuchenden Luft mit eben so viel
Salpeterluft anzeige, und daſs die Oerter nach der
Ordnung, wie sie in Rücksicht auf die Güte der
Luft folgen, (wenn man nehmlich von dem Orte
wo die Luft am besten ist, anfängt) hier zu stehen
kommen.

---

*) Crells chemische Annalen 2ter Band 1786. p. 99.

1) Zu Berlin auf der Schleusenbrücke ist die mittlere Güte. - - $82\frac{14}{24}$.

2) Am Fuße des Observatoriums daselbst. $82\frac{1}{8}$.

3) In Charlottenburg. - $81\frac{11}{20}$.

4) In dem Dorfe Kaulsdorf. : - $81\frac{12}{22}$.

5) Zu Köpenick. - - $81\frac{7}{27}$.

6) Zu Potsdam. - - $80\frac{21}{22}$.

7) Zu Potsdam bei der Gewehrfabrique. $80\frac{21}{22}$.

8) Zu Alt-Landsberg. - $78\frac{19}{24}$.

9) Zu Potsdam, nicht weit von der französischen Kirche. - $78\frac{1}{12}$.

10) Zu Berlin auf dem Weidendamm. $75\frac{10}{17}$.

11) Zu Friedrichsfelde. - $75\frac{7}{8}$.

12) Zu Neuenhagen. - $74\frac{7}{22}$.

13) Auf der Platforme des Observatoriums. $74\frac{2}{24}$.

14) Zu Spandau. - - $74\frac{4}{21}$.

15) Auf dem Hügel 200 Schritt von Kaulsdorf. - - $71\frac{1}{24}$.

16) Beim Pulvermagazin. - $66\frac{8}{23}$.

17) Auf der Bernauerstraße. - $66\frac{1}{8}$.

18) Auf dem Hügel vor dem Bernauer Thor. $60\frac{6}{21}$.

Zufolge dieser Versuche fand sich gegen alle Erwartung die beste Luft an Orten, die am mehrsten bewohnt sind. Auch die obere Luftschichte welche auf der Plattforme des Observatoriums gesammlet wurde, war weniger gut, als die zu gleicher Zeit am Fuße desselben aufgefangene: die vor den Thoren und in den benachbarten Dörfern unter-

suchte Luft war ebenfalls schlechter als die in Berlin selbst.

Ohnerachtet dieser für die Güte unserer Atmosphärischen Luft so vortheilhaften Versuche
glaube ich dennoch dafs man nicht sorgsam genug
sein kann alle Ursachen zu entfernen welche die
Luft mit schädlichen Ausdünstungen erfüllen und
den respirablen Theil derselben verschlucken können, und dafs die mitten in Berlin vorhandenen Ger-
bereien, Schlachthäuser, Fleischer-Bänke, und vorzüglich die Kirchhöfe und Gewölbe in den Kirchen
wo noch öfters Todte beigesezt werden, der Gesundheit unserer Einwohner sehr nachtheilig sind.

Diese lezte bei uns noch nicht gänzlich abge-
schafte Gewohnheit kann vorzüglich die gefährlichsten Folgen nach sich ziehn. Es sei mir erlaubt,
anstatt die bekannten Gründe gegen diesen Misbrauch
hier weitläuftig anzuführen die Sache durch ein ent-
scheidendes Beispiel zu erläutern.

In einer Kirche des Städtchens Saulieu, 6 Meilen von Dijon, begrub man gegen Ostern 1773 zwei
am Faulfieber verstorbene Frauen. Die Folge davon
war, dafs von der durchdringenden Ausdünstung
in der darauf folgenden Messe sehr vielen übel
wurde, besonders Kindern die zum erstenmale
communicirten. Von 66 dieser leztern starben kurz
darauf 34, und dafselbe Schicksal traf auch den

Pfarrer und seine Gehülfen. *i)* Es wäre leicht die
Anzahl ähnlicher Beispiele aus verschiedenen Schrift-
stellern hier anzuhäufen. Wenn aber dieser ange-
führte Fall nicht hinreicht, die Menschen von der
verderblichen Gewohnheit, sich selbst oder die Ihrigen in Kirchen oder auf Kirchhöfen in der Stadt
beerdigen zu lafsen, abzuhalten, so würden auch
mehrere ähnliche Fälle keinen tiefern Eindruck
machen.

Von unsern Kirchhöfen sind zwar mehrere
aufserhalb der Stadt, einige aber noch innerhalb
derselben befindlich, und das Vorurtheil dafs es
ehrenvoller sei in leztern zu vermodern ist noch
nicht bei uns ausgerottet. Die Beisezzung in den
Gewölben der Kirchen ist ebenfalls noch gebräuch-
lich und so lange das Beispiel der Vornehmern, das
immer von gröfserem Gewicht als das der Vernünf-
tigern ist, hierinn noch statt findet, wird auch zum
wirklichen Nachtheil der Menschheit dieser Mifsbrauch schwerlich aufhören.

Es giebt ohnstreitig Pflichten gegen die Todten
welche jeder gefühlvolle Mensch beobachten mufs;
dahin gehören die Sorge für den entseelten Körper
so lange er noch auf der Erde ist und die Vermeidung einer frühzeitigen Beerdigung. Es ist ein allgemeines aber ungegründetes Vorurtheil, dafs mit
dem äufsern Leben auch das Innere aufhören müfse,
denn es giebt einen Zustand der dem Anscheine nach

---

i) Gazette salutaire 1774.

dem Tode völlig gleich ist, und wo entweder ein
Funke des Lebens zurück bleibt, der noch angefacht werden kann, oder wo doch der Todte gewifser
Empfindungen noch fähig sein kann. Die Natur
hat die Grenzlinie zwischen Leben und Tod nicht
so bezeichnet und bestimmt als man es gewöhnlich
glaubt, und die verschiedenen Modificationen der
Lebenskraft hören mit dem lezten Athemzuge nicht
gänzlich auf. Dafs die Reizbarkeit nach dem Tode
noch zurück bleibt hat uns der grofse Haller gelehrt,
dafs aber der todte Körper noch eine Zeit lang das
Vermögen behalte vom Reize afficirt zu werden,
beweisen die Galvanischen Versuche augenscheinlich, so dafs man also sehr unrecht hat, einen kürzlich Verstorbenen als ein völlig empfindungsloses
Wesen anzusehen und zu behandeln. Der Uebergang des Lebens zum Tode geschieht höchstwar-
scheinlich nicht plözlich sondern stufenweise, und
mit dem Verschwinden der äufsern Kennzeichen
des Lebens hört nicht gleich alle inneren Lebenskraft, vielleicht nicht einmal das Bewustsein, völlig
auf. Herr Hufeland nimmt daher verschiedene
Hauptmomente des Sterbens, oder eben so viel Grade
des Todes an. Erstlich der Zustand wo alle Bewe-
gungen, die unsere Sinne erreichen können, aufgehoben, und der Mensch das völlige Bild des Todes
ist, wo aber im Inneren noch Lebenskraft schläft,
und die Organe noch nicht die Fähigkeit ihres Einflusses verlohren haben, der, wenn nur ein passen-
der Reiz angewendet, oder die bindende Ursache

gelöst wird, auch wieder âufserlich sichtbar werden
mufs. Es kann in diesem Grade selbst noch ein
dunkeles Bewustsein seiner Existenz und selbst noch
äufsere Sinnlichkeit gegenwärtig sein, ohne dafs die
mindeste Aeufserung des Lebens möglich wäre:
wie die fürchterliche Geschichte jener Dame beweist,
die alles hörte, was man bei ihrem vermeintlichen
Leichname sprach, und zu defsen Beerdigung veranstaltete, und in der peinlichsten Lage und in beständiger Anstrengung ein Lebenszeichen von sich
zu geben so lange arbeitete, bis noch eben zu rech-
ter Zeit ihr inneres Leben seine Todeshülle durch-
brach.

Zweitens, der Zustand der dem vorigen im
äufsern völlig gleich ist, und wo ebenfalls noch Lebenskraft im gebundenen Zustand übrig ist, diese
aber zuviel Energie und die feinsten Organe zu
viel an Brauchbarkeit verlohren haben, um wieder
frei und lebendig werden zu können, wo aber doch
die Reizfähigkeit noch vorhanden ist, ohne dafs jedoch eine Belebung möglich wäre.

Drittens endlich der vollkommene Tod, wo
Auflösung und Fäulnifs es beweisen dafs die Lebenskraft völlig erlöscht ist, die Organisation zerstört
und das zusammengesetzte Wesen in seine einfach-
sten Bestandtheile zerlegt wird.

Ehe diese Kennzeichen des vollkommenen To-

des nicht eintreten, erfordern Verstorbene unsere
ganze Sorgfalt und Aufmerksamkeit und die gewöhnliche Behandlung derselben ist ungerecht und
grausam. In den mehrsten Fällen bringt man, so
bald der Puls und das Athemholen aufgehört haben
den Leichnam in ein kaltes und abgelegenes Zimmer, lagert ihn auf Stroh, bedeckt ihn mit einem
blofsen Bettuche, und überläfst aus Schüchternheit
oder Gleichgültigkeit die Sorge defselben einer ge-
dungenen Wärterinn, unbekümmert ob er noch
Empfindungen fähig sei oder nicht.

Es bleibt daher wirkliche Pflicht kürzlich Verstorbene so zu behandeln als wenn sie nur schein-
bar todt wären, sie in ihren Betten zu lafsen, für
Erneuerung der Luft, für eine etwas erhöhete Lage
des Kopfes zu sorgen, und selbst beim geringsten
Zweifel alle zur Belebung dienliche Reizungsmittel
anzuwenden, und nicht eher den Leichnam als
empfindungslos anzusehn als bis die Zeichen der
Fäulnifs eintreten. Dafs ein solcher Zustand der
eigentlich weder Leben noch Todt ist möglich sei,
davon zeugen nicht allein diejenigen Thiere die in
einem Todtähnlichen Zustand einen Theil des Winters zubringen und wobei die Lebenskraft ohne
Nahrung und ohne Einwürkung der Elemente dennoch nicht gänzlich verlöscht, sondern auch bei
Menschen ist zuweilen ein Zustand beobachtet worden, in welchem die Abwesenheit aller Lebenskraft
eine längere Zeit statt gefunden hat, ohne dafs je-

doch der Todt würklich erfolgt sei. Zu den merkwürdigsten Beispielen dieser Art gehört die Geschichte, die Brühier k) aus dem Pittaval entlehnt hat,
und die vielleicht hier, nicht am unrechten Orte
stehen wird.

Ein junger Herr von Adel ward dazu gezwun-
gen, dafs er ohne den dazu nötigen Beruf in einen
Geistlichen Orden treten, und ein trauriges Schlacht-
opfer des Ehrgeizes seines Vaters abgeben mufste.
Nachdem er sein Gelübde abgelegt, jedoch die geistlichen Orden noch nicht empfangen hatte, that er
eine Reise und fand in einem Gasthofe wo er ab-
stieg, den Herrn und die Frau in der gröfsten Betrübnifs. Sie hatten ihre einzige Tochter verlohren.
Weil sie erst den folgenden Tag beerdiget werden
sollte, so bat man den Mönch, dafs er sie die Nacht
über bewachen, und Gebete bei ihrem Leichnam
verrichten möchte. Das, was er von ihrer Schönheit gehört hatte, reizte seine Neugier, dafs er das
Gesicht der für todt gehaltenen Person aufdeckte,
worinn er, statt solches durch die Todesangst entstellt zu finden, reizende Annehmlichkeiten fand,
welche nicht allein machten, dafs er die Heiligkeit
seiner Gelübde vergafs, sondern auch die Gedanken
erstickte, welche der Todt hätte erwecken sollen, und
sich bei dieser Person eben die Freiheiten heraus-

---

k) Von der Ungewisheit der Kennzeichen des Todes.

nahm, welche bei ihrem Leben die Ehe hätte erlaubt machen können. Sobald solches geschehen
war, erwog er die Häslichkeit seiner That, und aus
Scham wegen seines Verbrechens, reifste er den
andern Morgen schleunig fort. Weil nun der Schlaf
des Mädchens beständig fort währte, so machte man
Anstalt, ihr die lezte Pflicht zu erweisen. Als man
sie aber zu Grabe trug, merkte man einige Bewegung in dem Sarge. Man eröfnete ihn, fand das
Mädchen erwacht, legte sie wiederum zu Bette,
und sie ward gesund.

Die Freude welche dieser unverhofte Ausgang
bei den Eltern des Mädchens erregte, war aber nicht
von langer Dauer; denn kurz hernach fanden sich
Zufälle ein, die zu erkennen gaben, dafs die Auf-
erweckte eine Mutter werden würde. Man fragte
sie umsonst, wie sie in diesen Zustand gekommen
sei? Wie hätte sie etwas hierüber gestehen können,
da sie es selbst nicht wufste? Nach verflofsenen
neun Monaten brachte sie ein Kind zur Welt, und
wurde von ihren Eltern, deren Schmach sie dadurch
geworden war, in ein Kloster gestekt.

Der Mönch der nicht vermuthete, dafs sein
verliebter Einfall solche Folgen nach sich gezogen
hätte, ward wegen seiner Geschäfte genöthiget, eine
zweite Reise durch eben die Stadt zu thun, und
stieg in dem gleichen Gasthofe wieder ab. Sein
Glück hatte indefsen eine ganz andere Gestalt be-

kommen. Er war einziger Sohn geworden, hatte
seinen Vater verlohren, sich von seinem Gelübde
lossprechen lafsen, und besafs ein ansehnliches Vermögen. Wie er nun den Wirth und die Wirthin
in einer Betrübnifs fand, die derjenigen fast gleich
war, von der er ehedem Zeuge gewesen, so fragte
er nach der Ursache davon, und erfuhr mit Erstaunen diese Begebenheit. Er ging hin und be-
suchte die Tochter an dem Orte, wohin sie ihre
Zuflucht genommen hatte, und fand sie noch schöner im Leben als er sie in ihrem vermeintlichen
Tode gefunden hatte. Er begehrte sie zur Ehe, der
Antrag ward angenommen, und diese Verbindung
verschafte dem vor derselben entstandenen Kinde
eine rechtmäfsige Geburt.

Den von den Agnaten über diese Geschichte
nach dem Tode aller die daran Theil hatten, er-
regten Prozefs, kann man im Pittaval Causes
célèbres nachlesen, aus welchem Bruhier diese
Geschichte gezogen hat.

Die Sorglosigkeit womit auch bei uns Todte
gewöhnlich behandelt werden, ist nicht allein an sich
unbillig und grausam, sondern sie kann auch die
Folge nach sich ziehn, dafs ein Mensch lebendig begraben werde. Die Möglichkeit dieses fürchterlichen
Ereignifses allein, empört das Gefühl, und es giebt
keinen Gegenstand, der alle Menschen so nahe an-
geht als gerade dieser. Unter allen patriotischen Vor-

schlägen den Scheintodten für das schrekkenvolle
Erwachen in der Ruhestädte der Todten zu sichern,
ist die Anlegung schicklicher Leichen Häuser der
zweckmäfsigste. : Auch in Berlin haben wir durch
die menschenfreundliche Vorsorge eines *Teller* ein
solches Haus. Die Lage defselben ist auf dem Kirch-
hofe der Kölnischen Vorstadt zwischen zwei be-
wohnten Häusern. , Es ist ganz massiv und hat von
drei Seiten Fenster, vor welchen Dratgitter befestiget sind ¯um die nötige frische Luft ·einzulafsen.
Der Innhalt der inneren Gröfse beträgt 9½ Fufs in
der Länge und 8. Fufs Höhe. Im´ .Hause befindet
sich ein drei Fufs breiter Verschlag,··der mit´ einem
Ofen versehen ist, vermöge defsen nicht nur der
Verschlag selbst,·welcher zum etwanigen Aufenthalt eines Wächters bestimmt ist, sondern auch die
Leichenkammer auf Verlangen geheizt werden kann.´
In dieser Kammer welche´ nach Abgang´ des Ver-
schlags 6½ Fufs lang und 9 Fufs tief ist, können
ganz gemächlich zwei、 der gröfsten Särge auf die
dazu bestimmte Unterlage gestellt werden. Die
Leichen liegen in diesen Särgen mit ofnem Deckel
und mit einem wollenen Uebertuche bis an das
Gesicht bedeckt. An der einen´ Hand der Leiche
wird eine in dieser Kammer von´ der Decke herun-
ter hängende Schnur befestiget, vermittelst welcher
der Scheinbartodte, wenn er in das Leben zurück-
kehrt, bei der geringsten Bewegung, eine sechs Zoll
hohe Glocke anziehet, die am äufsersten Ende des
Kirchhofs zu hören ist. Auch befindet sich dabei

eine Lampe, wodurch Kammer und Verschlag erleuchtet werden können. Die Thüre des Eingangs,
welche von aufsen verschlofsen wird, ist von inwendig ohne Mühe zu öfnen. Gegenwärtig ist man
beschäftiget eine neue Einrichtung, zur Verhütung
des frühzeitigen Begrabens zu machen; welche darin
wohl bestehen mögte, dafs kein Mensch beerdiget
werden soll, ohne von einem Arzte vorher besichtiget worden zu seyn, um zu erforschen ob die Zeichen des wirklich erfolgten Todes statt finden oder
nicht.

Uebrigens mufs man unserer Polizei die Gerech-
tigkeit wiederfahren lafsen, dafs sie unabläfsig auf
Abstellung aller gefährlichen Gewohnheiten, wodurch das Eigenthum und Leben unserer Mitbürger
in Gefahr gerathen könnte, ihre Aufmerksamkeit
richtet. Unsere Feueranstalten sind vortreflich und
es ist ein unerhörter Fall, dafs mehr als dasjenige
Gebäude wo Feuer ausbricht, davon beträchtlich beschädiget werden sollte. Für öffentliche Sicherheit
bei Tage und bei der Nacht, wird so viel als möglich ist, gesorgt. Unsere Zeitungen enthalten unabläfsig Warnungen gegen Gefahrbringende Gewohnheiten. Schnelles Fahren und Reiten auf den Strafsen, angespannte Pferde vor den Wagen ohne Aufsicht, leere Wagen des Nachts auf der Gafse stehen
zu lafsen, wodurch wenn es dunckel ist, Menschen
leicht beschädiget werden können, Baden und Schlitt-
schuh laufen an gefährlichen Orten, Verunreinigung

der Luft durch herunterwerfen des Kalks und Schut-
tes von Gebäuden die abgetragen werden und mehrere dergleichen schädliche Handlungen sind nicht
allein aufs schärfste verbothen, sondern es wird
auch des Winters bei schlüpfrigen Wegen das Aus-
streuen von Asche oder Sand, und mehrere dergleichen der Gefahr vorbauende Maasregeln genommen, und die dagegen handelnde Menschen nachdrücklich bestraft. Auf diese Weise wird, so viel
es thunlich ist, den Nachtheilen die von einer
grofsen Stadt unzertrennlich sind, abgeholfen, und
wenn hierinn nicht mehr geschieht, so liegt die
Schuld lediglich an der Nachläfsigkeit und an den
Mangel am guten Willen der Einwohner selbst.

III.

VON DEN KRANKHEITEN IN BERLIN.

Vermöge seiner Lage, der Breite und Geräumigkeit der Strafsen, der vielen Plätze und des von allen Seiten die Stadt umgebenden wohlangebauten Landes gehört Berlin zu den gesündesten Oertern; dem ungeachtet aber ist die Anzahl der Kranken sowohl als die Mortalität beständig auffallend grofs.

In frühern Zeiten haben mehrere tödtliche Epidemien diese Stadt verwüstet und die Pest soll daselbst sehr oft geherrscht haben. Da indefsen die Begriffe der Pest bei unsern Vorfahren sehr unbestimmt gewesen sein mögen; so läfst sich nicht mit Gewifsheit sagen, welche Seuche damals gewüthet habe. Die Schriftsteller der Brandenburgischen Geschichte erwähnen von 984 bis 1709 sechs und zwanzig Pesten, welche sich über die Mark ausgebreitet haben sollen. Eine der schrecklichsten war

ohne Zweifel die vom Jahre 1006, welche 3 Jahre
hintereinander gedauert hat und eine solche Angst
und Bestürzung durch die übermäfsige Sterblichkeit
veranlafste, dafs sogar noch nicht völlig todte Menschen mit beerdiget wurden. Im Jahre 1221 herrschte
ebenfalls eine Pest die mehrere Jahre lang fort-
dauerte. Von 1438—1439 war ein allgemeines pesti-
lenzialisches Landsterben. Die Menschen so daran
krank lagen, schliefen gewöhnlich drei Tage und
drei Nächte hintereinander. Im Jahre 1450 wurde
mehr als ein drittel aller Einwohner der Mark durch
eine herrschende Seuche weggeraft. 1548 starben
allein in Berlin über 3000 Menschen. 1585 und
1598 zeigte sich ebenfalls die Pest in Berlin. *) Im
Jahre 1631 äufserte sie sich aufs neue in Berlin, so
dafs die Collegia nach andern Städten verlegt wurden. **) Zum letztenmale fand sich die Pest in
unsern Gegenden 1709 ein und erstreckte sich bis
Prenzlow 12 Meilen von Berlin.

Obgleich einige Krankheiten häufiger als andere
in Berlin vorkommen, so giebt es doch keine eigentliche endemische Krankheiten, die von dem Clima,
der Luft und andern Eigenheiten des Landes herge-
leitet werden könnten.

---

*) Annales Marchiae Brandenburgicae verfafset durch
Andr. Angelum. Frankfurth a. d. O. 1598.

**) Küsters altes und neues Berlin 2. Abth. p. 5

L

Der Einfluſs der Witterung und der Jahreszeiten auf den Charakter der Krankheiten ist in Berlin
eben so merklich als an andern Orten. Im Frühjahr haben wir vorzüglich mit Entzündungen, Gichtzufällen, chatharralischen, rheumatischen und kalten
Fiebern zu schaffen; in den Sommermonaten herrschen vorzüglich nachlassende, gallichte und schlei-
migte Fieber; zuweilen auch Faul - und Nerven-
Fieber. In der Regel giebt es indessen während
den Sommermonaten die wenigsten Krankheiten,
und der Junius und Julius sind, so zu sagen, die
Ferien der Aerzte in Berlin. Mit dem August
stellen sich mehrentheils die Herbstkrankheiten ein;
die gewöhnlichsten sind Durchfälle, Ruhren, hart-
näckige Wechselfieber, Rothlauf, Gelbsuchten und
mehrere dergleichen von einer verdorbenen und
scharfen Galle oder von catharralischer Schärfe herrührenden Krankheiten. Mit dem Winter kommen
die Entzündungskrankheiten mehrentheils zum Vorschein, welche jedoch selten rein entzündlich und
gewöhnlich eine gastrische und catharralische Complication haben. Sporadische Krankheiten aller Art
giebt es beständig in Berlin, nur daſs sie wie aller
Orten von der herrschenden Constitution mehr oder
weniger in ihrer Form abgeändert werden.

Auſser dem vergeht selten ein Jahr, wo uns
nicht irgend eine Epidemie heimsuchen sollte. 1782
herrschte bei uns die über einen groſsen Theil
von Europa verbreitete Influenza, welche von der

Sinesischen Grenze in Sibirien über Rufsland zu
uns kam, und sich ohne Zweifel auch durch Anstekkung fortpflanzte. In den Jahren 1786, 1789,
1790, 1792, 1793 und 1795 hatten wir ziemlich tödliche Blatternepidemien die eine grofse Anzahl Kinder, und nicht wenige Erwachsene wegraften. Zuweilen herrschten Ruhren epidemisch. Das Scharlachfieber welches sich im Frühjahr 1793 um und
in Berlin zu zeigen anfing, tödtete zumal viel Unerwachsene, und hat noch gegenwärtig im Herbst
1795 nicht aufgehört. In den Sommermonaten ist
es zwar seltener erschienen; allein es hat doch nie
ganz aufgehört, und wir haben dafür Masern und
Rötheln gehabt und die kalten Fieber haben mehr,
als gewöhnlich geherrscht und zumal auch viele
Kinder befallen.

Den Gang verschiedener Epidemien, die in den
lezten zehn Jahren vorzüglich geherrscht haben; so
wie den Einflufs derselben auf die Sterblichkeit
wird man am besten aus folgendem Verzeichnifs
ersehen.

Verzeichniß derer, an unten stehenden Krankheiten, in den Jahren von 178? bis 1795 verstorbenen Personen.

	im Jahre 1784/85.	im Jahre 1785/86.	im Jahre 1786/87.	im Jahre 1787/88.	im Jahre 1788/89.	im Jahre 1789/90.	im Jahre 1790/91.	im Jahre 1791/92.	im Jahre 1792/93.	im Jahre 1793/94.	im Jahre 1794/95.	Summa totalis der 11. Jahre.
An den Pocken.	51.	1077.	298.	53.	914.	814.	76.	698.	545.	68.	932.	5526.
— — Rötheln.	13.	103.	7.	12.	51.	101.	2.	6.	105.	57.	625.	1080.
— — Masern.	5.	11.	1.	1.	12.	14.	2.	—	9.	—	50.	105.
Am Scharlachfieber.	—	5.	2.	3.	—	4.	2.	5.	17.	154.	57.	209.
— Durchfall und Ruhr.	55.	62.	50.	41.	46.	40.	24.	51.	56.	77.	100.	560.
— Stickhusten.	—	—	—	52.	122.	52.	33.	74.	66.	65.	68.	532.

Die Blattern grafsieren einzeln mehrentheils das ganze Jahr hindurch, wozu die im Frühjahr und Herbst gewöhnliche Einimpfungen den Stof immer hergeben und wozu es niemals an Candidaten bei uns fehlt.

Ueber den Werth und die Zuläfsigkeit der Pockeneinimpfung sind indefsen nicht allein unsere Einwohner, sondern auch unsere Aerzte nicht völlig gleich gestimmt, die Mehrheit von beiden ist jedoch für dieselbe, und sie hat im allgemeinen einen sehr glücklichen Erfolg, ob es gleich an einzelnen unglücklichen Fällen auch nicht fehlt.

Die ersten Versuche mit dem Einimpfen wurden bei uns in der Charité gemacht, und da diese glücklich ausfielen, wurden viele Kinder in der Stadt inoculirt. Der berühmte Meckel impfte feine eigene Kinder und viele Andere mit dem glücklichsten Erfolg. Durch einen unglücklichen Zufall verlor jedoch die Einimpfung alles das Ansehen wieder, welches sie bisher erhalten hatte. In einem der vornehmsten Häuser starben nehmlich von 3 Söhnen die inoculirt worden waren, zwei an den Folgen der Blattern. Nur allmählig und langsam kam sie nach dieser Epoche wieder in Gang, und erhielt das verdiente Zutrauen aufs neue.

Unsere Aerzte sind in Absicht des Alters der zu impfenden Kinder, der Methode welche dabei beo-

bachtet werden, und des Theils an welchem die Inoculation geschehen foll, noch verfchiedener Meinung. Einige impfen die Blattern-in den ersten Monaten nach der Geburth; die Mehrsten warten aber
das Zähngeschäft erst ab, und inoculiren nur gegen
das 3te Jahr. Einige machen eine Vorbereitungs-
Cur, andere begnügen sich eine Abführung mehrentheils aus verfüfstem Quecksilber, voranzuschikken.
Einige ziehen den Frühling, andere den Herbst zum
Einimpfen vor. Die Mehresten impfen an dem
Oberarm auf der Spitze des Delta-Muskels oder an
der Hand zwischen dem Daum und dem Zeigefin-
ger, einige wählen jedoch die Beine zu dieser Operation. Girtanner hält den Vorderarm, gleich hinter
der Hand für die bequemste Stelle zum einimpfen.
Im ganzen ist gewifs die Stelle ziemlich gleichgül-
tig, wenn nur ein fleischichter Theil gewählt wird;
damit, wenn das Geschwür in der Folge tief fressen
sollte, der Knochen nicht leicht angegriffen werde;
doch ist der untere Theil des Körpers grade von allen
der unschicklichste dazu, denn wem ist es nicht
bekannt, dafs Geschwüre an den Beinen an und für
sich schwerer heilen und die Idee von Ableitung
welche hiebei zum Grunde liegt, ist ja eine durch
Theorie und Erfahrung längst verworfene Hypothese;
auch will R a h n bemerckt haben, dafs die Anstekkung
an dem untern Theil des Körpers nicht so leicht
fafst. Mit dem Faden wird selten inoculirt, häufiger
mit der Lanzette oder einer eigenen Impfnadel.
Auch wird zuweilen ein kleines Zugpflaster aufge-

legt und die von der Oberhaut entblöfste Stelle mit
frischem Pockeneiter bestrichen. Ich weifs nicht,
ob es Zufall ist, oder ob die spanische Fliegen das
Pockeneiter abzuändern im Stande sind; allein der
Erfolg dieser Methode schien mir nie recht glücklich.

Es ift für und gegen die Einimpfung der Blattern so viel gestritten worden, und man hat, seitdem sie im Gange ist, so häufige Erfahrungen gemacht und Beobachtungen gesammlet, dafs man
glauben sollte, die Sache müsse nun völlig entschie-
den sein. Demohngeachtet hat sie noch bei uns gegen Vorurtheile mancherlei Art zu kämpfen, und
selbst unter unsern Aerzten giebt es einige, die derselben nicht günstig sind. Der so häufige und
glückliche Erfolg der Inoculation wird durch einzelne vorkommende mifsliche Fälle sehr bald ver-
dunkelt. Die Möglichkeit mit den Blattern zugleich
eine andere Krankheit einzuimpfen, ist eines der
gegründesten Einwürfe dagegen: allein wenn man
vorsichtig ist, und den Eiter selbst wählt, so kann
man sich auch gröfstentheils vor dieser Gefahr sichern. Die Vortheile der Einimpfung hingegen sind
so augenscheinlich und die Unannehmlichkeit und
erhöhete Gefahr dieser Krankheit für Erwachsene
sollte schon hinreichen, Eltern und Erzieher bei
sonst günstigen Umständen dazu zu bewegen. Ein
Erwachsener, der diese Krankheit noch nicht überstanden hat, schwebt nicht allein in ewiger Furcht;
sondern ist auch deswegen zu mancherlei Beschäfti-

gungen nicht tauglich. Aengstlich mufs er jedes
Haus, wo Blattern sind, fliehen und selbst sein eigenes verlafsen, wenn er Kinder hat, die die.e Krankheit bekommen. Beim weiblichen Geschlecht ist
nicht allein die Unannehmlichkeit in erwachsenen
Jahren ein Uebel das so oft die schönste körperliche
Bildung verändert und verdirbt, nicht überstanden
zu haben, ein Grund mehr zur Einimpfung; sondern die gröfsere Gefahr der Krankheit selbst, der
Einflufs des Reinigungs-Geschäfts auf dieselbe, die
Möglichkeit sie wärend der Schwangerschaft oder im
Kindbette zu bekommen, sind wichtige Gründe,
den Kindern dieses Geschlechts diese Wohlthat nicht
zu entziehen. Wie beklagenswerth ist nicht eine
jede Mutter, welche die Blattern noch nicht gehabt
hat, wenn ihre Kinder von solchen befallen werden?
Sie mufs entweder die Lieblinge ihres Herzens in
diesem gefahrvollen Zustande verlafsen, oder sich
selbst der Gefahr der Ansteckung bei Wartung derselben aussezzen, und es ist bekannt wie nachtheilig Geistesunruhen, Furcht und alle unangenehme
Affekte auf dieses Uebel wirken. Die Fälle, wo Personen, vermöge einer eigenen Disposition ihres Körpers die Blattern niemals bekommen, sind so selten,
dafs sie als ein Grund gegen die Inoculation unmöglich dienen können.

Es ist indefsen nicht zu leugnen, dafs durch die
Einimpfung der Blattern dieses für das menschliche
Geschlecht so verheerende Uebel immer mehr aus-

gebreitet wird, und es bleibt daher eine unerhörte
Sache, daſs es Eltern und Aerzten ohne Rücksicht
auf ihre Mitbürger zu jeder Zeit frei steht, durch
die Impfung eines einzigen Kindes die Blattern in
die Gesellschaft gesunder blatterfähiger Menschen zu
bringen. Es wäre ein wichtiger Gegenstand für die
medicinische Policei, die Umstände näher zu bestimmen, unter denen es erlaubt wäre, sowohl in Städten als auf dem Lande zu inoculiren. Es ist gewiſs
ein schrecklicher Miſsbrauch daſs durch eine einzige
willkührliche Einimpfung eine Seuche verbreitet werden kann, welche gewöhnlich den 12ten Menschen
von allen denen die von derselben angegriffen werden, tödtet, und die als ein verheerendes Feuer un-
aufhaltsam und weit um sich her greift. Wie gerecht sind nicht die Besorgniſse der Eltern, deren
Kinder die Blattern noch nicht überstanden haben,
wenn sie hören, daſs ihr Hausgenoſse oder Nachbar
die Seinigen einimpfen läſst; und doch können sie
keine Einwendung dagegen machen. Eine jede,
noch so ausgebreitete Blatterepidemie entsteht durch
einen einzigen Blatternkranken, und, wenn auch
wirklich die Ansteckung nicht durch die Luft; sondern durch die unmittelbare Mittheilung des Blat-
terngifts geschieht; so ist es doch fast unmöglich,
zumalen bei ausgebreiteter Epidemie, die Gemeinschaft so zu hemmen, daſs man hoffen könnte, sich
dafür zu bewahren.

Die Menschheit seufzt mehr als seit einem

Jahrtausend unter der Last dieser Seuche, die ihr
nicht eigen ist; sondern die durch ein fremdes, immer
weiter getragenes Gift, aufs neue erzeugt und unterhalten wird, und die nicht allein über einzelne Familien und ganze Staaten ein unübersehbares Unglück verbreitet, sondern auch gegen die, wenn sie
von böser Beschaffenheit ist, unsere ganze Kunst
selten etwas auszurichten vermag. Durch die Einimpfung haben wir zwar gelernt, sie minder tödlich in einzelnen Fällen, zu machen; allein so lange
man nicht dafür sorgt, daſs durch dieselbe das Uebel
unter die Blatterfähige Menschen nicht verbreitet
werde, ist für die Summe der Menschheit nichts ge-
wonnen. Man kann annehmen, daſs der 12te
Mensch an den Blattern stirbt; folglich verliert Europa, welches 160 Millionen Einwohner hat in einem
Jahre 400,000 Menschen, und in einem Jahrhun-
derte 40,000,000 durch diese Krankheit allein. Eine
noch gröſsere Anzahl wird seiner Schönheit, seiner
Gesundheit und nicht selten des Gebrauchs seiner
Sinne und Seelenkräfte auf Zeitlebens beraubt. Diese,
keinesweges übertriebene, Schilderung des Einflusses der Blattern auf die Bevölkerung der Staaten
und auf das Glück der Menschen, sollte billig die
Aufmerksamkeit aller Regenten auf sich ziehen,
und jeder rechtschaffene Arzt sollte seine Stimme
erheben, damit diesem schrecklichen Uebel Einhalt
geschähe. Die Möglichkeit einer völligen Ausrottung
der Blattern läſst sich keinesweges bezweifeln. Scu-
deri, Lanz, Salzmann, Faust, Gil haben diese Sache

der Menschheit warm empfohlen, und theils die Absonderung der Angesteckten von den Gesunden mit hinlänglicher Säuberung der Kleidungsstükke nach überstandener Krankheit, theils die Anlage eines eigenen Blatternhauses mit Haltung der Quarantaine in Contumaz Häusern in Vorschlag gebracht. Das Beispiel der Insel Rhodisland, der Stadt Chester, der Insel St: Helena und Neuengland, der Provinz Quito in Südamerika, beweisen die Möglichkeit sich vor Anstekkung dieser Krankheit zu schüzzen und es bleibt ein grofser und erhabner Gedanke, die Menschen von einem so verderblichen Uebel als die Blattern zu befreien, der wohl fähig sein sollte, den Schwierigkeiten und den Vorurtheilen und Eigensinn der Menschen in dieser Sache standhaft entgegen zu arbeiten.

Auch wir haben leider nicht selten sehr böse Blatterepidemien gehabt durch welche eine grofse Anzahl hofnungsvoller Kinder ihren Eltern und dem Staate entrissen worden sind. Welche Wohlthat wäre es daher für die Menschheit, und welcher Vortheil für den Staat, wenn diese schreckliche Krankheit endlich wieder ausgerottet werden könnte! der Gedanke allein erhebt das Herz und eröfnet die fröhlichsten Aussichten.

Die grofse Sterblichkeit der Kinder in Berlin kann indefsen nicht ausschliefsungsweise den Blattern zugeschrieben werden. Wenn keine besondere

Epidemien herrschen, sind die Zufälle, woran die
Kinder sterben, sehr verschieden. Die Behandlung
derselben unmittelbar nach der Geburth, das feste
Wickeln dieser schwachen und reizbaren Geschöpfe,
wodurch die noch knorpelartige Rippen zusammen
gedrückt, das ohnehin ungewöhnte Athemholen und
der Blutumlauf durch die Lungen erschwert wird,
veranlaßt häuffig tödliche Erstickungen. Während
der Zahnarbeit stirbt ebenfalls eine große Anzahl
Kinder an Convulsionen. Viele verfallen in eine
Auszehrung, welche die Folge der schwer zu ver-
dauenden Nahrungsmittel sowohl als des Mangels an
Sorgfalt, Reinlichkeit und Bewegung ist. Kinnbak-
kenkrampf, innerer und äußerer Wasserkopf sind
seltene Erscheinungen. Chronische Ausschläge, der
Milchschorf, die Schwämmchen sind weder häufig noch
tödlich. Eine große Anzahl von Kindern wird aber
leider von venerischen Müttern gebohren und mit
dem ersten Augenblick ihres Lebens von diesem
verderblichen Uebel angesteckt. Viele dieser bedau-
rungswürdigen Geschöpfe, durch eine verdorbene
Lymphe im Mutterleibe ernährt, sehen schon bei
der Geburth kränklich, mager und runzlicht aus,
und sterben oft früher als die äußern Kennzeichen
der geschehnen Anstekkung sich bei ihnen offenbaren. Indeßen ist die Ursache ihres Todes deswegen
nicht weniger in diesem Uebel zu suchen. Bei denjenigen unter ihnen, welche am Leben bleiben zeigen sich sehr bald die Folgen der Anstekkung. Die
Heilung dieses Uebels bei so kleinen Kindern, wo

überhaupt alle Krankheiten schwerer zu erkennen
und zu bekämpfen sind, ist mühsam und nur selten glücklich. Der Versuch in solchen Fällen den
Ammen Quecksilber zu geben ist nicht geglückt,
und wiederholte Erfahrungen haben sattsam bewie-
sen, dafs von demselben nichts in die Milch über-
gehe. Es bleibt daher nichts übrig, als dem Kinde
selbst das Quecksilber zu geben; allein, ob gleich
viele derselben den Gebrauch dieses Mittels anfangs
gut zu vertragen scheinen, so hinterläfst es doch gewöhnlich eine gröfsere Reizbarkeit und eine Neigung zur Auflösung der Säfte, und mehrere, welche von der venerischen Krankheit befreiet worden
sind, sterben späterhin an der Folge der nothwendigen Curmethode, und müfsen daher ebenfalls zu
den Opfern der Seuche selbst gezählt werden.

Das sogenannte Verfüttern der Kinder ist bei
uns häuffig und man sieht nicht wenige derselben
mit dicken Bäuchen und blasser Gesichtsfarbe. Der
Genufs vieler mehligten und schwer zu verdauen-
den Speisen wird als die gewöhnlichste Ursache dieses Uebels angesehen und zur Heilung werden daher
auflösende, abführende und stärkende Mittel abwechselnd empfohlen, ohne dafs jedoch die Heilung bei
ihrem Gebrauch gelingt. Ich bin überzeugt, dafs
der Mangel an Bewegung und die Entwöhnung von
der freien Luft zur Erzeugung dieses Uebels eben so
viel als die genannten Speisen beitragen. Die Furcht
vor Verkältung macht, dafs man die Kinder sorgfäl-

tig vor der freien Luft, und gegen die Einwirkung
der Witterung zu schüzzen suchet. Husten und
Schnupfen werden freilich dadurch vermieden, aber
es entstehen dagegen Verstopfungen der Drüsen,
fehlerhafte Verdauung und andere bedenkliche Zufälle. Der gewöhnliche Aufenthalt der Kinder ist
die Kinderstube, welche mehrentheils nicht die beste
und geräumigste der Wohnung ist. Hier bringen
die Kinder mit ihrer Wärterin und einem Theile des
Gesindes ihre Tage zu. Die Atmosphäre in der sie
leben ist unrein, verdorben und selbst dem Geruch
zuwider. Nachtgeschirre, die nicht immer gleich
ausgeleert werden, Windeln, welche trocknen, die
Ausdünstung der Menschen selbst, erfüllen die Luft
mit schädlichen Dünsten, und verzehren den geringen Theil, der zum Athemholen nötigen Lebensluft völlig. Es ist bekannt, wie nachtheilig eine
eingeschlofsene und nicht öfters erneuerte Luft auf
die Gesundheit wirkt, und welches blafse und ca-
checktische Ansehen Leute bekommen, die ihr Leben in Zimmern oder Kerkern zubringen. Ist es
also wohl ein Wunder, wenn unsere Kinder die
eine verdorbene Luft ebenfalls beständig einathmen,
ein ähnliches Ansehen haben, wenn sie träge werden, schlecht verdauen, dicke Bäuche haben, wenn
Würmer, englische Krankheit und dergleichen mehr,
ihre Gesundheit zerrütten? Jemehr nun ihr Gesundheitszustand leidet, desto sorgfältiger verwahrt man
sie gegen die äufsere Luft, und der zu Rathe gezogene Arzt glaubt oft alles gethan zu haben, wenn

er den Kindern ein Laxirmittel verschrieben hat,
und die Eltern mit der Verwarnung verläfst, die
Kinder ja nicht zu verkälten. Woher kommt es,
dafs auf dem Lande, wo die Kinder beim Mehlbrei
und Kartoffeln auferzogen werden, sie nur selten
dicke Bäuche haben und mehrentheils rothbäkkigt
und gesund aussehen? Es liegt also wohl nicht an
der Nahrung allein, und Eltern können ihren Kindern keine gröfsere Wohlthat erzeigen, als wenn sie
solche täglich einige Stunden die freie Luft geniefsen
lafsen. Wenn sie Bewegung dabei haben, werden
sie sich auch nicht erkälten. Das blasse Ansehen
wird sich in eine lebhafte, gesunde Gesichtsfarbe
verändern, die dicken Bäuche werden schmelzen
und die Würmer seltener erscheinen.

Wurmkrankheiten sind eine gewöhnliche Plage
unserer Kinder, und geben zu vielen, oft schwer
zu hebenden, Krankheiten, Gelegenheit. Dafs epileptische Zufälle bei Kindern öfters von Würmern
entstehen, ist eine bekannte Sache und dieses fürchterliche Uebel, bleibt oft auch dann noch zurück,
wenn die Ursache wirklich gehoben ist und hinterläfst eine krankhafte Empfindlichkeit der Nerven,
die selten gänzlich zu vertilgen ist. Aber auch
dann, wann Würmer so bedeutende Zufälle nicht
erregen; so bleiben sie doch eine reichhaltige Quelle
von Krankheiten bei Kindern. Am häufigsten kommen Spuhlwürmer vor, die aber auch am leichte-
sten abgetrieben werden können. Uebler sind schon

die Ascariden, und am schlimmsten der Bandwurm, der zwar seltener bei Kindern, als bei Erwachsenen erscheint, jedoch zuweilen bei Ersteren angetroffen wird. Merkwürdig ist es, dafs nach den, von D. Bloch darüber gemachten Beobachtungen, der Bandwurm sich nie bei den Juden in Berlin findet. Wurmtreibende Mittel schaffen zwar oft diese unangenehmen Gäste fort, die aber bald wieder erscheinen, wenn man nicht die Erzeugung des Schleims in den Gedärmen durch eine schickliche Diät, und durch Bewegung in freier Luft, wodurch der Körper gestärkt wird, zu entfernen sucht. Sehr zuträglich hat es mir immer geschienen, Kindern, die zu Wurmkrankheiten geneigt sind, zuweilen etwas Wein bei der Mahlzeit zu geben.

Man hat zwar in neuern Zeiten auch bei uns angefangen, bei der physischen Erziehung vorzüglich auf die Abhärtung des Körpers mit zu sehen, weil man aus unzähligen traurigen Beispielen gelernt hat, wie nachtheilig Verzärtelung in den ersten Lebensjahren und während der Entwickelung des Körpers ist. Allein auch hierinn ist nicht selten durch Uebertreibung die Sache verdorben worden, und die auf eine solche Art erzogenen Kinder haben sich in Absicht der Stärke ihrer Gesundheit nur wenig vor andern ausgezeichnet, und einige unglückliche Vorfälle bei einer solchen Erziehung, sind der guten Sache sehr nachtheilig geworden. Der Fehler lag offenbar in dem Uebergange eines Extrems ins

andere; die Natur thut nichts unvorbereitet, und
mit einem Sprunge, und sie erliegt, wenn man
sie dazu zwingen will; hingegen ist es unglaublich, was der Mensch ertragen kann, wenn er allmählig dazu gewöhnt wird. Der Russe verläfst trie-
fend vom Schweifse sein heifses Dunstbad, und
springt in die mit Eis bedeckte Neva; der Hallore
badet in der Saale, so wie er seine heifse Siedpfanne
verläfst; der Neger trägt die Hitze unter der Linie,
und arbeitet rastlos dabei, während dafs der Grön-
länder Tage lang bei einer Kälte, die das Quecksilber zum dehnbaren Metall verdichtet, auf die Jagd
geht. Alle diese Menschen sind von der Natur mit
gleichen Kräften, als wir, begabt, und Uebung,
Gewohnheit und Erziehung allein bewirken diesen
auffallenden Unterschied.

Es wäre eine Thorheit unter einem gemäfsig-
ten Himmelsstrich, Kinder so wie Negern oder Grön-
länder physisch erziehn zu wollen: allein das Clima
worinn sie leben, müfsen sie schlechterdings ertragen lernen, wenn sie zu thätigen und gesunden
Menschen gebildet werden sollen, und es ist grausam gehandelt, wenn man Kinder des wohlthätigen
Einflusses der Luft entwöhnt, sie für jeden Wechsel
der Witterung aufs sorgfältigste schüzt und sie dadurch
zu kränklichen Menschen bildet. Auf diese Weise
erzogene Menschen finden in den natürlichen Ab-
wechselungen der Witterung unzählige Krankheits-
Gelegenheiten, welche aber nicht die Natur; son-

M

dern die verkehrte Erziehung zu solchen für sie
macht.

Diese Erziehungsfehler, verbunden mit einer
schlechten Diät, veranlassen auch bei uns Krankheiten, die wohl sonst nicht so häufig erscheinen würden. Die englische Krankheit, deren eigentliche
Ursache noch immer unbekannt, und daher um so
schwerer zu heben ist, ist keine ganz seltene Erscheinung bei den Kindern in Berlin und wenn sie
gleich nicht jedesmal Auszehrungen und den Tod
nach sich zieht, so macht sie doch mehrentheils
unglückliche und krüppelhafte Menschen. Obgleich
dieses Uebel offenbahr von Vernachläfsigung oder
Verzärtelung bei der Erziehung herrührt und Metzger*) versichert, er habe niemals auch bei ander-
weitigen Diätfehlern ein Kind rachitisch werden
gesehen, das von der ersten Iugend an, kalt gewa-
schen worden ist; so scheint doch bei uns dieses
Uebel einigen Familien eigenthümlich zu sein, und
daher etwas erbliches zu haben. Die Heilung dieser
Krankheit glückt äufserst selten, und um so nötiger
ist es, alles anzuwenden, sie zu verhüten. Diese
Absicht wird aber nur dann erreicht werden, wenn
mit einer guten Diät, Reinlichkeit, Pflege und Wartung der Kinder nebst hinlänglicher Bewegung in
freier Luft verbunden ist.

---

*) Vermischte Medicinische Schriften 5ter Band pag: 54.

Auch die Skropheln gehören zu den Zufällen, welche unter mannigfaltiger Gestalt unsere Kinder und unsere Aerzte plagen, und erscheinen selbst noch in mannbaren Jahren. Angeschwollene und eiternde Drüsen, hartnäkkige Hautausschläge und eine eigene Bildung des Gesichts, breite Nasenflügel und dicke Lippen charakterisiren diese Krankheit, und es scheint eine angebohrene Disposition des Körpers, die Ausbildung derselben zu befördern, daher sie in einigen Ländern, als in England und im Wadtlande endemisch ist. In Berlin kommt sie in Waisenhäusern und ähnlichen Anstalten am häufigsten zum Vorschein. Die vorbereitende und gelegentliche Ursachen derselben sind mehrentheils entweder Verzärtelung oder Vernachlässigung bei der physischen Erziehung der Kinder, und diese Fehler befördern die Ausbreitung dieses eben so schwer zu heilenden, als leicht vorzubeugenden Uebels unablässig.

Diese lezt genannten Krankheiten gehen oft in unheilbare Auszehrungen über, an welchen eine beträchtliche Anzahl Kinder in Berlin stirbt. Die Gewohnheit wiederholte Abführungen zu geben, da wo sie nicht erforderlich sind, und sie fast ausschliessungsweise zu Heilmitteln bei Kindern zu machen, befördert diesen Uebergang augenscheinlich. Durch den beständig fortgesezten Reiz auf den Darm-Canal, wird die Verdauung und der ganze Körper wiedernatürlich reizbar und geschwächt, und die Kinder werden entweder methodisch todt purgirt, weil man

M 2

die Schwäche der Verdauungs - Werkzeuge mit den
Unreinigkeiten der ersten Wege verwechselt, oder
sie wachsen heran und werden hypocondrische und
schwächliche Menschen.

Wenn in den folgenden Jahren der Mannbar-
keit, wo vollsäftige und kraftvolle Körper zur Ausbildung der wichtigsten Organe erfordert werden,
diese reizbaren Schwächlinge sich noch obendrein
der Wollust und ihren aufbrausenden Trieben überlaſsen, ist es dann wohl noch zu verwundern, wenn
viele Mädgen bleichsüchtig, viele junge Männer ent-
nervt und in den blühenden Jahren des Lebens als
frühzeitige Greise erscheinen?

Berlin steht in dem Ruf, daſs viele Leute daselbst an der Schwindsucht oder Auszehrung sterben, und unsere Todtenlisten beweisen, daſs wirklich das Verhältniſs der an dieſer Krankheit Verstorbenen zu der Summe aller Gestorbenen sich nach
einem zehnjährigen Durchschnitt, wie 1 zu $5\frac{3719}{9913}$
verhält, so daſs jedes Jahr über 1000 Menschen an
dieser Krankheit bei uns sterben. So ansehnlich
diese Anzahl auch ist, so sterben dennoch in Berlin ver-
hältniſsmäſsig weniger Menschen an der Schwindsucht,
als zu Paris und London, und diese Krankheit ist überhaupt in allen groſsen Städten häufiger als anderwärts. Ob gleich dieses verheerende Uebel, gegen
welches unsere Kunst gröſstentheils ohnmächtig ist,

kein Alter und kein Geschlecht verschont; so wüthet
es doch am stärksten zwischen dem 20 und 36 Jahre
und befällt das männliche Geschlecht häufiger als das
weibliche.

Die Ursachen, welche diese Krankheit so allgemein machen, braucht man nicht weit zu suchen,
denn sie liegen offenbar vor Augen. Es sind Luxus
und Dürftigkeit, welche in grofsen Städten mehr
als anderwärts angetroffen werden, und deren verheerende Folgen sich auch hierin zeigen. Man hat
zuweilen den im Sommer bei uns sehr auffallenden Staub als eine Ursache der Lungensucht anführen
wollen, und ob er gleich den Lungenkranken gewifs nicht dienlich ist; so ist er doch wohl niemals
die Ursache zu diesem Uebel. Er besteht aus einem
äufserst feinen nicht scharfen, und in unsern Säften
unauflösbaren Sand, der gröfstentheils wieder ausgeworfen wird, und ob man gleich bei verschiedenen
Lungensüchtigen nach ihrem Tode erdigte Concre-
mente in den Lungen antrifft, und dergleichen auch
wohl von Lebenden ausgeworfen werden; so sind
diese von einer ganz andern Beschaffenheit als unser
Sand, und werden auch an andern Orten, wo kein
so häufiger Staub statt findet, ebenfalls bei Schwindsüchtigen bemerkt.

Dafs eine angebohrne Anlage zur Erzeugung
dieses Uebels viel beitrage, und dafs diese von Eltern
auf Kinder sich fortpflanze, ist bekannt, und erklärt

die zunehmende Verbreitung dieses Uebels. In wie
fern Ansteckung dabei wirke, ist schwer zu entscheiden, und ob gleich Morton *), Selle **), Fritze ***),
Metzger ****), u. a. m. dieses Uebel für ansteckend
halten; so ist es dennoch problematisch, ob Personen,
die gar keine Anlage zu Brustkrankheiten haben,
durch genauen Umgang, beisammenschlafen mit
Schwindsüchtigen und dergl. mehr, angesteckt werden können. Bei solchen hingegen, die eine Anlage
dazu haben, tragen heftige Leidenschaften und Ausschweifungen, zumal der Trunk und die übermäfsige
Befriedigung des Begattungstriebes zur schnellern
Ausbildung dieses Uebels, nicht wenig bei. Man
hält gewöhnlich lange daurende und oft wieder-
kommende Catarrhe, für eine der gewöhnlichsten Ursachen der Schwindsucht, und Tifsot sagt, dafs
an vernachläfsigtem Catharre mehr Leute als an der
Pest sterben. Es wird aber hier Ursache mit Wirkung offenbar verwechselt, indem das öftere Wieder-
kommen dieser Krankheit eine Folge der Anlage zur
Schwindsucht ist, und daher besondere Sorgfalt und
Aufmerksamkeit erfordert.

Ueber die Heilbarkeit und Unheilbarkeit der
Lungen-Schwindsucht sind die Aerzte bei weitem

---

*) Phthisiologia pag. 52.
**) Medicina clinica.
***) Medicinische Annalen.
****) Vermischte medicinische Schriften, 3ter Band.

noch nicht einig. Indessen kommen sie alle darin überein, dafs sie äufserst schwer zu heilen sey, und daher wo
möglich, verhütet werden müsse; welche Wahrheit
unsern Einwohnern nicht oft genug wiederholt werden
kann. Dafs die Heilung so selten glückt und dafs das
Uebel so hartnäckig ist, hängt vorzüglich von zweien
Umständen ab :nehmlich von der Schwierigkeit, dem
Eiter einen freien Ausflufs zu verschaffen, indem das
Geschwür nach unten, die Oefnung aber nach oben
ist, und von der Unmöglichkeit, die Einwirkung der
atmosphärischen Luft auf das Geschwür zu verhindern. Es ist ein bekannter Erfahrungssatz, dafs jedes
Geschwür durch den Zutritt der Luft verschlimmert
wird, und da dieser in den Lungen nicht verhindert
werden kann; so bleibt die Heilung wirklicher Ver-
eiterungen dieses Eingeweides eine seltene Erscheinung. Es kommt indessen oft sehr viel auf die richtige Erkenntnifs der Ursache dieser Krankheit an,
und da jede auf der Lunge gelagerte Schärfe Entzündungen und Eiterungen derselben hervorzubringen
im Stande ist; so bleibt ihre Erkenntnifs sehr oft
schwer und verwickelt. Man hat der skrophulösen
Schärfe den gewöhnlichsten und gröfsten Antheil zur
Erzeugung dieser Krankheit zugeschrieben; indessen
scheinen wenigstens bei uns, andere Schärfen dieses
Uebel eben so häufig zu erzeugen.

Dafs wir mit der Heilung dieser Krankheit in
Berlin nicht sehr glücklich sind, habe ich schon angeführt, und da, wo uns die methodische Heilungs-
art verläfst, greifen wir zu den empirischen Mitteln·

Balsamische Mittel, als: die Myrrhe, der peruviani-
sche und copaiva Balsam, Räucherungen aus Pech
und Wachs, China, das Bergpechöl u. dgl. m. sind
von den mehrsten unserer Aerzte als schädlich befunden worden. Auch das Einathmen der Lebensluft,
von der man sich so viel versprach, hat mehrentheils
die Erwartung getäuscht, und der Nützen der Stick-
luft in dieser Krankheit, ist bei uns so viel ich weifs,
noch durch keine glükliche Versuche bestätiget worden. Am zuträglichsten scheinet der Aufenthalt auf
dem Lande, gelinde Bewegung des Körpers, zumal das
Reiten nach Sydenhams Rath, der innere Gebrauch
des Isländischen Mooses, unseren Schwindsüchtigen
zu seyn. Die Salvadorische *) Curmethode der Lungensucht, ist bis jetzt, so viel ich weifs, bei uns
noch unversucht geblieben und wird auch wohl
schwerlich von unseren Aerzten versucht werden.
- Dieser Italienische Arzt nimmt eine allgemeine Verderbnifs der Blutmafse als die Ursache der Schwindsucht an, und will durch Erregung heftiger Schweifse
die Krankheit heilen. Der Kranke soll dreimal täglich eine beträchtliche Anhöhe besteigen, dergestalt,
dafs er stark schwitzt, an einem Feuer den Schweifs
unterhalten, sich nachher mit wollenen Tüchern
reiben, etwas Brot und Wein zu sich nehmen, und
überhaupt eine nährende und stärkende Diät führen
und selbst Brandtwein trinken. Auf diese Art behauptet er alle Lungensuchten zu heilen.

---

*) Del morbo tisico. Trient 1787.

Die Schleimschwindsuchten sind ebenfalls hier
nicht selten, und werden zuweilen mit der wirklichen Schwindsucht verwechselt und ihre Heilung als
Beweis der Heilbarkeit jener angeführt.

Zu den, in den letzten Jahrzehnten viel häufiger
als ehemals vorkommenden Krankheiten gehört vorzüglich der Rheumatismus und die Gicht. Unsere
Vorfahren, die stärker und gesünder als wir waren,
eine thätige Lebensart führten und deren Körper durch
die entkräftende Folgen des Luxus, noch nicht so
mitgenommen waren, als ihre Nachkommenschaft,
hatten wohl auch häufig podagrische Anfälle. Wir
haben es hingegen weniger mit diesem Uebel als mit
andern Gichtzufällen zu thun.

Die geschwächten Körper haben nicht die Kraft,
die Gichtmaterie nach einem äufsern Theile hinzu-
werfen, und so kränkeln die Menschen lange und
häufig an einer atonischen Gicht. Es fehlt indessen
auch nicht an Fällen, wo sich die Gichtmaterie auf
die Gelenke wirft, aus denen sie selten gänzlich vertrieben werden kann und unsere wirksamste Mittel,
das Guayacharz, die Seife, das Spiesglas, der Schwe-
fel, das Kalkwasser versagen uns nicht selten ihre
Hülfe. Ein hiesiger praktischer Arzt ist wegen der
Heilung dieses Uebels berühmt, und verkauft Pillen
gegen die Gicht, deren Verfertigung er geheim hält,
die aber ein gleiches Schicksal mit den übrigen Mitteln haben, indem sie zuweilen Nutzen stiften, aber

eben so oft auch den Kranken ungeheilt lassen. Dafs es gegen die Gicht eben so wenig wie gegen jedes andere Uebel ein specifisches Mittel gebe, erhellet eben sowohl aus den verschiedenen Ursachen welche die Gicht zu erzeugen im Stande sind, als aus den Behandlungsarten, denen sie zuweilen weicht. Von der Natur der Gichtmaterie wissen wir eigentlich weiter nichts, als dafs sie scharf und reizend ist, leicht topische Entzündungen veranlafst und sich von einem Ort zum andern ziehet. Die Erfahrung beweiset aber unleugbar, dafs bald venerische, bald scorbutische Schärfe, bald zurückgetriebene Hautausschläge und Kräzen oder zugeheilte alte Geschwüre, bald Anhäufung einer scharfen Galle im Unterleibe, bald zurückgehaltene Ausdünstungs-Materie die Gicht zu erzeugen, im Stande sind. Herissan *) glaubt, dafs die Gichtmaterie nichts weiter als eine durch Säure aufgelöfste Knochenmaterie sey, die sich in den Gelenken absetzt, und empfiehlt daher zur Heilung derselben lauter alcalische Mittel. Pitsch **) hält die Gichtmaterie für verdorbenes Semen virile und glaubt sich zu dieser Vermuthung berechtiget, weil Weiber und Castraten mehrentheils vom Podagra verschont bleiben. Auch will er bemerkt haben, dafs diejenigen, welche den Begattungstrieb zu häufig befriedigen und Onanisten, wenn beide schnell

---

*) Memoires de l'acad: des sciences de Paris 1758. p. 325.

**) vom Podagra.

diese Gewohnheit unterlassen, unfehlbar die Gicht bekommen.

Zu den häufig, zumal bei Vornehmeren und Gelehrten, vorkommenden Krankheiten, gehören die Gallensteine, die zu manchen, theils versteckten, theils offenbaren Zufällen, Anlaſs geben, zuweilen aber auch erst nach dem Tode bei Obductionen erkannt werden. Auch das weibliche Geschlecht ist von diesem Zufall nicht befreit; sondern die Gallensteine finden sich eben so häufig bei diesem als beim männlichen Geschlecht.

Welcher Ursache die Erzeugung der Gallensteine bei unsern Einwohnern zuzuschreiben sey, ist schwer zu entscheiden. Der Genuſs des sauren Weines, der so häufig hiebei in Verdacht kommt, findet überhaupt in Berlin, und zumal beim weiblichen Geschlechte, nur selten statt. Indessen ist es bekannt, daſs eine sitzende Lebensart, Ausschweifungen, Gram und Melancholie, der Genuſs erdigter Speisen und überhaupt alle Ursachen, welche die Verdauung stöhren und erschweren, zu erdigten Concretionen in der Leber Anlaſs geben. Die Zeichen, wodurch sich die Gegenwart der Gallensteine gewöhnlich zu erkennen giebt, sind sehr verschieden. Ein Gefühl von Schwere in der Gegend der Leber, Magendrücken, wiedernatürliche Auftreibung des Unterleibes, Fehler der Verdauung und Koliken, Uebelkeiten, Erbrechen, gelbe Farbe der Haut und öftere Gelbsuchten,

strenger Urin, fehlerhafte Menstruation, Hemmorr-
hoidal-Zufälle, erscheinen sämmtlich als Folgen von
Gallensteinen und erschweren die Erkenntnifs derselben aufserordentlich. Allein auch dann, wenn
wir von der Gegenwart der Gallensteine völlig verge-
wissert sind, bleibt die Curmethode schwer und un-
sicher; und selbst die besten, gegen dieses Uebel,
empfohlene Mittel, als auflösende Mittelsalze, Laugensalze, Kalkwasser, ausgeprefste frische Kräuter-
säfte und Extracta, das Gelbe von Eyern u. dgl. m.,
erfüllen nur selten unsre Wünsche. Das so häufig
empfohlene Durandesche Mittel *) aus drei Theilen
Vitriol-Naphte und einem Theil Terpentin-Spiritus,
täglich zu $\frac{1}{2}$ bis ganzen Quentgen, hat mir in einem
einzelnen Falle, vortrefliche Hülfe geleistet, wobei
der Kranke sehr vieles Obst genofs und frisch bereitete
Molken trank. Auch pafst das Mittel nur da, wo gar
keine Fieberbewegungen noch entzündliche Zufälle
obwalten.

Seltener als Gallensteine kommen Nieren- und
Blasensteine bei unsern Einwohnern vor. Indessen
haben unsere Wundärzte, wenn auch selten, doch
zuweilen Gelegenheit, den Blasenstein zu operiren.
Die erstaunende Anzahl empfohlener Mittel gegen
dieses fürchterliche Uebel, überhebt mich der Mühe,

---

*) Sammlung aufserlesener Abhandlungen für prakti-
sche Aerzte.
Sömmering de concrementis biliariis corp. Ham.

mehrere davon anzuführen; nur bemerke ich, dafs
der Gebrauch der fixen Luft nach der Huhneschen
Methode'in mehrern Fällen von erspriefslicher Wirkung sich bewies, und sowohl die von den Steinen
herrührenden Zufälle erleichterte, als auch den Abgang kleiner Stükke derselben zu befördern schien.

Wenn man nach dem gewöhnlichen Sprachge-
brauch auf die Existenz der Krankheiten in Berlin
schliefsen wollte; so müfste man glauben, dafs unsere Einwohner fast ohne Ausnahme von Zuckungen,
Epilepsien, Catalepsien und von dem ganzen Heer
der Nervenübel unablässig geplagt wurden. Man
hört die Worte: Krämpfe, schwache Nerven, Nervenzufälle, sowohl von Aerzten als Kranken, so oft
wiederholen, dafs man zu dieser Vermuthung,
wenn man die Sache nicht näher untersucht, völlig
berechtiget ist. Die nähere Untersuchung zeigt indessen, dafs fast jeder Zufall, dessen Ursache schwer
zu entdecken ist, oder dessen Wirkung sich nicht
leicht erklären läfst, mit dem Namen Krampf belegt
wird. Unsere Todtenlisten enthalten eine beträchtliche Menge dergleichen angeblichen Todesarten, als
Jammer, Krampf, Nervenkrankheit. Vor weniger,
als einem halben Jahrhundert, wufsten Aerzte und
Kranke von Krämpfen und Nervenzufällen sehr wenig, und jetzt sind sie mit diesem Feinde in einen
ewigen Kampf.

Ich bin weit entfernt, leugnen zu wollen, dafs

die eigentlichen Nervenkrankheiten nicht weit häufiger bei uns, als bei unsern Vorfahren, sich einfinden. Diese waren, wie ich schon bemerkt habe, überhaupt robuster, und seltener krank, als wir, und die Ursachen, welche die Reizbarkeit des Körpers und die Beweglichkeit der Nerven zu erhöhen im Stande sind, haben sich unendlich vervielfältiget. Die Aufmerksamkeit, welche man auf die eigentlichen Kräfte der festen Theile in der Erzeugung und Bildung der Krankheiten gerichtet hat, ist von einem grofsen und unverkennbaren Nutzen für die praktische Medicin gewesen. Es ist aber auch zugleich der Mifsbrauch daraus entstanden, dafs unsere Vorstellungen von Krankheitsursachen zum Theil einseitiger geworden sind, und dafs man jede Anomalie in Krankheiten für Nervenzufälle gehalten und angegeben hat. Das Wort *Krampf*, worunter man ehemals ausschliefsungsweise, die unwillkührliche Zusammenziehung der Muskelfaser verstand, hat in neuern Zeiten eine weit ausgebreitetere Bedeutung erhalten, und jede unregelmäfsige Wirkung, sowohl der Reizbarkeit, als auch der Empfindlichkeit, ist mit diesem Namen belegt worden. Die Sprachverwirrung ist dadurch in der Wissenschaft selbst um vieles vermehrt worden; indem, wenn von Krämpfen und Nervenzufällen die Rede ist, man nicht weifs, ob durch diesen Ausdruck Fehler der Bewegung, oder der Empfindung oder selbst der Absonderungen angedeutet werden sollen. Die Begriffe von Sensibilität (Nervenkraft) und Irritabilität (eigentliche Reizbarkeit) werden noch häufig verwechselt, so deutlich auch diese beiden Modificationen der Lebenskraft von einander unterschieden sind, und die pathologischen Zustände, in welchen diese beide Kräfte des lebenden Körpers wirksam erscheinen, werden fast ohne Ausnahme für Nervenübel ausgegeben.

Die mit Schwäche verbundene, erhöhte Reizfähigkeit des Körpers bewirkt häufig solche Krankheiten und Zufälle, die allgemein den Namen von Krämpfen erhalten. Kinder und das weibliche Geschlecht sind diesen Uebeln in Berlin vorzüglich unterworfen. Die beigefügten Todtenlisten zeigen, dafs jedes Jahr mehrere hundert Kinder an Konvulsionen (Jammer) theils in den ersten Monaten des Lebens, theils während der Zahnarbeit sterben. Das weibliche Geschlecht leidet häufig an hysterischen Zufällen, die aber selten den Tod nach sich ziehn. Die eigentlichen convulsivischen Krankheiten, als: Epilepsie, Starrsucht u. d. m. sind in Berlin nicht häufiger, als an andern Orten. Der Kinnbackenkrampf ist zwar selten, jedoch habe ich denselben zweimal zu beobachten Gelegenheit gehabt; das eine Mal bei einem jungen Mädchen von 9 Jahren, nach einer äufserst leichten und unbedeutenden Verwundung des grofsen Zehes am rechten Fufse. Das Kind war nemlich des Nachts aus dem Bette aufgestanden, um seinen Durst zu löschen, und hatte sich einen kleinen Splitter in den Zehen getreten, worüber es aber am andern Morgen nicht weiter geklagt; sondern sich, dem Anschein nach, den Tag über ganz wohl befunden hatte. Den folgenden Morgen sehr früh, wurde ich zu diesem Kinde gerufen, und fand dasselbe zwar mit Bewußstseyn, aber von fürchterlichen Convulsionen (Opisthotonus) und dem Kinnbackenkrampf befallen. Mit vieler Mühe gelang es mir, zu erfahren, daß sich das Kind einen Splitter eingetreten hatte, indem die Eltern darauf nicht Rücksicht genommen hatten, und das Kind über keine Schmerzen des Fußes klagte. An dem zerstochenen Zehen selbst entdeckte ich ein kaum bemerkbares schwarzes Pünktchen, und als ich darauf drückte, nahmen die Zufälle an Heftigkeit zu. Ob ich nun gleich den eingestochenen Splitter sogleich heraus zog, und sowohl die Convulsionen, als der Kinnbackenkrampf bei dem Gebrauch lauwarmer Bäder und Opiaten etwas nachliefsen, so starb das Kind dennoch nach 36 Stunden, und es fand sich nach dem Tode kein anderer Splitter in dem Zehen. Das zweite Mal sah ich den Kinnbackenkrampf bei einem 58jährigen Mann, der nach erlittenen heftigen Schrecken und Aerger, kurz nach der Abendmahlzeit vom Schlage gerührt worden war. Nachdem die ganze Nacht damit zugebracht worden war, dem Kranken Brechmittel und reizende Klistiere beizubringen, die ohne Erleichterung gewirkt hatten; entschloß ich mich am Morgen, demselben eine Ader am Arm öffnen zu lassen. Es waren aber kaum einige Unzen Blut geflossen, als heftige Convulsionen der ganzen rechten Seite des

Körpers und ein fürchterlicher Kinnbackenkrampf sich
einstellte, und der Kranke in wenigen Stunden ver-
schied.

Wenn zur Cur einer Krankheit, Scharfsinn und
richtige Beurtheilungskraft erfordert werden, so ist
es vorzüglich bei Nervenkrankheiten dieser Art, wo
die Hülfe lediglich auf die Entdeckung der Ursache
beruht. Demohngeachtet ist man aber nicht selten
genöthigt zu empirischen Mitteln seine Zuflucht zu
nehmen, deren Anzahl eben so grofs, als ihr Nutzen
zweifelhaft ist. Unter diesen empirischen Mitteln
giebt es eins in Berlin, welches vielleicht anders-
wo noch nie versucht, und von einigen hiesigen
Aerzten mit einem Anschein von Nutzen ver-
schiedentlich angewendet worden ist. Das Mittel ist
folgendes: Es wird Leinwand mit dem Blute einer
trächtigen frisch geschlachteten Eselinn durch und
durch getränkt und nachher getrocknet. Einige
Stücke dieser Leinwand werden nachher zerschnitten
und mit weifsem Franzwein infundirt, und von diesem Weine bekommen die an Convulsionen leidenden Kranken täglich ein Spitzglas voll, nach dessen
Gebrauch die Zufälle öfters nachgelassen haben. So
lächerlich es vielleicht Manchem scheinen wird, von
einem Mittel hier reden zu hören, das so viel äufsere
Spuren von grober Charlatanerie und Aberglauben
an sich hat, und so weit ich übrigens entfernt bin,
solche Mittel zu empfehlen, deren Wirkungsart wir
vernünftigerweise uns nicht erklären können, so sey

N

es mir erlaubt, einen einzelnen Fall anzuführen,
der mich auf dieses Mittel aufmerksam gemacht hat.

Ein Mädchen von 11 Jahren, von einer Mutter
geboren, der seit vielen Jahren ohne weitere Zufälle
Stücke vom Bandwurm abgehen, war seit mehreren
Monaten demselben Zufall unterworfen, indem sie,
zumal des Nachts im Bette, ansehnliche Stücke vom
gliedrichten Bandwurm verlor. Als sie nun ohne
bekannte Ursache von öfters wiederkommenden epi-
leptischen Zufällen befallen wurde, die sich so oft wieder
einstellten und so heftig wurden, dafs ihr ganzer Körper in die Höhe geschmissen und ihre Glieder auf die
fürchterlichste Art verdreht wurden, und die Mutter
dieses Kindes bei mir Hülfe suchte, so versuchte ich
alle bekannte Wurmtreibende Mittel, die aber anstatt
vom Wurme, der sonst leicht und von selbst abging,
etwas abzutreiben, den Abgang desselben vielmehr
zu verhindern schienen, und die convulsivischen Zufälle unglaublich vermehrten. Fruchtlos versuchte
ich das ganze Heer der Krampfstillenden Mittel nacheinander. Der traurige Zustand blieb immer derselbe. Als ich endlich, nach 5 Monaten, kein Mittel
mehr anzurathen wufste, fiel mir das oben beschrie-
bene ein, und ich gab es dem Kinde mehr zur Be-
ruhigung der Eltern, als in der Hofnung irgend eines
Nutzens. Den dritten Tag, nachdem das Kind täglich dreimal zwei Efslöffel voll von diesem Wein genommen hatte, brachte die Mutter das Kind bei
mir, da sie vorher es nicht wagen durfte, dasselbe

auszuführen, und berichtete mir zu meinem gröfsten Erstaunen, dafs die Krämpfe nur selten und so schwach wiederkämen, dafs sie kaum bemerkbar wären. Von dieser Zeit an beobachtete ich das Kind mit noch gröfserer Aufmerksamkeit, und fand, dafs die Krämpfe bei dem Gebrauch dieses Mittels immer mehr nachliefsen; sobald es aber unterbrochen wurde, sich häufiger und stärker wieder zeigten. Wurmtreibende und drastische Mittel vermehren indessen selbst, bei dem Gebrauch dieses Weins, die Krämpfe, und trieben nichts vom Bandwurm ab.

Ob gleich unsere Gegend so flach und eben ist, als eine in der Welt, so sind doch Brüche (herniae) bei uns vielleicht eben so häufig, als in bergichten Gegenden, wo sie bekanntermafsen oft ein endemisches Uebel sind. Das männliche Geschlecht scheint in Berlin mehr als das weibliche, diesem Uebel unterworfen zu seyn, wozu wohl die Anstrengung bei schweren Arbeiten viel beiträgt. Leistenbrüche sind bei weitem die häufigsten; Schenkelbrüche und Nabelbrüche, die überhaupt sparsamer angetroffen werden, scheinen Kindern und Weibern eigenthümlicher zu seyn, als dem männlichen Geschlecht. Ich kenne eine Familie, wo Leistenbrüche nunmehr in der vierten Generation beim männlichen Geschlecht bemerkt worden sind. Es sind keine angeborene Brüche, sondern sie erfolgen in jüngern Jahren bei einer bedeutenden Anstrengung. Es scheint ein erweiterter Zustand des Brauchringes dem männlichen

N 2

Geschlechte in dieser Familie eigenthümlich oder wohl gar erblich zu seyn.

Das weibliche Geschlecht in Berlin leidet noch aufser den Nervenkrankheiten häufig an einem Uebel, das mehr wie jedes Andere in Hinsicht der Allgemeinheit zugenommen hat. Was Zimmermann sagt, dafs er nehmlich so gewohnt sey, sich bei den Frauens nach dem weissen Flufs als nach dem Catharr zu erkundigen, können unsere praktische Aerzte in Berlin ebenfalls behaupten. Es giebt unter allen Ständen nur wenige Frauen, die von diesem unangenehmen Zufall gänzlich frey bleiben. Topische Schwäche der Geburtstheile und Zuflufs der Säfte daselbst, ist die nächste Ursache dieses Uebels, und seine häufige Erscheinung läfst sich sehr leicht begreiffen, wenn man die weichliche Erziehung und Lebensart, die zugleich erschlaffende und erhitzende Diät, die moralische Unterhaltung durch Lectüre und Schauspiele, und den ganzen Wirkungskreis des weiblichen Geschlechts in Anschlag bringt. Die Wirkungen dieses Uebels sind keinesweges unbedeutend und nicht allein die äufserliche Bildung, sondern auch die Gesundheit im allgemeinen und die Bevölkerung selbst, leiden darunter; indem die an diesem Zufall leidenden Weiber mehrentheils blafs und kränklich aussehen, von hysterischen Zufällen geplagt und gewöhnlich unfruchtbar sind. Auch für die Aerzte ist dieses Uebel eine wahre Plage und gerade darum, weil die angeführten Ursachen, welche solches hervorbrin-

gen, gröfstentheils von der Art sind, dafs es nicht
in ihrer Macht stehet, sie zu entfernen, so glückt
die Heilung nur selten. Da wo dieses Uebel weder
die Folge vom Krankheiten der Gebährmutter noch die
Wirkung von Reize in den Gedärmen ist, schien mir
der Gebrauch von gelinden zusammenziehenden Ein-
sprützungen vorzüglich Nutzen zu schaffen.

Der Krebs ist keine ganz seltene Erscheinung in
Berlin, und das weibliche Geschlecht scheint diesem
fürchterlichen Uebel mehr als das Männliche, ausgesetzt zu seyn. Er zeigt sich nicht allein zur Zeit des
Aufhörens der monatlichen Reinigung, sondern fast
in jedem Alter, die Kinderjahre ausgenommen.

Die Liebesseuche, dieses fürchterliche Uebel,
das seit dem Ende des 15ten Jahrhunderts sich über
ganz Europa verbreitet hat, und so allgemein geworden ist, dafs man nach Campers Meinung, nicht
zuviel rechnet, wenn man annimmt, dafs von 100
Mannspersonen 95 dieselbe wenigstens einmal, und
sehr viele mehr als einmal gehabt haben, kommt in
grofsen Städten am häufigsten zum Vorschein, und
Berlin steht in dieser Hinsicht leider! in einem grofsen
Rufe. Mancher Ausländer hegt die Meinung, dafs
man nicht in Berlin gewesen, noch vielweniger ein
Berliner seyn kann, ohne mehr oder weniger von
diesem Uebel gelitten zu haben. So arg ist indessen
die Sache, Gottlob! nicht. Die Ausbreitung dieser
Krankheit ist zwar, so wie in jeder volkreichen Stadt,

also auch bei uns allgemeiner, als auf dem Lande, indessen glaube ich, daſs sie nicht häufiger, als anderwärts ist.

Daſs die Krankheit selbst bei weitem nicht mehr von so schrecklichen Zufällen begleitet wird, als sie es bei ihrer ersten Verbreitung war, ist bekannt, und es wäre zu wünschen, daſs die Aerzte im Allgemeinen bei der Kur andrer Krankheiten eben so glücklich wären, als bei der Heilung der Lustseuche. Nur da, wo durch Vernachlässigung der Angesteckten, oder durch die unvernünftige Behandlung der Afterärzte, das Gift tiefe Wurzeln faſst, und sich den Säften des Körpers allgemein mittheilt, werden die Knochen auf eine schreckliche Weise zerstört, und das Uebel widersteht am Ende der besten Behandlungsart.

An der eigentlichen Krankheit selbst stirbt selten ein Mensch, und die Folgen, die man bei inficirt gewesenen Personen öfters antrifft, hängen mehr von der ausschweifenden Lebensart, die sie geführt, und wodurch sie ihre Gesundheit auf immer untergraben haben, und von den zur Heilung erforderlich gewesenen Mercurialmitteln, als von Ueberbleibseln des venerischen Gifts ab. Es giebt dagegen mehr als einen angesteckt gewesenen, der nach einer vollkommenen Heilung ein gesunder Mann und Vater geworden ist. Wenn aber der leichtsinnige Jüngling seine ausschweifende Lebens-

art fortsetzt, und sich muthwillig und immer aufs
neue der Ansteckung aussetzt; und die Zahl seiner
überstandenen venerischen Zufälle, wie der Krieger
seine Narben zählen kann, dann erliegt er freilich
früh oder spät, und trägt eine unheilbare Schwächlichkeit, und einen ausgemergelten Körper davon.

Von der venerischen Krankheit bei Kindern
habe ich schon oben geredet. Bei Erwachsenen sind
Ausfluſs und Geschwüre der Zeugungstheile die ersten und gewöhnlichsten Zufälle, und wenn diese
gehörig behandelt werden; so entstehen nur selten
andre und schlimmere Zufälle. Der einfache und
mit keinen Geschwüren begleitete Tripper wird mehr-
rentheils und mit Recht als ein blos örtliches Uebel
behandelt. Bei Geschwüren habe ich es nie gewagt,
ohne den Gebrauch innerer Merkurialmittel die Heilung zu versuchen; so sehr auch Girtanner dieses
anrathet. Bei eingewurzelten venerischen Uebeln
scheint der Speichelfluſs, so viel man auch mit
Recht für die schädlichen Folgen desselben gewarnt
hat, dennoch zuweilen unentbehrlich zu seyn.

Unter unsern Einwohnern, sowohl in höhern,
als niedern Ständen sind Fehler der Verdauungs-
werkzeuge ein sehr allgemeines Uebel. Wohlleben,
Schwelgerei und Ausschweifungen auf der einen
Seite, so wie auf der andern, schlechte Nahrung
und eine sizzende Lebensart, sind die unversiegba-
ren Quellen davon. Ihre, theils moralische, theils

physische Wirkungen sind Unmuth, Angst, Hypo-
chondrie, Blähung, Hartleibigkeit oder Durchfall,
Abnahme des Körpers, und am Ende Auszehrungen und Wassersuchten. Zur Zeit der Erscheinung
von Kämpfs in vieler Rücksicht vortrefflicher Abhandlung von einer neuen Methode die hartnäckig-
sten Krankheiten, die ihren Sitz im Unterleibe
haben, sicher und glücklich zu heilen, glaubten
Aerzte und Kranke bei uns durch Klistiere allein
Ruhe und Heiterkeit des Geistes, so wie Gesundheit und Stärke des Körpers wieder erlangen zu können. Mit ängstlicherer Sorgfalt untersuchte man
wohl nie Excremente, als es mancher gutmüthige
Hypochondriste that, in der Hoffnung, die abge-
hende Verhärtung darin aufzufinden. Der Erfolg
entsprach indessen nur selten der Erwartung: bei
vielen verschlimmerten sich alle Zufälle, und so
kam man allmählig von dieser Methode zurück.

So viel von den gewöhnlichsten langwierigen
Krankheiten. Die hizzigen richten sich bei uns,
wie überall, nach der Jahreszeit, der herrschenden
Konstitution und dem epidemischen Charakter. Selten oder nie haben wir ein Fieber ohne gastrische
Complication. Unsre gewöhnlichste febris stationa-
ria ist gallichter Art, Rein entzündliche und faulichte Fieber sind daher seltene Erscheinungen.

Mit sporadischen Krankheiten aller Art haben
unsere Aerzte unablässig zu schaffen. Von diesen

hier weitläuftig zu handeln, wäre meinem End-
zwecke entgegen. Ich begnüge mich daher mit einigen, das Allgemeine betreffenden Bemerkungen, hier
abzubrechen.

Zur Erhaltung der Gesundheit unserer Mitbürger,
zur Verhütung künftiger Krankheiten, und zur angeblichen Tilgung der in den Säften vorhandenen Schärfen
und Unreinigkeiten empfehlen die Aerzte in Berlin
vorzüglich die sogenannte *Frühjahrskuren,* und ohne
untersuchen zu wollen, ob dieses aus wirklicher
Ueberzeugung des Nuzzens, den sie schaffen, oder
aus Mode, oder wohl gar aus Gewinnsucht geschehe,
begnüge ich mich, anzuführen, dafs zu diesem Endzweck das Trinken der Gesundheitsbrunnen von denselben häufig angerathen wird. Das seidschützer Bitterwas-
ser, der Egerbrunnen, das Selzerwasser werden, zumal
von Vornehmeren, während des Frühjahrs und Sommers häufig verbraucht. Die sogenannten Kräuterkuren
sind indessen noch allgemeiner im Gebrauch, und werden, zumal seit den letzten zehn Jahren, häufig verordnet. Die frisch ausgeprefsten und zur Honigdicke
abgerauchten Säfte der Graswurzeln und des Löwen-
zahns sind die gewöhnlichsten Mittel dieser Art,
welche man entweder für sich, oder mit einer dün-
nen Kalbfleischbrühe vermischt, zu einigen Unzen
des Tages verbrauchen läfst. Von dem Nuzzen dieser
Mittel habe ich mich bis jetzt noch nicht aus Erfahrung überzeugen können, und vielmehr häufig gefunden, dafs sie die Verdauung stören, den Magen

verderben, Blähungen und andere unangenehme
Zufälle zuwege bringen, und nur da Nuzzen schaf-
fen, wo scorbutische Schärfe und Auflösung des
Bluts statt fand.

Aufser dieser fast allgemein von unsern Aerzten
gebrauchten Kur, hat fast jeder seine Lieblingsmit-
tel, und wieder andere, gegen welche er einen an-
gebornen Abscheu zu haben scheint. Es giebt z. B.
Aerzte, die unter keiner Bedingung weder Salpeter,
noch Kampher verordnen würden, die hingegen von
Andern täglich verschrieben werden.

Ohne dafs die Aerzte in Berlin zu einer Secte
gehören, oder in einer und derselben Schule gebildet wären, sind sie doch mehrentheils darüber einverstanden, dafs die glückliche Behandlung der mehresten und allgemeinsten Krankheiten auf Reinigung der ersten Wege beruhe. Brechmittel sind zu
Anfang der mehresten hizzigen Krankheiten und bei
vielen langwierigen Uebeln ziemlich allgemein im
Gebrauch. Ihr Nuzzen, als ausleerende, schweifstreibende, krampfstillende und erregende Mittel,
fällt so sehr in die Augen, dafs man ihren Gebrauch
nicht anders als billigen kann. Indessen hat dieser
ihr Nuzzen und die Allgemeinheit ihres Gebrauchs
gemacht, dafs man nicht selten ohne die gehörige
Vorsicht bei Verordnung derselben zuwege geht,
und dafs sie, zumal unter den Händen der Afterärzte, zum Nachtheil der Kranken gemifsbraucht

werden. Sie sind es, die den ehemals eben so allgemeinen als schädlichen Gebrauch der Aderlässe, der
bei den mehresten Krankheiten gewöhnlich das erste
Mittel war, verdrängt haben, und unsere praktisi-
renden Wundärzte haben den Aderlafsschnepper mit
dem Brechweinstein vertauscht.

Dafs indessen die gastrische Krankheiten so allgemein geworden sind, hängt wohl zum Theil auch
davon ab, dafs wir fast jede Gattung von Krankheiten durch den Gebrauch solcher Mittel, die den
Darmcanal reizen, zu solchen gemacht haben, denn
unsere Vorfahren in der Heilkunde, heilten vor nicht
so langer Zeit, dieselben Uebel mit gleichem Er-
folge durch schweifstreibende Mittel und Alexiphar-
maka.

Dieser antigastrischen Kurmethode ist es ebenfalls höchst wahrscheinlich zuzuschreiben, dafs Hautausschläge, zumal der Friesel und die Petechien, bei
unseren Fieberkranken und Wöchnerinnen so selten
zum Vorschein kommen. Selbst chronische Krankheiten der Haut sind weder so häufig, noch so hartnäckig als ehemals, und die Erfahrung hat gelehrt,
dafs der abwechselnde Gebrauch von ausleerenden
und gelinde schweifstreibenden Mitteln, nebst einer
schicklichen Diät, die Heilung derselben vorzüglich
befördert. Unter den bei solchen Uebeln schädlichen
Nahrungsmitteln wird das Schweinfleisch allgemein
und strenge verboten, und mancher Arzt und Nicht-

arzt schreibt diesem Fleische eine eigene Schärfe zu, die es wahrscheinlich nicht besizt. Sanctorius *) ist, so viel ich weifs, der Erste, der die Ursache der Schädlichkeit des Schweinfleisches bei Krankheiten der Haut, die schon in den ältesten Zeiten in Arabien, Egypten, Palästina und anderen Länder, wo Hautkrankheiten häufig bekannt waren, durch seine Versuche erklärt hat; er fand nemlich, dafs der Genufs dieses Fleisches die Ausdünstung der Haut aufserordentlich hemme, und giebt die Verminderung derselben bei dieser Nahrung als ein Drittel der ganzen Ausdünstung betragend an, woraus sich die Schädlichkeit des Schweinfleisches bei Hautkrankheiten zur Genüge erklären läfst.

Was übrigens den Gang der Krankheiten in Berlin anbetrifft, so habe ich schon oben angeführt, dafs sie bei uns, wie aller Orten, theils von der Jahreszeit und Witterung, theils von der eigentlichen Konstitution der Luft abhinge. Ich theile hier dasjenige mit, was ich über diesen Gegenstand in dem lezt verflossenen Jahre aufgezeichnet habe, weil es, so unvollständig es auch seyn mag, zu einigen Anmerkungen dienen wird.

Der Januar des Jahrs 1795 zeichnete sich durch strenge Kälte, trockne und heitere Atmosphäre,

---

*) Medicina statica sect. 3. Aphor. 25.

Ost - und Nordwinde besonders aus. Das Quecksilber
im Thermometer fiel einigemal bis auf 21° Reaumur.
Das Barometer; erreichte dagegen eine grofse Höhe
und stand einmal über 28 Zoll. Gegen das Ende des
Monats fiel Schnee.

Die allgemeinste Krankheiten während dieser
Zeit waren hitzige Seitenstechen und Entzündungen
der Lunge, chatharralische, rheumatische Fieber;
Entzündungen der inneren Theile des Schlunds und
selbst der Luftröhre mit und ohne scharlach Ausschlag. Diese Krankheiten erforderten sämmtlich
wiederholtes Aderlassen nebst dem inneren Gebrauch
von kühlenden und schweifstreibenden Mitteln. Es
war jedoch nöthig das Aderlassen nicht über einen
gewissen Punkt zu verstatten, indem sehr bald bei
unnöthigem Blutverlust die Kranken in eine tödtliche Schwäche verfielen. Es starben beträchtlich
viel Leute in diesem Monat an Brustentzündungen,
noch weit mehrere, sowohl Kinder als Erwachsene,
wurden durch das Scharlachfieber weggerafft. Auch
dieses zeigte der strengen Kälte und der anscheinend
herrschenden entzündlichen Constitution ohnerachtet eine grofse Neigung zur Fäulnifs und Auflösung
des Bluts, die sich vorzüglich durch das dunkelwer-
den des Ausschlages und die colliquativischen Blutun-
gen offenbahrte, so dafs man eiligst zu fäulnifswidri-
gen und die Kräfte erhebenden Mitteln greiffen
mufste.

Zu Anfang des Februars dauerte der strenge Frost
noch fort, liefs indessen auf einige Tage in die
Mitte dieses Monats nach; erschien dann wieder mit
neuer Stärke, und nur in den letzten Tagen fiel bei
milderer Witterung abwechselnd viel Schnee und
Regen.

Der Gang und die Form der Krankheiten blieb
zu Anfang dieses Monats bei gleicher Witterung sich
dennoch nicht völlig ähnlich. Die Brustentzündungen waren noch allgemeiner, sie hatten aber einen
gemischten, entzündlich - gallichten Character und
erforderten vorzüglich nach hinlänglichem Blutlafsen
ausleerende Mittel. Bei vielen verschwand die Krankheit ohne nachfolgenden Schleimauswurf, bei Anderen erschien er ohne besondere Erleichterung. Es
starben noch Verschiedene an dieser Krankheit, die
gröfsere Anzahl bei weitem aber überstand sie glücklich. Das Scharlachfieber wüthete unabläfsig fort,
und tödtete viel Menschen. Von rheumatischen und
catharralischen Zufällen, zumal von heftigen Husten
wurden Viele geplagt und die Pocken erschienen mitunter sporadisch.

Der Anfang des Märzmonats brachte bei einem
anhaltenden Ostwinde noch eine ziemlich strenge
Kälte mit. Gegen die Mitte des Monats änderte sich
die Witterung schnell, und wir hatten das schönste
Frühlingswetter. Die heitere Tage wurden nur
einigemal durch Regen unterbrochen.

Mit diesem Monat fiengen die kalten Fieber sich
zu zeigen an, und nahmen so schnell die Oberhand,
dafs sehr viele Menschen davon angegriffen wurden-
Auch Kinder blieben nicht verschont. Mehrentheils
waren es dreitägige Fieber, und ihre Ursache lag
theils in Unreinigkeiten der ersten Wege, theils in
der Erschlaffung des Körpers als eine Folge des schnellen Wechsels der Witterung. Sie wichen einer an-
gemefsenen Curmethode zwar leicht; bei der geringsten Erkältung oder bei Diätfehlern, bekamen die
Kranken aber häufig Rückfälle, die auch ohne bekannte Ursache und bei der gröfsten Sorgfalt nicht
immer ausbleiben. Das Scharlachfieber wurde etwas seltener, dagegen aber herrschten die Masern
und Rötheln epidemisch. So nahe verwandt diese
beide Krankheiten auch sind, und so ähnlich die Behandlungsart ist, die sie beide erfordern, so leicht
war es jedoch sie von einander zu unterscheiden.
Die catharralischen Zufälle, der Husten und das Trie-
fen der Augen, so wie das Aeufsere des Ausschlages
selbst, und die nachfolgende kleienartige Abschuppung
der Haut charakterisirten die Masern hinlänglich.
Bei den Rötheln war die Halsentzündung das Haupt-
kennzeichen der Krankheit und auch der gefährlich-
ste Zufall derselben, Der Ausschlag war erhabener
als bei den Maasern und die Flecken enthielten hin
und wieder eine eiterartige Feuchtigkeit. Das Fieber,
welches beide Krankheiten begleitete, hatte keinen
allgemeinen Charakter; sondern war bald gallicht,
bald faulicht catharralisch. In vielen Fällen war bei

einem mäfsig warmen Verhalten die vorsichtige
Reinigung des Darmcanals ein Hauptgegenstand der
Cur. Bei einigen erschien der Ausschlag von dunkler
Farbe und gleich Anfangs zeigte sich Schwäche und
Hinfälligkeit. Bei den Rötheln war dieser faulichte
Character von üblerer Bedeutung, als bei den Masern, indem die entzündete Theile des Rachens
schnell brandig wurden. Da wir zu gleicher Zeit
drei ähnliche Ausschlagskrankheiten, nehmlich das
Scharlachfieber, die Masern und die Rötheln hatten,
so geschahen mitunter Verwechselungen in Absicht
der richtigen Erkenntnifs derselben, die jedoch auf
die Curmethode von keinem besondern Einflufs waren. Es starben an dieser Krankheit eine grofse Anzahl Kinder und mehrere Erwachsene. Ein anderes
Uebel, was nicht minder gefährlich und tödtlich war,
der Keuchhusten, erschien ebenfalls ziemlich allgemein, zumal bei Kindern. Ein lange Reihe kurzer
und krampfhafter Expirationen, die so lange dauern,
bis dem Kranken das Athmen fast gänzlich vergeht,
und er in Gefahr zu ersticken ist, und worauf eine
lange pfeiffende Inspiration folgte, so wie das Erbrechen oder Niesen, womit sich der jedesmalige An-
fall endigte, waren die wesentliche Kennzeichen dieses Uebels. Ob diese Krankheit nur epidemisch,
oder ob sie wirklich ansteckend sey, ist nicht meine
Absicht hier weitläuftig zu erörtern; ich bemerke
nur, dafs wenn sie in einem Hause oder in einer
Familie sich bei einem Kinde zu zeigen anfieng, die
übrigen selten verschont blieben. Die Heilung die-

ses Uebels war mehrentheils langweilig und die
gänzliche Wiederherstellung der Kranken erfolgte oft
erst in einigen Monaten. Auflösende Mittel, zumal
die Bereitungen aus dem Spiesglase und zwischen
durch wiederholte Brechmittel schaften den Schleim
auf dem kürzesten Wege fort, und letztere bewirk-
ten einen heilsamen Gegenreiz. Da, wo der Leib
verstopft war, wurden Klistire mit Nutzen angewendet; hingegen waren Abführungen öfter schädlich als nützlich. Da wo die Krankheit mehr hartnäckig war, versuchte ich einigemal nach Hufelands
Rath den inneren Gebrauch der spanischen Fliegen.
In zwei Fällen war der Nutzen davon offenbar, und
es erfolgte eine häufige Absonderung des Urins. Wo
diese von selbst hinlänglich erfolgte, unterliefs ich
den Gebrauch eines Mittels, das leicht durch seine
zu grofse Wirksamkeit schaden konnte. Ein häufiges
Uriniren zeigte fast beständig die bevorstehende Heilung an. Auf den, an und für sich, mehrentheils
klaren Urin, bemerkte ich häufig eine farbige Oberhaut und sogar einigemal angeschossene Crystallen.
Zur Vollendung der Cur, so wie zur Sicherstellung
gegen Rückfälle, war die China unentbehrlich; andere bittere Extracte schienen nicht so wirksam zu
seyn. Nur in den Fällen, wo der Husten sehr oft,
und zumal des Nachts wieder kam, habe ich Opiate
und andere krampfstillende Mittel gebraucht, die
zwar die Anfälle, so lange ihre Wirkung dauerte,
in etwas verminderten, nach deren Gebrauch aber
die gänzliche Heilung langsamer zu erfolgen schien.

O

Der April, welcher bei uns gewöhnlich der unbeständigste Monat ist, machte dieses Jahr eine Ausnahme. Wir hatten während der ersten Hälfte desselben heitere und warme Tage, und nur einige Abende hindurch regnichtes Wetter. Die letzte Hälfte dieses Monats brachte uns eine heitere, trockene und warme Witterung, dergleichen wir im April sehr selten gehabt haben.

Die herrschende Krankheiten in dieser Zeit waren Maasern und Pocken. Die Einimpfung dieser letzten Krankheit gab wahrscheinlich den ersten Stoff zur Ausbreitung der Pocken, welche auch bei den nicht Geimpften von guter Art und von keiner gefährlichen Fieber - Modification begleitet waren. Bei zwei eingeimpften Kindern kam der Masern - Ausschlag mit den gewöhnlichen catarrhalischen Zufällen kurz vor dem Ausbruch der Blattern zum Vorschein. Das jüngste dieser beiden Kinder, ein zweijähriger Knabe, starb an Convulsionen kurz nach dem Blatterndurchbruch; der Andere, ob er gleich schwer krank war, kam dennoch bei einer angemessenen Curmethode glücklich durch. Uebrigens herrschten Fieber, deren Ursache festsitzende Unreinigkeiten und angehäufter Schleim im Unterleibe war, ziemlich allgemein: auch erschienen hin und wieder noch Pleuresien, die aber mehr gallichten Ursprungs als rein entzündlich waren.

Die ersten Tage des Mays blieben warm und

trocken, und wurden durch ein Gewitter mit vielem
Regen begleitet, unterbrochen. Von diesem Zeitpunkte an war die Atmosphäre kälter, und wir bekamen noch ansehnliche Nachtfröste, welche den
Trieben der mehrsten Gewächse Gefahr drohten und
zum Theil auch nachtheilig wurden. Das Wetter
blieb bis zu Ende dieses Monats kalt und regnicht;
auch fiel einigemal Haagel, so dafs wir im Mai ein
ordentliches Aprilwetter hatten.

Bei dieser schnellen und nachtheiligen Aende-
rung der Witterung bekamen viele Leute die an kalten
Fiebern schon seit einiger Zeit krank gewesen waren,
häufig und wiederholte Rückfälle. Aufser den Pok-
ken, Masern und Rötheln, herrschten auch rheumatische und catharralische Krankheiten; so wie Durchfälle, davon einige Ruhrartig waren und welche,
wenn sie durch kalte Fieber, Masern oder Pocken
geschwächte Körper überfielen, oder wenn sie sich
zu den angeführten Krankheiten zugesellten, mit
Gefahr verknüpft waren. Der gallichte Stoff, der
in vielen Körpern bereits entwickelt war, machte
bei dieser catharralischen Constitution Halsentzündungen und Brustbeschwerden, die jedoch vorsichtigen
Ausleerungen und einem wärmern Verhalten ziemlich leicht wichen. Der Keichhusten kam ebenfalls
noch hin und wieder zum Vorschein.

Die ersten 14 Tage des Junius waren trocken,
heiter und warm. Trübe Tage, doch ohne Regen,

O 2

folgten auf diese Witterung und die Abende und
Nächte waren empfindlich kalt.

Bei diesem häufigen Wechsel der Witterung
blieben die herrschende Krankheiten sich ziemlich
gleich. Die Pocken, deren Ausbreitung sehr allgemein war, behielten einen gutartigen Character.
Bei einzelnen Subjecten waren sie zwar zusammen-
fliefsend und faul; so dafs mehrere daran starben.
Die gröfste Anzahl kam dagegen glücklich durch.
Die Masern, die kalte Fieber, der Keuchhusten, gien-
gen ungestöhrt ihren Gang fort, nur das Scharlachfieber schien völlig aufgehört zu haben.

Zu Anfang des Julius kühlte ein Gewitter, die,
seit wenigen Tagen wärmere Atmosphäre aufs neue
ab. Regnichte Tage wechselten häufig mit heiterer
und warmer Witterung ab.

In diesem Monat schienen die Masern und kalten Fieber verschwinden zu wollen. Der Keuchhusten, ob er gleich weniger allgemein war, blieb dennoch eine Plage für unsere Kinder. Gallichte Fieber, gallichte Durchfälle und Halsentzündungen kamen am häufigsten zum Vorschein; überhaupt aber
war die Anzahl der Kranken in diesem Monat geringer.

Der August brachte zwar warme Tage, aber sie
waren feucht, regnicht und von kalten Abenden und

Nächten begleitet. Nur die letzten Tage in diesem
Monat waren warm und helle.

· So wie die Masern aufgehört hatten, zeigte sich
das Scharlachfieber aufs neue und schien tödtlicher
als vorhin zu seyn. Auch die Herbstwechsel-Fieber
fiengen sich zu zeigen an. Sie waren mehrentheils
dreitägig oder doppelt dreitägig, und weder hart-
näckigt noch von bösen Zufällen begleitet. Die Ruhren, die fast jedes Jahr in diesem Monat erscheinen,
blieben auch diesesmahl nicht gänzlich aus. Sie erforderten aufser der Reinigung der ersten Wege,
da, wo solche angezeigt war, ein warmes Verhalten
und waren offenbar catharralischer Natur. Mehrere,
mit dieser Krankheit behaftete Personen, wurden
ohne Anwendung irgend eines andern Mittels, lediglich durch nicht erhitzende, schweifstreibende Mittel, leicht und vollkommen geheilt. Die Pocken
kamen hin und wieder noch zum Vorschein, und
gallichte oder gastrische Fieber waren die gewöhnlichsten.

Der Herbst, der überhaupt in Berlin die ange-
nehmste, heiterste und beständigste Jahrszeit ist,
entschädigte uns in etwas für den unangenehmen
Sommer, den wir gehabt hatten. So wenig Hoffnung zu einer guten und reichlichen Erndte da gewesen war; so sehr entsprach doch diese dem allgemeinen Wunsche und Bedürfnifse. Auch das Obst
war reichlich vorhanden und von guter Beschaffen-

heit und erhielt durch das warme Herbstwetter die erforderliche Reife.

Die ersten 14 Tage des September Monats, waren überaus angenehm, heiter und trocken. Wenige darauf folgende Regentage kühlten die Luft ab und erfrischten das Erdreich. Ihnen folgte aufs neue ein heiterer Himmel.

Das Scharlachfieber wurde indessen immer allgemeiner. Die Pocken bekam man auch noch immer zu sehen. Das Nefselfieber zeigte sich bei mehreren zu gleicher Zeit. Auch sahe ich ein Ausschlagsfieber, das ich eigentlich zu keiner der herrschenden Gattungen derselben rechnen konnte. Es befiel einen jungen Mann von 26 Jahren, und der Ausschlag erschien mit den ersten Fieberbewegungen, ohne von Halsschmerzen noch von andern catharralischen Zufällen begleitet zu seyn. Das Aeufsere des Ausschlags selbst hatte ebenfalls keine Aehnlichkeit, weder mit Masern, Rötheln, noch Scharlach. Es erschien als einzelne kleine hochrothe Stippchen die sich schnell und bis zur Gröfse eines Groschenstücks ausbreiteten, keine Erhabenheit zeigten und dem Kranken, zumal des Nachts, ein sehr lästiges Jucken verursachten. Das Fieber hatte keinen bestimmten Character, war nicht heftig und nahm jeden Abend beträchtlich zu. So blieb der Zustand sieben Tage bei dem Gebrauch auflösender und gelinde auf die Haut wirkender Mittel unverändert.

Nach dieser Zeit verschwand das Fieber ohne Zeichen
einer geschehenen Kochung. Der Urin war und blieb
helle. So wie das Fieber durch den Ausbruch des
Ausschlages keine Veränderung erlitten hatte, so
schien auch das Ausbleiben des Fiebers auf dem Ausschlag keine Wirkung zu äufsern. Er blieb noch
mehrere Tage unverändert, wurde dann allmählig
blässer und verschwand ohne die geringste Abschuppung der Oberhaut. Der Kranke blieb noch mehrere
Wochen in das Zimmer und klagte über keine weitere Beschwerden, als über eine Schwäche der Augen, die er sich wahrscheinlich durch vieles Lesen
bei Lichte zugezogen hatte, auch klagte er noch
über ein heftiges Jucken in der Gegend der Geburtstheile. Bei einer näheren Untersuchung zeigte sich
dafs es Ungeziefer war, was ihm diese Empfindung
verursachte, und ob er sich gleich in mehr als 6 Wochen keinen Beischlaf erlaubt, noch aber in fremde
Betten und dergleichen, geschlafen hatte; so waren
doch eine beträchtliche Menge sogenannter Filzläuse
zugegen. Aufserdem war es bemerkungswerth, dafs
als er sich der freien Luft wieder aussetzte, der
Ausschlag hin und wieder, obgleich schwächer,
zum Vorschein kam, und erst nach mehreren
Wochen ohne weitere Beschwerden, völlig verschwand.

Von dieser einzelnen Beobachtung kehre ich zu
den herrschenden Krankheiten zurück. Diese waren
aufser den angeführten, gastrische und rheumatische

Fieþer, welche von ruhrartigen Durchfällen hin und
wieder begleitet wurden.

Der Anfang des Octobers war dem vorigen Monat in jeder Absicht ähnlich. Das Wetter war anhaltend warm, trocken und heiter bis zum 17ten, wo
wiederum ein Gewitter erschien, wodurch die Witterung bis zu Ende des Monats regnicht blieb.

Scharlachfieber, Masern, Pocken, Keuchhusten,
rheumatische und catarrhalische Beschwerden blieben
noch immer der allgemeinste Gegenstand der Aufmerksamkeit der Aerzte. Die Sterblichkeit, welche
in vorigem Monat schon ansehnlicher als sonst gewesen war, nahm in diesem beträchtlich zu, so dafs
die lezten Monate des laufenden Jahres überhaupt
hierin eine Ausnahme machen.

Mit dem November erschienen die ersten Nebel.
Hagel, Nachtfröste und Reiffe wechselten mit hellem
Sonnenschein ab. Stürme, Regen und trübe Tage
endigten diesen Wintermonat.

Der Gang der Krankheiten schien von diesem
Zeitpunkte an einige Abänderung erlitten zu haben.
Ein festsizzender, schwer auflösbarer Schleim erschien an die Stelle der bisher lockern Unreinigkeiten, und erzeigte theils Brustzufälle mit Fieber, theils
wirkliche Schleimfieber, die sich mehr in die Länge
zogen. Die rheumatische Beschwerden nahmen eher

ab als zu, und die Gichtpatienten hatten mehr Beschwerden, wie vorher. Die übrigen Krankheiten,
als Pocken und Scharlachfieber gingen ungestört ihren
Gang fort. Bei Erwachsenen, welche sich der Ansteckung des Scharlachfiebers ausgesezt hatten, erschienen alle Zufälle dieser Krankheit, nur der Ausschlag selbst blieb mehrentheils aus. Die Sterblichkeit war im Allgemeinen sehr beträchtlich.

Der Anfang des Decembers war regnicht. Es
trat während einigen Tagen Frost ein, dem aber
nasse und trübe Tage folgten, welche bis zum Ende
des Monats anhielten.

Der Hauptcharakter der herrschenden Krankheiten war rheumatisch catarrhalisch. Hizzige Seiten-
stiche, Lungenentzündungen, böse Hälse waren
sehr gemein, und erforderten eine zugleich antiphlo-
gistische und antirheumatische Behandlung. Auch
nahmen manche Krankheiten, welche im ersten Anfange entzündlich zu seyn schienen, leicht und
schnell einen faulichten Charakter an. Schleim - und
Faulfieber mit einer schnell eintretenden grofsen Ent-
kräftung rafften viele Menschen weg. Die gröfste
Niederlage erlitten jedoch in diesem Monate, wie
überhaupt das ganze Jahr hindurch, die Kinder.
Pocken, Masern, Rötheln, Scharlachfieber, herrschten fortdauernd, und waren sehr tödtlich.

Ueberhaupt war in diesem leztverflossenen Jahre

die Sterblichkeit grösser, als sie es seit 15 Jahren gewesen war. Es starben überhaupt 7629 Menschen. Die Anzahl der Gebornen war hingegen nur ven 5230, so daſs 2429 mehr stärben, als geboren wurden.

Die gröſste Niederlage richteten die Pocken an, die allein 932 mehrentheils Kinder wegrafften. An Rötheln, Masern und Scharlachfieber starben 710 Menschen, ebenfalls gröſstentheils Unerwachsene. Die jährliche Todtenlisten enthielten auch eine ungewöhnlich groſse Anzahl an der Schwindsucht und Auszehrung Verstorbener. Durch diese Krankheit allein wurden 2771 Menschen getödtet. An der Ruhr starben 100.

Obgleich die jährliche Tabellen über die Verstorbenen in Absicht der Krankheiten nicht so zuverlässig sind, als sie es seyn könnten, so geben sie doch über den Gang und die Tödtlichkeit derselben, so wie über ihre Zu- und Abnahme in verschiedenen Jahren den besten Aufschluſs und in dieser Rücksicht lasse ich das Verzeichniſs der in Berlin von 1784 bis 1794 Verstorbenen, nach den jedesmal angeführten Krankheiten hier folgen.

Verzeichniſs,

der in Berlin gestorbenen Personen.

Vom Jahre 1784 bis 1794.

———————

		1ter Advent 1782					1ter Advent 17..					1ter Advent 17..					1ter Advent 17..					1ter Advent 17..				
		männlichen Geschlechts		weiblichen Geschlechts			männlichen Geschlechts		weiblichen Geschlechts			männlichen Geschlechts		weiblichen Geschlechts			männlichen Geschlechts		weiblichen Geschlechts			männlichen Geschlechts		weiblichen Geschlechts		
		Er- wachs.	Uner- wachs.	Er- wachs.	Uner- wachs.	Summa totalis.	Er- wachs.	Uner- wachs.	Er- wachs.	Uner- wachs.	Summa totalis.	Er- wachs.	Uner- wachs.	Er- wachs.	Uner- wachs.	Summa totalis.	Er- wachs.	Uner- wachs.	Er- wachs.	Uner- wachs.	Summa totalis.	Er- wachs.	Uner- wachs.	Er- wachs.	Uner- wachs.	Summa totalis.
1	Todtgeborne																									
2	Pocken																									
3	Rötheln																									
4	Masern																									
5	Zähne																									
6	Jammer																									
7	Schwachheit																									
8	Erbrechen																									
9	Schleime																									
10	Würmer																									
11	Am Husten																									
12	Englische Krankheit																									
13	Sechs Wochen																									
14	Fieber																									
15	Hitziges Fieber																									
16	Fleckfieber																									
17	Friesel																									
18	Schaarlachfieber																									
19	Gallenfieber																									
20	Flußfieber																									
21	Faulfieber																									
22	Blattfieber																									
23	Seitenstechen																									
24	Blutstürzung																									
25	Brustkrankheit																									
26	Schwindsucht																									
27	Auszehrung																									
28	Gelbsucht																									
29	Wassersucht																									
30	Geschwulst																									
31	Steckfluß																									
32	Schlagfluß																									
33	Gicht																									
34	Krampf																									
35	Durchfall und Ruhr																									
36	Verstopfung																									
37	Steinschmerzen																									
38	Nervenkrankheit																									
39	Blutgang																									
40	Magenkrampf																									
41	Kopfschmerzen																									
42	Cölik																									
43	Infamatien																									

	1ter Advent 1787 männlichen Geschlechts		weiblichen Geschlechts		Summe totalis	1ter Advent 1786 männlichen Geschlechts		weiblichen Geschlechts		Summe totalis	1ter Advent 1788 männlichen Geschlechts		weiblichen Geschlechts		Summe totalis	1ter Advent 1789 männlichen Geschlechts		weiblichen Geschlechts		Summe totalis	1ter Advent 1783 männlichen Geschlechts		weiblichen Geschlechts		Summe totalis
	Er-wachs.	Uner-wachs.	Er-wachs.	Uner-wachs.		Er-wachs.	Uner-wachs.	Er-wachs.	Uner-wachs.		Er-wachs.	Uner-wachs.	Er-wachs.	Uner-wachs.		Er-wachs.	Uner-wachs.	Er-wachs.	Uner-wachs.		Er-wachs.	Uner-wachs.	Er-wachs.	Uner-wachs.	
44 Fallende Sucht	—	—	—	—	—	—	—	—	1	1	—	—	—	—	—	—	—	—	—	—	—	—	—	—	—
45 Verstopfung des Urins	—	—	—	—	—	1	—	—	—	1	—	—	—	—	—	—	—	—	—	—	—	—	—	—	—
46 Leberkrankheit	—	—	—	—	—	—	—	—	—	—	—	1	2	—	3	1	—	1	—	2	—	1	—	—	1
47 Innerliche Schäden	—	—	—	—	—	—	—	—	—	—	—	1	2	—	3	1	—	1	—	2	—	1	—	—	1
48 Harnsucht	—	—	—	—	—	—	—	—	—	—	—	—	—	—	—	—	—	—	—	—	—	—	—	—	—
49 Vergiftet	—	—	—	—	—	—	—	1	—	1	—	—	—	—	1	—	—	—	—	—	—	—	—	—	—
50 Stickhusten	—	—	—	—	—	—	—	—	—	—	—	1	26	1	24	52	3	5	65	—	54	131			
51 Engbrüstigkeit	—	—	—	—	—	—	—	—	—	—	—	4	1	9	—	13	1	6	1	—	5	1	—	13	
52 Nervenfieber	—	—	—	—	—	—	—	—	—	—	—	1	—	—	—	—	—	—	—	—	—	—	—	1	
53 Nervenfieber	—	—	—	—	—	—	—	—	—	—	—	1	1	1	—	6	4	1	—	3	—	—	—	—	
54 Dauzinge Fieber	—	—	—	—	—	—	—	—	—	—	—	—	—	—	—	—	—	—	3	—	4	—	7		
55 Brustwassersucht	—	—	—	—	—	—	—	—	—	—	—	10	1	20	—	41	31	—	22	—	53				
56 Miserere	—	—	—	—	—	—	—	—	—	—	—	—	1	—	—	3	—	1	—	—	—	—	—	—	
57 Hämorrhoiden	—	—	—	—	—	—	—	—	—	—	—	—	1	—	—	1	1	—	—	—	—	—	—	—	
58 An Verhärtung der Leber	—	—	—	—	—	—	—	—	—	—	—	—	—	—	—	—	1	—	—	1	—	—	2		
59 An einer zersprungenen Arterie	—	—	—	—	—	—	—	—	—	—	—	—	—	—	—	—	—	—	1	—	—	1			
60 Innerlicher Brand	—	—	—	—	—	—	—	—	—	—	—	—	—	—	4	4	11	1	—	9	—	11			
61 Verkältung	—	—	—	—	—	—	—	—	—	—	—	—	—	—	—	—	—	—	—	—	—	—	—	—	
62 Clenpocken	—	—	—	—	—	—	—	—	—	—	—	1	—	—	—	1	1	—	—	—	—	—	—	—	
63 Brustwassersucht	—	—	—	—	—	—	—	—	—	—	—	1	—	—	—	1	—	—	—	—	—	—	—	—	
64 Geschwulst	—	—	—	—	—	—	—	—	—	—	—	—	—	—	—	1	—	—	—	—	—	—	—	—	
65 Dampicht	—	—	—	—	—	—	—	—	—	—	—	1	—	—	·	1	—	—	—	—	—	—	—	1	
66 Nabelgeschwulst	—	—	—	—	—	—	—	—	—	—	—	—	—	—	—	1	—	—	—	—	—	—	—	—	
67 Schlimmer Hals	—	—	—	—	—	—	—	—	2	2	1	—	—	—	—	1	—	—	13	2	3	3	3	2	
68 Ausschlag	1	—	3	1	5	1	1	3	1	8	—	3	1	—	1	2	3	2	—	—	—	—	7		
69 Beinbruch	—	—	—	—	1	—	—	—	—	—	—	1	—	—	—	2	1	1	—	—	—	—	—	—	
70 Bruchschaden	3	2	1	—	6	7	1	2	1	13	9	—	4	—	6	6	—	—	6	4	—	3	7		
71 Krebsschaden	1	5	4	—	10	2	1	5	—	13	5	3	4	—	13	3	5	1	10	—	25				
72 Lütschaden	—	—	2	2	4	1	1	—	—	2	—	—	1	—	—	1	1	—	—	—	—	—	—		
73 Fußschaden	1	—	2	1	4	2	—	2	—	4	—	1	—	2	—	—	—	6	—	—	—	—	—		
74 Offene Schäden	3	1	—	2	6	4	3	—	9	1	2	—	3	—	1	1	1	1	3	—	—	—	—		
75 Kalter Brand	5	1	6	1	13	5	1	1	2	9	8	—	3	1	—	9	17	—	5	—	22				
76 Geschwür	6	—	3	1	10	1	1	4	1	7	1	—	2	6	—	5	1	12	3	1	6	1	13		
77 Venerische Krankheit	2	—	7	—	9	2	—	2	2	6	1	—	6	—	—	4	—	1	1	1	—	3			
78 Melancholie	1	—	5	—	8	2	—	6	—	14	14	—	7	—	21	6	—	5	—	11	10	—	1	—	5
79 Verunglückt	10	1	6	1	20	8	4	1	—	14	—	—	2	—	—	2	1	1	—	—	1	—	—		
80 Schleimsucht	—	1	—	—	1	—	—	—	—	—	—	—	—	—	—	1	1	2	—	—	—	—	—		
81 Krümmer Fuß	1	—	—	—	1	—	—	—	—	—	1	—	—	—	6	—	1	2	—	—	—	—	—		
82 Epilepsie	—	—	—	—	2	—	—	—	—	—	1	—	—	—	—	1	—	—	—	—	—	—	—		
83 Nabelbruch	—	—	1	—	1	—	—	—	—	—	5	—	—	—	6	—	—	—	—	—	—	—	—	
84 Hodensarre	—	—	1	—	1	—	—	—	—	—	—	—	—	—	—	—	—	—	—	—	—	—	—	—	
85 Bräune	—	—	—	1	—	—	—	—	—	1	—	1	—	—	—	—	—	—	—	—	—	—	—	—	

		1ter Advent 17..					1ter Advent 17..					1ter Advent 17..					1ter Advent 17..					1ter Advent 17..				
		männlichen Geschlechts		weiblichen Geschlechts			männlichen Geschlechts		weiblichen Geschlechts			männlichen Geschlechts		weiblichen Geschlechts			männlichen Geschlechts		weiblichen Geschlechts			männlichen Geschlechts		weiblichen Geschlechts		
		Erwachs.	Unerwachs.	Erwachs.	Unerwachs.	Summa totalis.	Erwachs.	Unerwachs.	Erwachs.	Unerwachs.	Summa totalis.	Erwachs.	Unerwachs.	Erwachs.	Unerwachs.	Summa totalis.	Erwachs.	Unerwachs.	Erwachs.	Unerwachs.	Summa totalis.	Erwachs.	Unerwachs.	Erwachs.	Unerwachs.	Summa totalis.
86	Von einem Hieb	1	—	—	—	1	—	—	2	—	2	—	—	—	1	1	—	—	—	—	—	—	—	—	—	—
87	Riß	—	—	—	—	—	—	—	—	—	—	—	—	—	—	—	—	—	—	—	—	—	—	—	—	—
88	Umschaden	—	—	—	—	—	—	—	2	—	2	—	—	—	—	—	—	—	—	—	—	—	—	—	—	—
89	Podagra	—	—	—	—	—	—	—	1	—	1	—	—	—	—	—	—	—	—	—	—	—	—	—	—	—
90	Knochenbrand	—	—	—	—	—	—	—	1	—	1	—	—	—	—	—	—	—	—	—	—	—	—	—	—	—
91	Schwarze Sucht	—	—	—	—	—	—	—	1	—	1	—	—	—	—	—	—	—	—	—	—	2	—	1	—	3
92	Gewächs am Kopf	—	—	—	—	—	—	—	1	—	1	—	—	—	—	—	1	—	—	1	—	2	1	—	—	1
93	Knochenschaden	—	—	—	1	1	—	—	—	2	2	—	—	1	—	1	—	—	—	—	—	—	—	—	—	—
94	Senß	—	—	—	—	—	—	—	—	1	1	—	—	—	—	—	—	—	—	—	—	—	—	—	—	—
95	Fistel	—	—	—	—	—	—	—	—	—	—	1	—	—	—	1	—	—	—	—	—	—	—	—	—	—
96	Gichtkrankheit	—	—	—	—	—	—	—	—	—	—	—	—	—	2	2	—	—	—	1	1	—	—	—	—	—
97	Brustschaden	—	1	—	—	1	—	—	—	—	—	1	—	—	—	1	—	—	—	—	—	—	—	—	—	—
98	Nasenbluten	—	—	—	—	—	—	—	—	—	—	1	1	—	—	2	1	—	—	—	1	—	—	—	—	—
99	Scorbut	—	1	—	—	1	—	—	—	—	—	—	—	—	—	—	—	—	—	—	—	—	—	—	—	—
100	Verunglückt	—	—	—	—	—	—	6	—	4	—	1	—	11	—	—	—	—	—	—	—	—	—	—	—	—
101	Schnupfen	—	—	—	—	—	—	—	—	—	—	—	—	—	—	—	1	—	—	—	1	—	1	—	—	1
102	Blatternros	—	—	—	—	—	—	—	—	—	—	—	—	—	—	—	—	—	—	—	—	—	1	—	1	1
103	Kopfwunden	—	—	—	—	—	—	—	—	—	—	—	—	—	—	—	—	—	—	—	—	3	1	—	—	4
104	Beinfall	—	—	—	—	—	—	—	—	—	—	—	—	—	—	—	—	—	—	—	—	2	—	—	—	4
105	In der Mühle verunglückt	—	—	—	—	—	—	—	—	—	—	—	—	—	—	—	—	—	—	—	—	1	—	—	—	1
106	Knochenkrankheit	—	—	—	—	—	—	—	—	—	—	—	—	—	—	—	—	2	—	3	5	—	—	—	—	—
107	Armbruch	—	—	—	—	—	—	—	—	—	—	—	—	—	—	—	1	—	—	1	—	—	—	—	—	—
108	Kopfschaden	—	—	—	—	—	—	—	—	—	—	—	—	—	—	—	1	—	—	1	—	—	—	—	—	—
109	Bruch aller Gesichtsknochen	—	—	—	—	—	—	—	—	—	—	—	—	—	—	—	1	—	—	1	—	—	—	—	—	—
110	Blessuren	—	—	—	—	—	—	—	—	—	—	—	—	—	—	—	—	—	—	—	—	—	—	—	—	—
111	Alters halben	89	—	130	—	319	97	—	154	—	251	101	—	161	—	242	98	—	141	—	239	83	—	159	—	242
112	Eidrossel	1	—	—	—	1	—	—	—	—	—	—	—	—	—	—	—	—	—	—	—	—	—	—	—	—
113	Erhängt	1	—	—	—	1	—	—	—	—	—	—	—	—	—	—	5	—	—	—	6	2	—	—	—	2
114	Ermordet	—	—	—	—	—	—	—	—	—	—	—	—	—	—	—	—	—	—	—	—	—	—	—	—	—
115	Erschossen	1	—	—	—	1	1	—	—	—	4	—	—	—	—	—	3	—	—	—	—	2	1	—	—	1
116	Ohnmacht	—	—	—	—	—	—	—	—	—	—	—	—	—	—	—	1	—	—	—	1	—	—	—	—	1
117	Plötzlich gestorben	—	—	—	—	—	—	—	—	—	—	—	—	—	—	—	1	5	1	1	4	1	—	—	—	—
118	Todt gefallen	—	—	—	—	—	—	—	—	—	—	—	—	—	—	—	1	5	1	1	8	1	—	2	1	6
119	Uebergefahren	—	—	—	—	—	—	—	—	—	—	—	—	—	—	—	1	—	—	1	—	—	—	—	—	—
120	Verbrüht	—	—	—	—	—	—	—	—	—	—	—	—	—	—	—	1	—	—	1	—	—	—	—	—	1
121	Verbannt	—	—	—	—	—	—	—	—	—	—	—	—	—	—	—	—	—	—	—	—	—	—	—	—	—
122	An eine Brustquetschung	—	—	—	—	—	—	—	—	—	—	—	—	—	—	—	4	3	1	1	8	6	1	1	1	9
123	Ertrunken	—	—	—	—	—	—	—	—	—	—	—	—	—	—	—	1	—	—	—	2	—	—	—	—	—
124	Hals abgeschnitten	—	—	—	—	—	—	—	—	—	—	—	—	—	—	—	—	—	—	—	—	1	—	—	—	1
125	Im Schornstein erstickt	—	—	—	—	—	—	—	—	—	—	—	—	—	—	—	—	—	—	—	—	—	1	—	—	1
126	Von Ochsen gestoßen	—	—	—	—	—	—	—	—	—	—	—	—	—	—	—	—	—	—	—	—	—	—	—	—	—
127	Ungenannte Krankheit	—	—	—	—	—	—	—	—	—	—	—	—	—	—	—	—	—	—	—	—	—	—	—	—	—
	Summa	5	—	5	7	17	3	—	1	6	10	4	1	18	4	29	4	1	6	5	14	5	1	2	5	85
	Summa	1286	1259	1305	1108	4981	1243	1851	1325	1714	6077	1356	1306	1254	1103	5139	1300	1321	1194	2099	4914	1349	1730	1255	1616	5993

	1ter Advent 1788/89					1ter Advent 1789/90					1ter Advent 1790/91					1ter Advent 1791/92					1ter Advent 1792/93				
	männlichen Geschlechts		weiblichen Geschlechts		Summa totalis	männlichen Geschlechts		weiblichen Geschlechts		Summa totalis	männlichen Geschlechts		weiblichen Geschlechts		Summa totalis	männlichen Geschlechts		weiblichen Geschlechts		Summa totalis	männlichen Geschlechts		weiblichen Geschlechts		Summa totalis
	Er-wachs.	Unmünd.	Er-wachs.	Unmünd.		Er-wachs.	Unmünd.	Er-wachs.	Unmünd.		Er-wachs.	Unmünd.	Er-wachs.	Unmünd.		Er-wachs.	Unmünd.	Er-wachs.	Unmünd.		Er-wachs.	Unmünd.	Er-wachs.	Unmünd.	
1 Lungensucht	—	255	—	214	269	—	145	—	123	268	—	164	—	145	307	—	146	—	111	259	—	133	—	131	264
2 Pocken	3	378	3	431	814	—	35	—	41	76	—	273	3	385	698	3	203	1	373	543	—	17	—	39	68
3 Kochen	—	54	—	47	101	—	1	—	3	5	—	2	—	3	6	—	61	—	44	105	—	28	1	28	57
4 Masern	—	7	—	24	—	—	—	—	3	2	—	—	—	—	—	—	5	—	4	9	—	—	—	—	—
5 Zähne	—	158	—	107	265	—	195	—	206	401	—	394	—	189	353	—	207	—	190	397	—	241	—	231	472
6 Stickhusten	2	22	1	27	52	—	13	3	18	33	3	31	1	40	74	—	32	—	32	66	—	31	—	31	65
7 Schleim	—	—	—	3	3	—	—	—	4	4	—	—	1	—	3	—	—	5	—	4	9	—	4	—	3	6
9 Jammer	9	189	1	303	703	2	372	3	276	653	1	344	1	300	649	3	374	3	296	667	7	433	19	310	711
10 Englische Krankheit	—	—	—	8	3	—	—	—	1	1	—	2	—	3	5	—	5	—	4	9	—	4	—	5	6
11 Aus Schwachheit	—	37	—	37	74	—	22	—	23	41	—	26	—	30	56	—	11	—	27	60	—	40	—	31	71
12 Kindbetth	—	39	—	39	—	—	30	—	50	—	—	28	—	28	—	—	16	—	39	—	—	27	—	27	—
13 Erbrechen	—	—	—	1	1	—	1	—	1	—	—	—	2	1	1	1	1	—	5	—	—	1	—	1	2
14 Englischigkeit	4	—	7	—	12	3	—	6	2	10	1	—	2	—	3	1	1	—	5	—	1	1	—	1	2
15 Fieber	4	—	7	1	14	2	1	—	11	9	1	9	1	20	—	1	1	4	—	14	1	3	—	1	16
16 Hitzige Fieber	57	9	52	8	135	56	10	31	2	103	60	1	32	6	103	47	9	37	11	105	41	16	40	10	110
17 Fleckfieber	3	4	4	8	15	1	—	1	1	2	4	—	2	4	13	3	3	1	7	18	5	1	4	1	16
18 Nesselfieber	—	—	—	—	—	—	—	—	—	—	—	—	—	—	—	—	—	—	2	—	—	—	—	1	1
19 Friesel	3	7	1	15	2	1	—	3	2	6	2	1	2	1	11	1	33	1	27	53	2	25	2	22	51
20 Gallenfieber	8	—	12	—	23	10	1	9	—	20	6	—	9	—	18	11	—	12	—	24	11	1	14	2	24
21 Faulfieber	81	—	43	—	130	71	4	31	7	117	61	2	40	2	107	57	4	38	9	92	65	10	55	6	139
22 Brustfieber	2	—	3	—	5	4	—	4	3	11	4	1	3	—	3	3	3	1	—	10	3	3	—	1	8
23 Nervenfieber	4	1	3	—	6	1	1	4	1	10	4	1	1	—	3	—	—	1	10	1	2	1	4	—	12
24 Flußfieber	—	—	—	—	—	—	—	1	—	1	—	1	1	—	2	—	—	—	—	—	—	—	—	—	—
25 Bösartige Fieber	—	—	—	—	—	—	—	—	4	4	4	—	1	—	—	—	—	—	—	—	—	—	—	—	—
26 Schleichende Fieber	—	—	—	—	—	—	3	—	1	—	3	—	1	—	5	—	2	—	7	4	—	1	—	—	—
27 Seitenstechen	3	—	4	—	7	2	—	3	—	1	4	1	2	—	7	1	—	6	1	8	1	—	—	—	—
28 Blutsturzung	17	1	1	—	24	14	1	3	2	80	15	3	10	1	28	18	1	14	1	34	21	1	11	—	33
29 Blutgang	—	1	—	1	1	—	—	—	3	—	1	1	—	—	—	—	4	—	—	—	—	—	—	1	3
30 Brustkrankheit	205	7	161	1	454	235	1	153	4	304	217	1	114	3	181	225	1	135	2	350	188	4	119	2	303
31 Schwindsucht	90	—	67	—	199	81	2	64	1	150	110	1	65	1	187	105	4	35	1	145	114	6	52	1	180
32 Auszehrung	231	199	373	194	857	191	171	238	177	279	225	166	245	138	795	218	183	230	157	798	207	194	278	203	882
33 Brustwassersucht	24	—	14	—	38	21	—	15	—	40	22	—	20	—	41	20	—	12	2	41	20	2	8	—	54
34 Wassersucht	71	4	93	4	174	76	9	80	2	168	74	8	95	2	181	78	11	74	2	151	80	13	88	—	198
35 Geschwulst	11	6	60	8	52	21	6	27	4	60	21	6	23	7	57	11	8	82	11	60	16	24	30	6	73
36 Gelbsucht	—	—	1	—	1	1	—	2	—	5	—	1	1	—	1	—	1	—	6	—	—	5	—	7	14
37 Schwarzsucht	—	—	—	—	—	—	—	—	3	—	—	—	—	—	—	—	—	4	—	—	—	—	—	—	5
38 Steckfluß	31	31	24	43	130	37	41	31	62	156	83	76	30	44	139	33	51	31	45	190	85	25	65	213
39 Schlagfluß	119	13	106	14	231	133	67	101	36	328	102	30	106	45	305	121	43	123	36	360	115	73	112	78	380
40 Gicht	12	1	11	—	33	12	—	13	1	26	11	—	16	—	26	13	2	20	—	34	15	1	19	1	37
41 Krampf	17	6	15	4	38	9	6	20	4	39	4	8	15	7	34	3	1	19	1	41	7	1	14	1	27
42 Colic	3	—	7	—	3	2	—	1	—	5	1	—	1	—	2	4	2	—	1	1	—	1	—	2

Table – mortality / causes of death statistics, five columns each headed "1.ᵗᵉʳ Advent 178_" with subcolumns for männlichen / weiblichen Geschlechts (Er- wachs. / Unerwachs.) and Summa totalis. Numerical data largely illegible; row labels transcribed below.

Nr.	Ursache	1.ᵗᵉʳ Advent 178_					Summa	1.ᵗᵉʳ Advent 178_				Summa	1.ᵗᵉʳ Advent 178_				Summa	1.ᵗᵉʳ Advent 178_				Summa	1.ᵗᵉʳ Advent 178_				Summa
43	Inflammation																										
44	Durchfall und Ruhr																										
45	Verstopfung																										
46	Mutter																										
47	Schnupfen																										
48	Nervenkrankheit																										
49	Würmer																										
50	Hämorrhoiden																										
51	Kopfkrankheiten																										
52	Leuteliebe und hässliche Geschwüre																										
53	An Verhärtung der Leber																										
54	An Steinschmerzen																										
55	Innerlicher Schaden																										
56	Kalter Brand																										
57	Innerlicher Brand																										
58	Verklärung																										
59	Schwindsucht																										
60	Wundfieber																										
61	Verdruß des Essen																										
62	Knochenkrankheit																										
63	Leberfluß																										
64	Übermaße merium																										
65	Weißer Fluß																										
66	Kopfwassersucht																										
67	Bandwurm																										
68	Verstopfung im Gekröse																										
69	Salzfluß																										
70	Verbrechen																										
71	Windsucht																										
72	Lungengeschwüre																										
73	Brustbeängstigung																										
74	Halswunden																										
75	Gicht																										
76	Blutspucken																										
77	Ausschlag																										
78	Gesicht																										
79	Beinbruch																										
80	Krebsschaden																										
81	Flussschaden und Brüche																										
82	Bruchschaden																										
83	Blatterreste																										
84	An einer versprungenen Ader																										

		1ster Advent 1787					1ster Advent 1788					1ster Advent 1789					1ster Advent 1790					1ster Advent 1791				
		männlichen Geschlechts		weiblichen Geschlechts			männlichen Geschlechts		weiblichen Geschlechts			männlichen Geschlechts		weiblichen Geschlechts			männlichen Geschlechts		weiblichen Geschlechts			männlichen Geschlechts		weiblichen Geschlechts		
		Er-wachs.	Uner-wachs.	Er-wachs.	Uner-wachs.	Summa totalis.	Er-wachs.	Uner-wachs.	Er-wachs.	Uner-wachs.	Summa totalis.	Er-wachs.	Uner-wachs.	Er-wachs.	Uner-wachs.	Summa totalis.	Er-wachs.	Uner-wachs.	Er-wachs.	Uner-wachs.	Summa totalis.	Er-wachs.	Uner-wachs.	Er-wachs.	Uner-wachs.	Summa totalis.
85	Oehne Schaden	11	3	7	1	23	3	3	4	1	11	3	1	4	1	3	3	1	4	—	1	4	—	7	—	11
86	Kopfwunden	1	—	1	—	1	1	—	—	1	—	—	—	—	1	1	1	—	1	—	—	—	—	—	—	—
87	Venerische Krankheiten	1	1	5	—	7	3	—	—	—	3	2	1	—	3	1	1	—	—	—	1	—	—	—	—	3
88	Beinfrass	1	—	1	—	3	1	—	—	—	1	1	—	—	1	1	—	—	—	1	—	—	—	—	—	—
89	Drüsenkrankheit	—	1	—	1	3	—	—	—	—	—	—	—	—	—	—	—	—	—	—	—	—	—	—	—	—
90	Schwermuthe	—	—	1	—	1	—	—	—	—	—	—	—	—	—	—	—	—	—	—	—	—	—	—	—	—
91	Pulsaderbruch	1	—	—	—	1	—	—	—	—	—	—	—	—	—	—	—	—	—	—	—	—	—	—	—	—
92	Scharbock	—	—	—	1	1	—	1	—	1	—	1	—	—	—	—	—	—	—	—	—	—	—	—	—	—
93	Handblut	1	—	—	—	1	—	—	—	—	—	—	—	—	—	—	—	—	—	—	—	—	—	—	—	—
94	Verletzung des Gehirns	—	—	—	—	3	1	—	—	—	—	—	—	—	—	—	1	—	1	—	—	—	—	—	—	—
95	Im Halse geschnitten worden	—	1	—	—	1	—	1	—	—	—	—	—	—	—	—	—	—	—	—	—	—	—	—	—	—
96	Ausschürung des Gehirns	—	—	—	—	—	1	—	—	—	1	3	—	—	—	—	—	—	—	—	—	—	—	—	—	—
97	Am Brand von Feuer	—	—	—	—	—	—	—	1	—	1	—	—	—	—	—	—	—	—	—	—	—	—	—	—	—
98	Fleischschwamm	—	—	—	—	—	—	—	—	—	—	—	—	—	—	—	1	—	—	—	1	—	—	1	—	1
99	Fistelschäden	—	—	—	—	—	—	—	—	—	—	—	—	—	—	—	—	—	1	—	1	—	—	1	—	1
100	Alter	130	—	153	—	295	94	—	165	—	259	126	—	164	—	290	127	—	166	—	293	115	—	225	—	340
101	Melancholie	11	—	24	—	19	7	—	8	—	15	7	—	3	—	10	7	—	3	—	3	10	—	11	—	21
102	Ohnmacht	—	—	—	—	—	—	—	—	—	—	—	—	—	—	—	—	—	—	—	—	—	—	—	—	—
103	In der Mühle verunglückt	—	—	—	—	—	1	—	—	—	1	—	—	—	—	—	—	—	—	—	—	—	—	—	—	—
104	Beim Bau verunglückt	1	—	—	1	1	—	—	—	—	—	1	—	—	—	—	—	—	—	—	—	—	—	—	—	—
105	Todt gefallen	4	—	3	—	7	7	—	1	—	8	4	3	3	—	10	6	1	1	—	8	6	1	1	—	9
106	Verbrüht	1	—	—	—	1	—	—	—	—	—	—	—	—	—	—	—	1	—	1	2	1	—	—	—	1
107	Übergefahren	—	1	—	—	1	3	—	—	—	1	—	—	—	—	—	—	—	—	—	1	—	1	—	—	1
108	Ertrunken	4	—	1	1	6	4	—	—	—	4	5	1	3	—	9	4	—	1	—	5	7	3	1	—	10
109	Selbst erhängt	6	—	—	—	6	—	—	1	—	—	1	—	—	—	1	1	—	—	—	1	4	—	3	—	6
110	An Verbrennung	1	—	3	—	1	1	—	—	1	3	—	—	—	—	—	—	—	—	—	—	1	—	3	—	—
111	Niedschlossen	—	—	—	1	1	1	—	—	—	3	—	—	—	—	—	—	—	—	—	—	—	—	—	—	—
112	Abgezehret	1	—	—	—	1	—	—	—	—	—	—	—	—	—	—	—	—	—	—	—	—	—	—	—	—
113	Von einer Thurstange erschlagen	1	—	—	1	1	—	—	—	—	—	—	—	—	—	—	—	—	—	—	—	—	—	—	—	—
114	Vom Kohlendampf erstickt	—	—	1	—	1	—	—	—	—	—	1	—	—	1	1	—	—	—	—	—	—	—	—	—	—
115	Beim Reiten todtgedrückt	1	—	—	—	1	—	—	—	—	—	—	—	—	—	—	—	—	—	—	—	—	—	—	—	—
116	An Quetschung des Rückgrads	1	—	—	—	1	1	—	—	—	1	—	—	—	—	—	—	—	—	—	—	—	—	—	—	—
117	Unglücklicherweise erschossen	—	—	1	—	1	—	—	—	—	—	—	—	—	—	—	1	—	1	—	1	—	—	—	—	—
118	In Abzehr gewesen und erstickt	—	—	1	1	1	1	—	—	—	1	—	—	—	—	—	—	—	—	—	—	—	—	—	—	—
119	Aus dem Fenster gestürzt	—	—	1	—	1	—	—	—	—	—	—	—	—	—	—	—	—	—	—	1	1	—	1	—	2
120	In der Sandgrube verschüttet	1	—	—	—	1	3	—	—	—	1	—	—	—	—	—	1	1	—	—	1	—	—	—	—	—
121	Erschossen	—	—	—	1	1	3	—	—	—	1	3	—	—	—	—	1	1	—	—	1	—	—	—	—	—
122	Plötzlich gestorben	—	—	1	—	1	1	—	—	—	—	—	—	—	—	—	1	—	—	—	1	—	—	—	—	—
123	Schlafsucht	—	—	—	—	—	1	—	—	—	1	—	—	—	—	—	—	—	—	—	—	1	—	—	—	—
124	Von Pferde geschlagen	—	—	—	—	1	1	—	—	—	1	—	—	—	—	—	1	1	—	—	—	—	—	—	—	—
125	Von einem Dachziegel getödtet	—	—	—	—	—	—	—	1	—	1	—	—	—	—	—	—	—	1	—	1	—	—	—	—	—
126	Von Bleischaden gestorben	—	—	—	—	—	—	—	1	—	1	—	—	—	—	—	—	—	—	—	—	—	—	—	—	—

	1ter Advent 17..					1ter Advent 17..					1ter Advent 17..					1ter Advent 17..					1ter Advent 17..				
	männlichen Geschlechts		weiblichen Geschlechts		Summa totalis	männlichen Geschlechts		weiblichen Geschlechts		Summa totalis	männlichen Geschlechts		weiblichen Geschlechts		Summa totalis	männlichen Geschlechts		weiblichen Geschlechts		Summa totalis	männlichen Geschlechts		weiblichen Geschlechts		Summa totalis
	Er-wachs.	Uner-wachs.	Er-wachs.	Uner-wachs.		Er-wachs.	Uner-wachs.	Er-wachs.	Uner-wachs.		Er-wachs.	Uner-wachs.	Er-wachs.	Uner-wachs.		Er-wachs.	Uner-wachs.	Er-wachs.	Uner-wachs.		Er-wachs.	Uner-wachs.	Er-wachs.	Uner-wachs.	
107 Todt geblieben	—	—	—	—	—	1	—	—	—	1	—	—	—	—	—	—	—	—	—	—	—	—	—	—	—
108 Sehst den Hals abgeschnitten	—	—	—	—	—	—	—	1	—	1	—	—	—	—	—	—	—	1	—	1	2	—	—	—	—
109 Todt gelabren	—	—	—	—	—	—	—	—	—	—	—	—	—	—	—	1	—	—	—	1	—	—	—	—	—
110 An vergifteten Raisen	—	—	—	—	—	—	—	—	—	—	—	—	—	1	—	—	—	—	—	—	—	—	—	—	—
111 Ermordet	—	—	—	—	—	—	—	—	—	—	—	—	—	—	—	1	—	—	—	1	1	—	—	—	—
112 Zersprengung	—	—	—	—	—	—	—	—	—	—	—	1	—	—	—	—	—	1	—	1	—	—	—	—	—
113 Vom Geruch im kupf. Kessel gestorb. Beherrn	—	—	—	—	—	—	—	—	—	—	—	—	—	—	—	—	—	—	—	—	—	—	—	—	—
114 Ungenannte Krankheiten	3	9	2	5	19	1	3	2	—	5	3	3	9	2	8	2	5	2	4	9	—	—	—	—	—
Summe	1338	1642	2129	1909	5738	1201	1135	1656	1633	4325	1314	1343	1335	1338	5270	1229	1532	1135	1366	5082	1030	1522	1311	1317	5196

Die Zahl der Gestorbenen von 17.. bis 17.. beträgt 53784. Unter diesen starben an Schwindsucht und Auszehrung 9913, welche sich zu der Summa aller Gestorbenen verhalten wie 1 zu 5,...

Durch Unglücksfälle, Todtschlag, Selbstmord, kamen gewaltsamer Weise 305 Personen von 17.. bis 17.. ums Leben.

Die Zahl derer in dem Zeitraum von 1779 bis 1794 Gebornen beträgt 76331, der Gestorbenen 76214. Es sind also 117 mehr geboren als gestorben.

Erwachsene starben in diesem Zeitraum 36206, Unerwachsene starben 40008, also starben 3802 Unerwachsene mehr als Erwachsene.

Kinder wurden geboren 76331. Davon starben 40008. Es verhalten sich also die gestorbenen Kinder zu den in diesem Zeitraum gebornen wie 1 zu 1,... Mehr als die Hälfte der Gebornen stirbt also in den Kinderjahren.

IV.

ZUSTAND UND VERFASSUNG DES MEDICINALWESENS IN BERLIN.

Die Erhaltung der Bürger überhaupt, die Sicherstellung gegen verheerende Seuchen, so wie eine angemessene und thätige Hülfe bei Krankheiten und gefährlichen, dem Leben der Menschen drohenden Uebeln, gehören unter die heiligsten und wichtigsten Pflichten einer guten Regierung. Eben deswegen aber ist der Zustand und die Verfassung des Medicinalwesens in einem Lande ein der Aufmerksamkeit und der Fürsorge des Staats sehr würdiger Gegenstand, indem die Mängel und Vorzüge desselben auf den Untergang oder auf die Erhaltung der Bürger den unbezweifeltsten Einfluſs haben. Ohne mich hier auf die Erörterung der oft im Ernst und Spott aufgeworfenen Frage: ob die Arzneiwissenschaft dem Staate überhaupt mehr nützlich als schädlich sei? weitläuftig einzulassen, glaube ich mit Zuverlässig-

keit behaupten zu können, dafs sô lange die Ausübung dieser Wissenschaft in einem Lande allgemein
eingeführt ist, und unter dem Schutze der Regierung steht, es ein besonderer Gegenstand der Staats-
klugheit seyn mufs, auf dieselbe ein stets aufmerk-
sames und wachsames Auge zu richten. Der Nachtheil, welcher aus der Vernachlässigung der Pflichten
der Aerzte, aus der Pfuscherei und Quacksalberei in
einer Wissenschaft, die in der Ausübung eben so
viel erworbene Kenntnisse, als natürliche Fähigkei-
ten erfordert, für den Staat erwächst, ist eben so
grofs, als mannigfaltig und heilsam die Vortheile
sind, welche derselbe aus einer zweckmäfsigen und
guten Einrichtung des Medicinalwesens sich mit Gewifsheit versprechen kann.

Der Umfang des Medicinalwesens ist sehr grofs,
und die mannigfaltigen Zweige, woraus dasselbe besteht, vermehren die Schwierigkeiten, welche sich
einer zweckmäfsigen Einrichtung entgegen stellen.
Die Erhaltung der Gesundheit der Staatsbürger ist
der Zweck des ganzen Medicinalwesens.

Die Mittel, diesen wichtigen Zweck zu erhalten,
sind aber mannigfaltig und oft mühsam, und es gehört dazu von Seiten der Regierung eben so viel
Thätigkeit und Fürsorge, als von Seiten der Medicinalpersonen Geschicklichkeit, Kenntnisse, Einsich-
ten und guter Wille dazu erfordert werden.

Unter Medicinalwesen begreife ich alle Einrichtungen; welche zum Endzweck haben, die Gesundheit der Menschen zu erhalten, sie für Krankheiten
so viel als möglich sicher zu stellen, und bei Entstehung derselben, ihnen die schnellste und zweckmäfsigste Hülfe zu verschaffen. Es gehören also alle
öffentliche Anstalten für die medicinische Aufklärung und für die gute Verfassung der praktischen Arz-
neikunst, hieher; als: Medicinalanstalten wider die
der Gesundheit und dem Leben nachtheilige Gewohnheiten; Medicinalanstalten für Schwangere und
Gebärende, für Arme, Wahnwizzige, Kriminal-
Verbrecher, für die verschiedene Klassen der für den
Staat arbeitenden Menschen; Medicinalverfassung für
die Armee, für Handwerker, für das Landvolk, mit
einem Worte, alle Anstalten, welche zur Verbesserung der praktischen Arzneiwissenschaft, der medicinischen Polizei, und der gerichtlichen Arzneikunde bei uns statt finden. Ich werde mich bemü-
hen, alles dahin gehörige mit der gröfsten Wahr-
heitsliebe und Freimüthigkeit aufzuzeichnen, und
wenn ich in irgend einem Punkte irre, und der deshalb mühsam angestellten Untersuchungen ohngeachtet, dennoch falsch unterrichtet bin, so wird mir
jede Belehrung und Zurechtweisung willkommen
seyn. Vielleicht wird es nicht ganz ohne Interesse
sowohl für meine Mitbürger, als für Ausländer seyn,
zu erfahren, was bis jezt in einer durch ihre glückliche Verfassung, und durch die Aufklärung ihrer
Bewohner merkwürdigen Stadt in Absicht des Me-

dicinalwesens bisher geleistet worden, was bisher in dieser Rücksicht unversucht geblieben, oder fruchtlos versucht worden ist, und welches der gegenwärtige Zustand der Arzneiwissenschaft daselbst sei.

VON DEN MEDICINISCHEN EINRICH-TUNGEN.

I.
MEDICINISCHE LANDESCOLLEGIA.

1. Ober - Collegium medicum.

Das erste und älteste Medicinal - Collegium ist das Ober - Collegium medicum*). Es wurde von Churfürst Friedrich Wilhelm 1685 ein churfürstlich Collegium gestiftet, welches alle Medicinalsachen im Lande besorgen sollte, und bei welchem alle Aerzte, Wundärzte, Bader, Apotheker und Hebammen nach vorhergegangener Prüfung, die Approbation nachsuchen mußsten. Dieses Collegium hatte die specielle Aufsicht über alle Medicinalangelegenheit in Berlin und dem ganzen Lande, doch so, daßs es geschickte Aerzte in den Hauptstädten der Chur- und Neumark zu Adjunk-

*) S. Nicolai Beschreib, von Berlin, 1. Theil. b. 539.

ten ernannt hatte, welche von dem Zustande des Medicinalwesens Bericht erstatten, und die erhaltenen
Aufträge ausrichten mufsten. Zwistigkeiten unter
diesen Adjunkten und den Mitgliedern des Collegii
medici veranlafsten aber noch unter derselben Regierung die Aufhebung der Ersteren. Unter Churfürst Friedrich den Dritten erhielt dieses Collegium
ein grösseres Ansehen, und einen grösseren Wirkungskreis. Das 1682 entworfene Medicinaledikt
wurde mit einer Medicinaltaxe und Apothekerord-
nung vermehrt, und unterm 30. Aug. 1693 publicirt *)
und dem Collegio ein Fiscal zugeordnet, welcher,
auf Begehren des Collegii, wider die Uebertreter
dieser Verordnung rechtlich verfahren sollte. Auch
erhielt es einen Etatsrath zum Präsidenten. Unter
dem Churfürsten Friedrich Wilhelm wurde in jeder
Provinz ein besonderes Collegium medicum errichtet, und das zu Berlin befindliche zum Ober-Collegium medicum 1725 ernannt. Es wurde diesem
Obercollegio der privative Verkauf der 1725 abgefafs-
ten neuen Medicinalverordnung, des Dispensatorium
Borusso-Brandenburgicum, und der Medicinaltaxe
zugesichert. Dieses Ober-Collegium sollte nach der
Stiftung, aus den wirklichen Hofräthen, dem Leib-
und Hofarzte, dem Stadtphysico und den ältesten
hiesigen Aerzten bestehen, dabei ein Decanus und
Vicedecanus gewählet, auch der Generalchirurgus

---

*) S. Mylius corp. cont. March. IV. Theil. V. Absch.
Cap. I. XVI.

und Hofapotheker, nebst zwei Assessoren der Chirurgie und Pharmacie zugezogen werden.

Seit dieser Zeit ist die Verfassung des Obercollegii medici ziemlich unverändert geblieben. Es besteht gegenwärtig aus einem Chef, (Herrn Oberconsistorial-Präsidenten und Landschafts-Director von der Hagen), einem Director (Herrn Geh. Finanz-Rath Schulze) und aus den folgenden Mitgliedern (gegenwärtig Hrn. Geh. Rath Roloff, Hrn. Doct. Kurella, Hrn. Doct. Pelisson, Arzt der franz. Colonie, Hrn. Professor Sprögel, Hrn. Gen. Chirurgus Theden, Hrn. Geh. Rath Mayer, Hrn. Doct. und Stadtphysikus Welper, Hr. Dr. Formey, und aus einem Justitiarius, Hrn. Geh. Rath von Kahle.)

Der Stadt-physikus und der älteste Arzt der französischen Colonie, sind beständige Mitglieder dieses Collegii, und werden nicht gewählt. Letzterer hat die Vorträge der Sachen vor der französischen Colonie, bei den übrigen Vorträgen hat er aber kein Votum. Er erhält auch nur die Approbations-Gebühren der französischen Medicinalpersonen nach Abzug dessen, was bei der Casse bleibt. Die Uebrigen werden durch das Collegium selbst gewählt, und von dem General-Directorio approbirt, oder von des Königs Majestät höchst selbst dazu ernannt.

Zu den bei diesem Collegio vorfallenden chi-

rurgischen und pharmaceutischen Prüfungen werden zwei Chirurgi und zwei Apotheker zugezogen.
Auch ist ein Obermedicinal-Fiscal dabei angestellt.

Dieses Collegium, welches ein Landes-Collegium
ist, rescribirt im Namen des Königs, und war ehedem ein völlig unabhängiges Collegium. Unter der
gegenwärtigen Regierung ist es aber als eine eigentliche Polizeyanstalt dem General-Directorio subordi-
nirt worden   Uebrigens ist es aber bei seinem vorigen Ansehen und seinen Prärogativen geblieben.
Unter den Räthen und Mitgliedern sind die Königl.
Provinzen (Schlesien ausgenommen) in verschiedene
Departements vertheilt.   Die Räthe haben kein fest
stehendes Gehalt.   Zum Fond sind theils die für die
Expedition festgesetzten Gebühren, theils auch die
vom Verlag der Medicinal-Bücher eingehenden Gelder angewiesen worden.   Der Betrag dieser Gelder
wird alljährlich zu gleichen Theilen zwischen dem
Director, den Räthen und den Rendanten getheilt.
Der Secretair, Registrator und Canzelist, haben einen
feststehenden Gehalt, und der Chef hat weder Antheil an den Sporteln noch sonst einigen Gehalt,
sondern versieht seinen Posten unentgeldlich.

Das Obercollegium medicum wacht über die
Aufrechthaltung der Medicinal-Gesetze im ganzen
Lande, (Schlesien ausgenommen) und ist als ein
doppeltes Collegium, nehmlich als das Collegium
medicum der Churmark, und als das Obercollegium

P

für die Provinzial Collegien anzusehen. Von der ersten Seite betrachtet, hat es die erste Instanz in der Churmark über alle Medicinalsachen, das Erkenntnifs über die Bezahlung der Aerzte, und spricht in medicinisch - gerichtlichen Fällen, auch in den davon abhängenden Inquisitions - Sachen; auch werden auf Verlangen Responsa über Krankheiten von demselben ertheilt. Der Decanus bei diesem Collegio ist verbunden, die medicinischen gerichtlichen Sachen, nach der Stimmen - Mehrheit allein zu bearbeiten, und erstattet die Gutachten darüber. Endlich gehört dahin die unmittelbare oder durch die Physik auszurichtende Prüfung der untern Medicinal-Personen. Das allgemeine Gesetz, wornach das Ober - Collegium medicum, und die ihm subordinirten Provinzial - Collegia medica, sich in allen Fällen richten, ist das Medicinal-Edikt, oder die sogenannte Medicinalordnung von 1725, sammt deren Deklaration von 1727, welche bis auf einige getroffene Abänderungen völlige Gesetzkraft hat.

Als Ober - Collegium medicum hat es die Approbation der Aerzte, und ist die zweite Instanz in Fällen, wo bei den Provinzialkollegien gesprochen, von den Partheyen aber appellirt worden. Es ist hiebei zu merken, dafs auch eine dritte Instanz hier statt findet, nehmlich das Ober - Revisionscollegium.

Zur Vollstreckung der Urtheile aufser der Churmark, müssen die Regierungen oder Kammern an-

gesprochen werden, die zur schnellsten Hülfe angewiesen sind.

Auch werden ausschliefsend beim Ober-Collegio
medico in zweifelhaften Criminal-Fällen, wegen
Tödlichkeit der Wunden, vermuthligen Kinder-
mords, Vergiftung u. s. w. die Gutachten eingeholt.

Unter diesem Collegio stehen in Medicinalsachen
alle Untergerichte, und alle einzelne Particuliers,
nicht blofs, wie in den meisten andern Ländern,
Medicinalpersonen.

Bei Besetzung der Physikate, einige ausgenommen, wird es befragt, ob der Vorgeschlagene Fähig-
keiten und hinlängliche Kenntnisse zu solchem
Amte besitze *). Wenn ein approbirter Arzt
sich zu einem Physikat meldet, mufs er zuvörderst
nachweisen, dafs er seinen Cursum anatomicum
sehr gut gemacht hat, weil ein Physikus vorzügliche
Kenntnisse in der Anatomie haben mufs; alsdenn
werden ihm einige Themata medico legalia zur Ausarbeitung gegeben, und wenn er dieselben gut und
gründlich und ohne jemands Beihülfe, (welches
letzteres er eidlich erhärten mufs) ausgearbeitet hat,
so wird ihm vom Ober-Collegio medico ein Zeug-

P 2

---

*) S. Pyls Magazin für die gerichtliche Arzneykunde
und med. Polizey. 2ter Band. p. 58.

nifs darüber ertheilt. Dergleichen Physici sind in der Churmark 38, in der Neumark 18, in Ost-preufsen 14, in Westpreufsen 11, im Herzogthum Pommern 14, im Herzogthum Magdeburg 9, im Fürstenthum Halberstadt 4, im Mindenschen und Ravensbergischen 5, im Herzogthum Cleve 6, in der Grafschaft Mark 5, im Fürstenthum Meurs 1, im Fürstenthum Ostfriesland 4, in der Grafschaft Hohenstein 2, welche sämmtlich einen fixirten jähr-lichen Gehalt haben.

Wenn ein Arzt in den preufsischen Staaten die Arzneywissenschaft ausüben will, so mufs sich derselbe *)

1) Bei dem Ober - Collegio melden, und durch Documente nachweisen, dafs er auf Universitä-ten studirt habe, und in Doctorem medicinae promovirt sey, zu dem Ende auch zwölf Exemplaria seiner öffentlich vertheidigten Streit-schrift, und das darüber erhaltene Doctorats-Diplom im Original einreichen.

2) Es ist derselbe verbunden, laut Verordnung vom 4ten Februar 1791, wenn er nicht bereits auf der Universität das Clinicum gehört und be-

---

*) S. Nachricht von den Medicinal - Anstalten und medicinischen Collegiis in den preufs. Staaten, von Herrn v. d. Hagen. Halle 1786.

suchet, und deshalb Zeugnisse beibringt, das in
Berlin errichtete clinische Institut fleifsig zu besuchen, und wird nicht eher zum Curso anatomico zugelassen.

5) Wenn er diesen Erfordernissen Genüge geleistet hat, so erhält er vom Ober-Collegio medico
die Erlaubnifs, beim Collegio medico chirurgico
seinen anatomischen Cursum zu machen. Von
diesem Collegio werden ihm sodann sechs anatomische Demonstrationen aufgegeben. Diese
ist er verbunden, selbst an den ihm dazu gegebenen Cadaver auszuarbeiten, und öffentlich zu
demonstriren, und erhält sodann ein Attestat,
ob er den Cursum gut oder schlecht verrichtet
habe? welches er beim Ober-Collegio medico
einreichen mufs, damit seine anatomische
Kenntnisse darnach beurtheilet werden können.

4) Durch eine Kabinetsordre vom 15ten December
1789 ist überdem der Befehl ergangen, dafs damit nur recht geschickte Aerzte und Wundärzte in den königlichen Staaten admittirt werden möchten, sowohl angehende Aerzte, als
Wundärzte, wenn sie auch gleich den anatomischen Cursum absolvirt haben, dennoch nicht
eher praktisiren sollen, bis sie nicht noch einmal
öffentlich und scharf geprüfet worden. Diese
öffentliche Prüfung wird von vier Mitgliedern
des Ober-Collegii medici und des Collegii me-

dici chirurgici, davon aus jedem Collegio zwei
Mitglieder nach der Tour jedesmal deputirt werden, in dem öffentlichen Versammlungssaale
des Ober-Collegii medici oder auf dem Theatro
anatomico vorgenommen. Die Prüfungen werden über die wichtigsten Theile der Medicin
und Chirurgie in deutscher Sprache abgehalten,
und aufser den Pensionairchirurgis werden auch
diejenige Studirende, welche sich deshalb beim
Chef oder den Professoren gemeldet, zugelassen. Das zu ertheilende Zeugnifs über die Tüchtigkeit oder Untüchtigkeit der Examinirten, geschieht nach der Mehrheit der Stimmen der er-
nannten Commission, und wenn solche unent-
schieden ist, so giebt die Stimme des ältesten
Examinatoren den Ausschlag. Keinem Arzte
oder Wundarzte wird nach abgelegtem Cursus
die Approbation zur Praxis vom Ober-Collegio
medico eher ertheilt, als nach beigebrachtem
Zeugnifs seiner bei dieser Prüfung bewiesenen
Tüchtigkeit.

5) Lautet nun das Attest des verrichteten Cursus
sowohl als das Zeugnifs der überstandenen Prüfung vortheilhaft, so wird vom Ober-Collegio
medico dem angehenden Arzte ein Casus medico
practicus in lateinischer Sprache aufgegeben, im
entgegen gesetzten Falle wird er abgewiesen, und
darf in den preussischen Staaten die Arzneiwissenschaft schlechterdings nicht ausüben.

6) Diese Ausarbeitung mufs der junge Arzt binnen vier Wochen beim Ober-Collegio medico
einreichen, alsdann circulirt sie bei den medicinischen Mitgliedern des Collegii, welche ihr
Gutachten darüber schriftlich abgeben, und wenn
sie gründlich und zweckmäfsig befunden worden, so wird ihm die Approbation als praktischer Arzt auf denjenigen Ort, wo er sich niederlassen will, und die Befugnifs, innere Kuren
zu verrichten, ertheilt. Hierauf wird er in Eid
und Pflicht genommen, wobei er zugleich eidlich erhärten mufs, dafs er den ihm aufgegebe-
nen casum medico practicum selbst, ohne je-
mandes Beihülfe, in lateinischer Sprache ausgearbeitet habe. Von der besondern Ausarbeitung, welche diejenigen Aerzte, die Physikate
zu erhalten wünschen, noch aufserdem zu verrichten schuldig sind, haben wir schon im Vorhergehenden das Nöthige beigebracht.

Wenn ein Wundarzt in Berlin oder überhaupt
in den preussischen Staaten seine Kunst ausüben will,
mufs derselbe

1) in der Churmark dem Ober-Collegio medico,
und in andern Provinzen dem Provinzial-Col-
legio medico den Ort anzeigen, wo er sich niederlassen will, und zugleich nachweisen, dafs
er eine Barbierstube acquiriret habe, oder ein
Attest der Krieges- und Domainenkammer, oder

des. Magistrats beibringen, daſs er sich als Wundarzt daselbst niederlassen könne.

2) Muſs er durch glaubhafte Dokumente darthun, daſs er drei Jahr die Chirurgie erlernet, (das heiſst, bei einem approbirten Wundarzt als Lehrling gewesen sei,) sieben Jahr serviret oder conditionirt; dies conditioniren besteht darin: daſs ein ausgelernter Lehrling bei einem approbirten Wundarzt als Geselle gewesen sei, oder aber während dieser Zeit unter einem Regiment als Wundarzt gedient, und wenn er enrollirt ist, den Abschied erhalten habe.

Gehört der Ort unter die Städte, wo die Verrichtung des Cursus nach der Medicinalordnung nöthig ist, so wird der Kandidat, nach vorhergegangener Prüfung des Stadtphysici, mit Zuziehung des Amts der Wundärzte zum Cursus zugelassen, und es werden demselben vom Collegio medico chirurgico zwei anatomische Demonstrationen und sechs chirurgische Operationen aufgegeben, die er öffentlich demonstriren und verrichten muſs.

3) Wenn das vom Collegio medico chirurgico ertheilte, beim Ober-Collegio medico einzureichende Attest vortheilhaft lautet, so wird er auf dieselbe Art, wie die Aerzte, von einer Deputation des Ober-Collegii medici und chirurgici ge-

prüfet. Bei der Prüfung eines Wundarztes müssen aber allemal ein Professor und die Assessores Chirurgae gegenwärtig seyn.

Wenn der Kandidat sich an einem Orte ansezzen will, wo die Verrichtung des Cursus nicht erforderlich ist, so wird derselbe gleich nach der von dem Physiko vorgenommenen Prüfung zum Examen zugelassen, und wenn er gut bestanden ist, so wird ihm die Approbation zur Verrichtung äufserlicher Kuren von dem Ober-Collegio medico ertheilet, und derselbe vereidet.

Bisweilen wird auch dem im Examen nur mittelmäfsig bestandenen Wundarzte, anstatt der Approbation blos die Concession zum Rasiren, Schröpfen und Aderlassen ertheilet. Will aber ein Chirurgus Assessor eines Collegii medici, oder Kreiswundarzt werden, so mufs er schlechterdings seinen Cursum gemacht haben.

Die Bader, welche vorhero eine eigene Klasse ausmachten, sind durch das Patent vom 10. Jul. 1779. mit den Wundärzten völlig vereiniget, und haben gleiche Rechte mit ihnen erhalten *)

Wenn ein Apotheker sich in den preussischen Staaten etabliren will, so mufs er nachweisen:

---

*) S. Mylius Continuat. der Edikte von 1779. p. 1594.

Dafs er entweder mit einem Apothekerprivile-
gio auf den Ort, wo er sich niederlassen will,
versehen sei, oder dafs er eine privilegirte Apotheke an sich gebracht habe. Hiernächst mufs
er durch seinen Lehrbrief darthun, dafs er die
Apothekerkuust ordentlich erlernet, und sieben
Jahr als Geselle gedient habe.

Läfst er sich an einem grofsen Orte nieder, welcher die Verrichtung des Cursus erforderlich macht,
so mufs er die Erlaubnifs dazu vom Ober-Collegio
medico erhalten, meldet sich sodann beim Collegio
medico chirurgico, und mufs daselbst die ihm auf-
gegebenen chemischen Untersuchungen und pharmaceutischen Arbeiten öffentlich bearbeiten und vor-
tragen, sich aus der Botanik prüfen lassen, und das
darüber erhaltene Attest beim Ober-Collegio medico
einreichen.

Geschieht die Niederlassung an einem Orte, wo
die Verrichtung des Cursus nicht erforderlich ist, so
wird er blos examinirt, das Examinationsprotokoll
eingesandt, und wenn er hinreichende Geschicklichkeit gezeigt hat, wird er approbirt und verpflichtet.

Den Apothekern steht die Verfertigung der Me-
dicamente und aller Verkauf derselben in geringern
Quantitäten und des distilirten Oels, privative zu.
In kleinern Städten wird ihnen auch zugleich der
Handel mit allen Materialwaaren frei gegeben.

Die hinterbliebenen Wittwen der Apotheker, und diejenigen Apotheker, welche Alters oder anderer Umstände wegen, ihren Apotheken nicht selbst vorstehen können, sind verbunden, einen examinirten und vom Ober-Collegio medico approbirten und vereideten Provisor zu halten, der aber nicht nöthig hat, den Cursum gemacht zu haben. Wenn aber ein Apotheker Assessor eines Collegii medici seyn will, muſs er seinen Cursus gut verrichtet haben.

Es ist sowohl bei den Wundärzten als bei den Apothekern eine besondere Einrichtung mit der nothwendigen Verrichtung oder Entbehrlichkeit des Cursus. In Berlin müssen alle Wundärzte und Apotheker cursirt haben, und in kleinen Städten einige Meilen von hier, werden ihnen die Ausübungen derselben Geschäfte ohne diese Prüfung gestattet. Allein gerade an kleinen, von guter Hülfe mehr entblöſsten Orten, wäre die Ansezzung geschickter Leute um so nothwendiger.

Obgleich die Apotheker bei uns seit mehreren Regierungen in genaue Aufsicht genommen, und beträchtlich reformirt worden, so ist dennoch nicht allen Mifsbräuchen abgeholfen, welches auch unmöglich zu seyn scheint. So sollte billig kein Apotheker ohne Verordnung eines Arztes oder Wundarztes Arzneien verfertigen und ausgeben, und kein Recept von unbefugten Leuten annehmen und verfertigen; allein dies geschieht täglich.

Unser Dispensatorium gehört noch nicht zu den musterhaftesten, obgleich die 1781 veranstaltete neue Ausgabe merkliche Verbesserungen erhalten hat. Es enthält noch eine grofse Anzahl unwirksamer Mittel, und einen Wust von veralteten und untauglichen Compositionen. Es ist zwar äufserst schwer, zugleich den Kenner völlig hierin zu befriedigen, und doch den gemeinen Mann, der an einige untaugliche aber auch unschädliche Mittel gewöhnt ist, nicht vor den Kopf zu stofsen. Indessen könnten bei einer neuen Durchsicht des Dispensatoriums noch viele unwirksame oder fehlerhaft zusammengesetzte Mittel ausgelassen, und dagegen wirksame, darin nicht befindliche, aufgenommen werden. Die Apotheken müssen zu unbestimmten Zeiten von dem Stadtphysiko, nebst einem andern Mitgliede des Ober-Collegii medici und einem Deputirten des Magistrats und den beiden Assessoren der Pharmacie des Ober-Collegii medici aufs sorgfältigste untersucht werden. Bei den zu der französischen Colonie gehörigen Apotheken, wird der jedesmalige Arzt derselben, welcher Mitglied des Ober-Collegii medici ist, bei der Visitation zugezogen.

Der Verkauf der Gifte war sonst nur den Apothekern erlaubt, und durch eine Verordnung von 1751 befahl der Staatsrath, dafs zur Vermeidung alles Unglücks, den Materialisten und Gewürzkrämern der Debit alles Giftes gänzlich untersaget, und solcher blos den Apothekern überlassen seyn sollte. Durch

eine Verordnung von 1752 aber wurde den Materialisten der Verkauf vieler giftiger Waaren verstattet,
und die vorige Einschränkung nur auf den Arsenik,
Cobolt, Sublimat und rothen Präcipitat beibehalten,
und zwar in der Art, dafs den Materialisten der
Handel en gros selbst mit diesen Giften nachgelassen
wurde.

Der Gebrauch aller bleyernen und kupfernen
Gefässe ist in den Apotheken untersagt, und Geschirr von Porcellan an deren Stelle zu nehmen befohlen.

Auch wegen der Receptur und Vorsicht mit den
Recepten, sind die Apotheker aufs schärfste zur
gröfsten Aufmerksamkeit angewiesen. Kein Lehrling
darf ein Recept verfertigen, wenn er nicht schon
3 Jahre die Apothekerkunst erlernt hat, und selbst
dann nur unter Aufsicht eines Gesellen oder Provisors.
Diese aber sind angewiesen, kein angefangenes Recept einem andern zu übertragen, sondern die Verfertigung desselben ununterbrochen zu beendigen.
Die Signaturen müssen deutlich und genau geschrie-
ben, mit dem Datum, Jahreszahl und Namen des
Apothekers versehen seyn *).

Die Anzahl der Apotheken wurde durch eine
Verordnung vom 27. Dezember 1752 auf neun Deut-

*) S. Medic. Ordnung.

sche und vier Französische festgesetzt. Jetzt sind aber
ohne die Hofapotheke 19 deutsche und 3 französische,
also zusammen mit der Hofapotheke 23 hier befindlich.

Wir haben zwar eine Medicinal-Taxe, welche
vom Ober-Collegio medico herausgegeben worden,
da solche aber vom Jahre 1749 ist, und sich die
Preise der Waaren seit dieser Zeit so sehr verändert
haben, so ist sie völlig unbrauchbar geworden, und
macht eine neue Taxe schlechterdings nothwendig.

2. *Ober-Collegium Sanitatis.*

Das zweite medicinische Collegium im Lande
ist der Sanitätsrath. Es wurde 1719 bei Gelegenheit
der damals in Siebenbürgen, Ungarn und Polen
grafsirenden Pest, deren Verbreitung nach hiesigen
Landen König Friedrich Willhelm durch die Veran-
staltungen dieses Collegii zu verhindern die Absicht
hatte, gestiftet. Man nannte es daher auch gleich
anfänglich das Pest-Collegium, und die Mitglieder
desselben wurden aus hohen und niedern Collegiis,
und besonders unter der Handelschaft kundigen Män-
nen und Aerzten gewählt. Auch hatte es einen Ge-
neral-Lieutenant zum Chef, um im Fall benöthigter
militairischer Hülfe das Erforderliche sofort verfügen
zu können. Die unterm 29. August 1719 diesem
Collegio ertheilte Instruktion bestimmt die Verrich-
tungen desselben, und es heifst unter andern darin:

„dafs es die Aufsicht habe über dasjenige, was un-
„sere Provinzen von der pestilenzialischen Seuche
„und andern ansteckenden Krankheiten präserviren
„und schützen, wie auch das Viehsterben, so weit
„es möglich, abwenden könne."

Bald darnach wurden auch in den mehresten
Provinzen Provinzial Sanitäts - Collegia angeordnet,
die mit den dortigen Krieges - und Domainenkam-
mern, in eben den Verhältnissen stehen, als das
Ober - Sanitätscollegium mit dem General-Direktorio
und der Churmärkischen Kammer, dafs sie nehmlich von den Königl. Kameralbedienten um Rath
befragt werden, wenn Seuchen unter Menschen und
Vieh die Wachsamkeit einer aufmerksamen Polizey
erfordern. Die Provinzial - Collegia Sanitatis corre-
spondiren mit dem Ober - Collegio Sanitatis, und
stehen mit demselben in eben den Verhältnissen als
die Provinzial-Collegia medica mit dem Ober - Collegio medico.

Anfänglich hatte dieses Collegium nur auf Epidemien und ansteckende Krankheiten unter Menschen und Vieh eine genaue Aufsicht. Nachher ist
aber alles, was zur medicinischen Polizey gehört,
dahin verwiesen worden; so dafs darüber öfters
Gutachten von andern Collegien, besonders vom General - Directorio und der Churmärkischen Kammer
eingeholt werden. Es stellt Untersuchungen an über
die Verfälschung der Weine, Essige und Biere, über

Brot, die Verglasung der Töpferwaaren und andere
dergleichen, als das Begraben der Todten in der
Stadt, die Verunreinigung des Wassers und andere
der Gesundheit schädliche Dinge.

In der Churmark müssen die Physici unmittelbar an das Ober-Collegium Sanitatis berichten, und
bei Viehseuchen bekommen sie von diesem Collegio
Anweisungen zur Vorbauung und Heilung derselben.

Dieses Collegium ist gewifs eines der nöthigsten
und nützlichsten, und besteht aus einem Chef, (gegenwärtig den um diese Anstalt so sehr verdienten
geheimen Finanz-Rath von Ernsthausen) aus mehreren Aerzten und aus einem Mitgliede der Churmärkischen Kammer und einem des Magistrats der Re-
sidenzen. Gegenwärtig haben die Räthe dieses Collegii einen feststehenden Gehalt, der ihnen unter
der jetzigen Regierung durch Verwendung ihres würdigen Chefs bewilligt worden ist, da sie vorher unentgeldlich dienten, und die geringe Beiträge der
hiesigen und auswärtigen Kammern lediglich zur
Besoldung der Subalternen und zur Anschaffung
einer Bibliothek verwendet wurden.

Dieses Collegium rescribirt im Namen des Königs und versammelt sich des Freitags Vormittags um
10 Uhr so oft es die Geschäfte erfordern.

Unter diesen beiden medicinischen Ober-Collegien zu Berlin stehn sämmtliche preußische Medicinal-Personen, mit Ausnahme der in Schlesien befindlichen, als:

1) Sämmtliche Land- Kreis- und Stadtphysici.

2) sämmtliche Wundärzte,

3) desgleichen die Apotheker,

4) die Hebammen

in Sachen, welche die allgemeine Gesundheits-Erhaltung und Vermeidung der Ausbreitung ansteckender Krankheiten betreffen.

3. *Medicinal-Staab der Armee.*

In der preußischen Armee hat jedes Regiment seinen eigenen Regiments-Chirurgus, welcher bei dem Collegio medico chirurgico studirt und seinen Cursum anatomico-chirurgicum, so wie seine Prüfung, überstanden haben muß. Dieser ist der Arzt und Wundarzt der kranken Soldaten, und ist demselben für jedes Regiment in der Garnison ein eigenes Lazareth angewiesen, welches er mit Beihülfe seiner Compagnie-Chirurgen besorgt.

Sobald aber die Armee zu Felde geht, müssen Feldlazarethe errichtet werden, über welche der Medicinal-Staab die Aufsicht hat. Es besteht derselbe aus:

Q

1) Dem General-Staabsmedicus (gegenwärtig Hrn. Dr. Riemer).

2) Dem Ober-Staabsmedicus, (gegenwärtig Hrn. Dr. Formey).

3) Dem ersten General-Chirurgus, (gegenwärtig Hrn. Dr. Theden).

4) Dem zweiten General-Chirurgus (gegenwärtig Hrn. Dr. Bilguer).

5) Dem dritten General-Chirurgus, (gegenwärtig Hrn. Prof. Mursinna).

Dieser Medicinal-Staab welcher unter einem hohen Ober-Kriegescollegio immediate steht, bekömmt in solchen Fällen den Befehl, alle medicinische und chirurgische zum Feldlazareth nöthige Officianten, dem Ober-Kriegescollegio vorzuschlagen, und die Bestätigung desselben einzuholen. Zugleich wird ein Staabs-Officier ernannt, die Oekonomie bei dieser Anstalt zu dirigiren, und die Officianten welche dazu erforderlich sind, nach der Stärke der Armee anzunehmen, welche ebenfalls vom Ober-Kriegescollegio ihre Bestätigung erhalten.

Die vorgesetzten Aerzte der Armee stellen die Staabs- und Feldmedicos, die Apotheker und dahin gehörigen Arbeiter an. Sie kaufen die Medicamente, sowohl innerliche als äußerliche an, und haben die alleinige Aufsicht über die Feldapotheke. Die General-Chirurgi ernennen die Ober-Staabs, Staabs-, Ober- und Unterchirurgos. Sie besorgen die Instrumente und Bandagen.

Der Oekonomie-Director erwählt die Lazareth-Inspectoren, Aufseher, Wärter, Köchinnen und Waschweiber. Dabei führt er die spezielle Aufsicht über das ökonomische Fach und alles dahin gehörige, als Lagerstätten, Küchen, Utensilien, Fuhrwesen des Lazareths, und hat einen Lazareth-Lieutenant zum Gehülfen. Diese Subalternen stehen jeder unter dem Director, zu welchem sie gehören.

Sobald aber diese Anstalten einseitig getroffen sind, treten die Vorgesetzten eines jeden Fachs zusammen und machen eine besondere Lazareth-Direction aus. In diesem Collegio muß alles was auf das Wohl der kranken und verwundeten Soldaten, wie auch auf sämmtliche Lazareth-Angelegenheiten einen Bezug hat, vorgetragen, gemeinschaftlich beurtheilt, und dann einmüthig beschlossen werden. Bei diesen Verhandlungen führt der Lazareth-Secretair das Protokoll.

Diese Lazareth-Direction versammelt sich täglich um 11 Uhr und sämmtliche Aerzte, Wundärzte, der Ober-Feldapotheker, der Rendant, die Inspectoren und die übrigen dahin beschiedenen Officianten

Q 2

müssen sich dabei einfinden, ihre Vorträge über das
Vorgefallene thun und ihre Abfertigung erhalten.

Kein einzelnes Mitglied dieses Collegiums kann,
etwas für sich allein unternehmen und den andern
Befehle ertheilen. Die Befehle und Anordnungen
welche auf das Ganze Beziehung haben, müssen
jederzeit gemeinschaftlich von der Lazareth-Direction
gegeben werden.

Alle Unordnungen, Fehler und Nachlässigkei-
ten, wenn sie von keiner Erheblichkeit sind, ahnden
die Vorgesetzten desjenigen Fachs, bei welchen sie
vorgefallen sind. Gröfsere Vergehungen hingegen
müssen bei der Lazareth-Direction angezeigt werden, welche darüber entscheidet. Kriminal-Ver-
brecher werden den militairischen Gerichten übergeben. Das unterm 18. September 1787 erlassene aller-
höchste Feldlazareth-Reglement, enthält das Nähere
über die Verhältnisse und die Pflichten der sämmt-
lichen Lazareth-Officianten.

Ein grofser Fehler aber war es bisher, dafs die
erforderliche Anzahl der Lazareth-Officianten in der
Eile angenommen werden mufsten, und dafs sie
nachher gleich mit dem ersten Monate nach Aufhebung der Feldlazareths völlig und ohne Gehalt entlassen wurden. Dieses hatte den zwiefachen Nachtheil, dafs die Vorgesetzten Mühe hatten, die erforderliche Anzahl der Lazareth-Officianten, zumal

der Aerzte und Wundärzte, zusammen zu bringen, und daſs sie daher öfters in der Wahl der Subjecte, die sonst nothwendige Strenge nicht beobachten könnten. Diesem Uebel ist durch die Errichtung einer chirurgischen Pflanzschule für die Feldlazareths der Armee zum Theil wenigstens abgeholfen worden. Hoffentlich wird durch diese wohlthätige Einrichtung der bisherige Mangel an gebildeten und geübten Lazarethwundärzten aufhören, indem eine gewisse Anzahl Staabs-, Ober- und Unterwundärzte durch diese Anstalt in Friedenszeiten gebildet werden sollen, welche bei einem stattfindenden Feldzuge bei den Feldlazareths sogleich angestellt werden können. Sehr wünschenswerth wäre es indessen, daſs diese Einrichtung nicht einseitig getroffen und nicht ausschliessend auf das chirurgische Fach bei dieser Anstalt Rücksicht genommen worden wäre; denn obgleich das Bedürfniſs hierin für selbiges am gröſsten war, so hätte es unstreitig einen sehr grofsen Nutzen für die Feldlazareths, wenn mehrere Officianten aus allen drei Fächern schon in Friedenszeiten zu dem wichtigen Beruf, den sie im Felde zu erfüllen haben, vorbereitet würden.

Die beiden ersten Aerzte, die Generalchirurgi, und die Pensionairchirurgi waren bisher die einzigen, welche in Friedenszeiten einen Gehalt bekamen, und es sind daher auch die erstern verpflichtet, beim Ausmarsch der Truppen die nöthigen Vorkehrungen zu einem Feldlazareth zu machen, und die

Direktion dabei zu übernehmen; so wie die Pensionairs verbunden sind, ebenfalls bei den Lazarethanstalten zu arbeiten. *)

II.
MEDICINISCHE LEHRANSTALTEN.

Für das Studium der Arzneiwissenschaft und Chirurgie kann Berlin als eine hohe Schule angesehen werden, und hat durch seine vortreffliche Einrichtungen wesentliche Vorzüge in dieser Hinsicht vor den mehrsten derselben. Das Collegium medico chirurgicum, das clinische Institut, die Anstalten zur praktischen Anweisung in der Entbindungskunst ziehn eine grofse Anzahl fremder Studirenden, und viele junge promovirte Aerzte nach Berlin, um sich in allen Zweigen der Medicin und Chirurgie zu vervollkommnen.

Für die Anatomie sind unsere Anstalten vielleicht die ersten in Europa. Aufser den öffentlichen

*) In diesem Jahrhundert sind bei der Preussischen Armee als erste Feldärzte angestellt gewesen:

1) Gundelsheimer.   5) Ludolf.
2) Kaatzky.   6) Zinnendorf.
3) Eller.   7) Riemer.
4) Cothenius.   8) Formey.

Lehrstunden über diese Wissenschaft und die Gelegenheit, welche zum praktischen Unterricht in derselben statt findet; hält der berühmte Walter und
sein Sohn, so wie auch der Professor Knape Privat-
vorlesungen über jeden einzelnen Theil derselben.
Das schöne anatomische Cabinet des Herrn Prof.
Walter, welches derselbe in seinen Vorlesungen
gröfstentheils zeigt, ist eins der ersten in der Welt,
und wird den Kenner in keinem Zweige der Zerglie-
derungskunst unbefriedigt lassen.

Ueber die Botanik hält der Geheime Rath Mayer
und der Herr Professor Wildenow Vorlesungen; und
unser fbotanischer Garten enthält einen Schatz von
exotischen Gewächsen.

Chemie und Pharmacie lehrt öffentlich bei dem
Collegio medico chirurgico Herr Professor Hermbstädt. Aufserdem hält sowohl dieser, als der Herr
Direktor Achard und der Professor Klaproth Privat-
vorlesungen über diese Wissenschaften. Endlich
halten auch diese berühmten Scheidekünstler und der
Professor Herz Vorlesungen über die Experimental-
physik.

Für die Chirurgie sind unsere Anstalten vortreff-
lich. Der Herr Generalchirurgus Mursinna, und
Herr Professor Zenke geben sowohl öffentlich als privatim Anleitung zum theoretischen und praktischen
Unterricht in derselben, und in dem Lazareth der

Charite fallen häufig wichtige Operationen vor, bei
welchen die hier studirenden Wundärzte zugelassen
werden.

Die Entbindungskunst lehren privatim der Herr
Professor Walter, Generalchirurgus Mursinna, Professor Zenker und Professor Ribke. Letzterer unterrichtet die Hebammen. Der praktische Unterricht
dieser für die Menschheit so wichtigen Wissenschaft
ist durch die mit dem Charitelazareth verbundene
Entbindungsanstalt ganz vorzüglich.

Pathologie, Therapie, Materia medica und alle
Theile der praktischen Arzneiwissenschaft werden
sowohl in öffentlichen als Privatstunden vorgetragen.

Das clinische Institut, von welchem ich in der
Folge ausführlicher handeln werde, und das Charite-
hospital sind vortreffliche Gelegenheiten zum praktischen Unterricht in der Medicin.

Zu der Königlichen Bibliothek hat jeder freien
Zutritt. Aufserdem haben mehrere Aerzte ansehnliche Büchersammlungen, und der Herr Apotheker
Seidenburg hat eine medicinische Leseanstalt errichtet, welche nicht allein sämtliche Zeitschriften, sondern auch alle, selbst die kostbarsten in jeder Messe
herausgekommenen Werke in allen Theilen der Arz-
nei- und Wundarzneikunst enthält.

Alle Arten von chirurgischen und zur Entbindungskunst gehörigen Instrumenten verfertigen unsere geschickten Instrumentenmacher in vorzüglicher
Güte. Besonders die Herrn Tilly und Mann sen.

Die Herrn Ring, Elkener, Schiavetto sind berühmte Mechaniker, und verfertigen vortreffliche
physikalische und meteorologische Instrumente.

Es fehlt auf diese Weise nicht an Mitteln, sich
Kenntnisse und Geschicklichkeit zu erwerben, und
wenn dieses nicht geschieht, so liegt die Schuld weder an der Anzahl, noch an dem Zustande unserer
Anstalten.

1. *Das königliche medicinisch - chirurgische
Collegium* *).

Die königliche Gesellschaft der Wissenschaften
zu Berlin, welche nach dem Plan des grofsen Leib-
nitz 1700 gestiftet wurde, that dem Könige Friedrich
Wilhelm dem Ersten den Vorschlag, ein medicinisch chirurgisches Institut zum Unterricht der
Wundärzte bei der Armee zu stiften, zu derselben

---

*) Histoire de l'academie Royale. Berlin 1752.
Nicolai Beschreibung der Königl. Residenzstadt Ber-
lin und Potsdam. Berlin, 1786. B. 2. pag. 701.
Pyls Magazin für die gerichtliche Arzneikunde. B. II.
Nachricht von den Medicinalanstalten. l. c.

ihr anatomisches Theatrum herzugeben, und mit
dieser neuen Anstalt ihre damals geringen Einkünfte
zu theilen. Der König, von der Nutzbarkeit einer
solchen Anstalt überzeugt, liefs den Entwurf zu derselben von der Societät der Wissenschaft machen, und
die Anstalten nahmen schon in demselben Jahre 1717
ihren Anfang; allein, erst 1719 erschien das erste
deshalb erlassene Reglement. *)

Da die Hauptabsicht des Stifters dieser Anstalt
besonders dahin ging, geschickte Wundärzte für seine
Armee zu bilden: so war die erste Veranstaltung,
dafs im Winter anatomische Vorlesungen und Demonstrationen gehalten, und im Sommer die Chirurgie gelehrt werden sollte, und da der grofse
Nutzen sehr bald einleuchtete, so ward die Anstalt
1724 in ein Collegium medicum verwandelt, und
durch eine besonders gedruckte Verordnung **) bekannt gemacht, wie es bei diesem zur Aufnahme
der Medicin und Chirurgie neu errichteten Collegio
mit den Vorlesungen gehalten werden sollte. Im
Anfange waren sieben Professoren dabei angestellt,
nemlich ein Lehrer der Therapie, ein Lehrer der
Anatomie und Physik, einer für die Botanik, zwei
für die Chemie, einer für die Mathesis, und ein
Demonstrator der chirurgischen Operationen.

*) S. Mylii corp. const. march. P. V. Sect. IV. pag. 207.
**) S. Mylius l. c. p. 212.

Gegenwärtig besteht dieses Collegium aus einem Chef (dem Hrn. Präsidenten von der Hagen) und aus zwölf Professoren, nemlich:

· Ein Professor der Physiologie, (Herr D. Sprögel). Drei Prof. der Anatomie, (die beiden Hrn. Walter, Vater und Sohn, und Hr. Prof. Knape). Ein Prof. der Botanik und Materia medica, (Hr. Geh. Rath Mayer.) Zwei Prof. der Chirurgie, (Hr. Generalchir. Mursinna und Hr. Prof. Zenker.) Zwei Prof. der Therapie, (Hr. Geh. Rath Fritze, und dessen Sohn und Nachfolger Hr. Professor Fritze.) Ein Prof. der Chemie und Pharmacie, (Hr. D. Hermbstädt.) Ein Prof. der Entbindungskunst, (Herr Ribke.) Ein Prof. der Pathologie, (Hr. D. Gönner.)

Die drei Professoren der Anatomie lehren in den sechs Wintermonaten alle Theile derselben: im Sommer pflegt der erste die Naturlehre, und der zweite die Osteologie zu lesen.

Der Professor der Botanik hält seine Vorlesungen im Winter über die Materia medica, und im Sommer botanische Demonstrationen und öffentliche Herbationen. Der botanische Garten steht unter der Aufsicht des Prof. der Botanik, er wird jedoch auf Kosten der Academie der Wissenschaften unterhalten.

Die Professoren der Physiologie, der Therapie, und der Pathologie, halten alle Jahre Vorlesungen über diese Wissenschaften.

Der Professor der Chemie erklärt die Anfangsgründe derselben, nebst den allgemeinen und besondern Operationen, und handelt die praeparata chemico-pharmaceutica nach dem Brandenburgischen Dispensatorio ab.

Die beiden Professoren der Chirurgie lehren in den Wintermonaten alle chirurgische Operationen, zeigen den Zuhörern die Handgriffe an todten Körpern, und lassen sie dieselben selbst verrichten. Im Sommer lesen sie über Verrenkungen, Beinbrüche und den chirurgischen Verband.

Der Professor der Entbindungskunst lehrt dieselbe, und giebt Anweisung zur praktischen Geburtshülfe im Charité-Hospital.

Aufser diesen öffentlichen Lehrstunden lesen die mehrsten Professoren besondere Collegia, sowohl über alle Theile der Arzney, Wundarzney und Entbindungskunst, als über die medicinische und philosophische Botanik, Physiologie, Pathologie, Therapie, gerichtliche Arzneywissenschaft; und aufser ihnen und den Mitgliedern des Ober-Collegii medici darf niemand Privat-Vorlesungen über die Medicin, Chirurgie und Hebammenkunst halten, dafern ihm

nicht vom Chef des Collegii eine besondere Erlaubnifs
dazu ertheilt worden.

Die Einrichtung dieser Lehranstalt ist für diejenigen, welche Medicin und Chirurgie studiren,
ausnehmend nützlich, und wenig Universitäten haben so gute Anstalten aufzuweisen; daher solche auch
von Fremden und Einheimischen stark besucht
wird.

Das anatomische Theater gehört unstreitig zu
den vorzüglichsten und berühmtesten in Europa.
Es werden zu den Wintermonaten alle Leichname der
im Charité-Hospital, in dem Irrhause und den übrigen Armenanstalten Verstorbenen, wie auch die
Leichname aller, die vom Armendirectorio Allmosen
geniefsen, imgleichen einiger Verbrecher und der
Selbstmörder, dahin abgeliefert. Blofs der Arzt eines
solchen Hauses hat das Vorrecht, die an einer unge-
wöhnlichen Krankheit Verstorbenen zu öffnen. Es
ist also mehrentheils eher Ueberflufs als Mangel an
Cadavern, und es werden über 200 Leichen jährlich
dazu verwendet. Auf dem anatomischen Theater
ist auch ein ansehnlicher Vorrath von anatomischen
Präparaten, Skeletten von Menschen, worunter sich
die, der beiden grofsen Soldaten von König Friedrich
Willhelms grofsen Garde-Regiment, befinden. Auch
gehört die daselbst befindliche Sammlung von un-
zeitigen Geburten und Mifsgeburten, unter die Sel-
tensten, vorzüglich aber die letztere, da durch einen

besondern 1755 ergangenen Befehl alle im ganzen
Lande vorfallende Mifsgeburten an das Berlinische
anatomische Theater abgeliefert werden müssen. Auch
an schon ausgespritzten Präparaten ist kein Mangel.
Die Sammlung von chirurgischen und physikalischen
Instrumenten ist zweckmäfsig, um davon in den
Lehrstunden Gebrauch zu machen. Ferner findet
sich daselbst eine Bibliothek von medicinischen, chirurgischen und botanischen Werken.

Bei diesem Collegio mufs jeder Arzt und Wundarzt, welcher im Preufsischen (Schlesien ausgenommen, das eine eigene ähnliche Anstalt hat) praktisiren will, seinen Cursum verrichten, wozu ihm
die anatomische Demonstrationen vom ersten Professor der Anatomie, so wie die chirurgischen vom
ersten Professor der Chirurgie, gegeben werden.

Die Wundarzneykunst hat durch diese Anstalt
die gröfsten Fortschritte gemacht, und die Bildung
guter und geschickter Wundärzte für das Land und
für die Armee, ist dadurch ungemein befördert worden. Jeder, der Chirurgie oder Medicin studiren
will, hat freien Zutritt zu allen öffentlichen Vorlesungen, so bald er sich deshalb bei dem Dekan des
Collegii gemeldet hat, von dem er eine Matrikul und
ein Exemplar der gedruckten Gesetze erhält. Für
die Immatrikulation werden zwei Thaler ein für allemal bezahlt.

255

Unter der Aufsicht dieses Collegii werden sechszehn junge Wundärzte zu künftigen Regiments-
Chirurgis gebildet, und auf folgende Art aus den
Compagnie - Chirurgen genommen *). ´Die Regiments - Wundärzte machen ihre vorzügliche Compagnie - Wundärzte dem ersten General - Chirurgus
bekannt, welcher sie alsdann von den Regimentern
bei der königl. Garde als Compagnie - Wundärzte
versetzet. Aus diesen werden, wenn eine Pensio-
nair-Chirurgus-Stelle ledig wird, die ältesten und
geschicktesten Sr. Majestät vorgeschlagen, und mit
allerhöchster Genehmigung unter die Pensionairs
aufgenommen, auf königl. Kosten unterhalten und
in allen medicinisch - chirurgischen Wissenschaften
unentgeldlich unterrichtet. Aus diesen Pensionairs
werden in der Folge alle Regiments - Wundärzte bei
der ganzen Armee genommen. Doch können auch
im Felde gediente, geschickte und erfahrne Wundärzte, wenn sie ihren Cursus absolviret und im Examen bestanden sind, zu Regiments-Wundärzten bei
Husaren - Regimentern und Bataillons der leichten
Infanterie dem Könige vorgeschlagen und angesetzt
werden.

Diese regelmäfsige Pflanzschule, wodurch Jünglinge zum Fleifs aufgemuntert werden, hat der verdiente verstorbene General - Chirurgus Holzendorf
mit königl. Genehmigung gestiftet; eine Anstalt,

---

*) S. Thedens Unterricht für die Unterwundärzte.

die in der Folge durch die thätige und unermüdete
Sorgfalt eines Schmukers und Thedens immer mehr
Würde und Nutzbarkeit erhalten hat.

Zwei Pensionairs, welche gemeiniglich die ältesten sind, werden zur Ausübung der Arzney- und
Wundarzneykunst in der Charité unter Aufsicht des
Herrn Geh. Raths Selle, und des General-Chirurgus
Mursinna, gebildet. Der Aelteste von allen steht,
bis derselbe als Regiments-Wundarzt angestellt wird,
in Potsdam, und versieht unter der Aufsicht des
königl. Leibarztes, den Hof. Auch versieht einer
dieser Pensionair-Wundärzte, unter Aufsicht des
Ober-Staabsmedicus das königl. Invaliden-Haus.

Alle Vierteljahre werden die Pensionair-Chirurgi öffentlich geprüft, und die drei bis vier Aelte-
sten müssen alle Winter den Cursum anatomicum
und chirurgicum, welcher in sechs anatomischen
Demonstrationen, und eben so viel chirurgischen
Operationen besteht, öffentlich verrichten, damit sie
sogleich, wenn die Stelle eines Regiments-Chirurgus
erlediget ist, abgehen können.

Die Pensionair-Wundärzte stehen unter der besondern Aufsicht des ersten General-Chirurgi, welcher sie dem Könige zu Regiments-Wundärzten vor-
schlägt, wenn ihn die Herren Chefs der Regimenter
von dem Abgange der ihrigen benachrichtigen.

Geht die Armee zu Felde, so sind alle Pensionairs, einen einzigen ausgenommen, welcher die
Charité besorget, verbunden, die Armee zu beglei-
ten, und werden bei den Feld - Lazarethen ver-
theilet.

2. *Das Clinische Institut.*

So vortreflich die medicinischen Lehranstalten
in Berlin seit geraumer Zeit waren, so fehlte es
doch für die Anfänger an Gelegenheit zur practischen
Ausübung der Wissenschaft. Der Herr geheime
Rath Selle gab zwar den hier Studirenden und den
jungen Aerzten die Erlaubnifs. seinen Krankenbe-
suchen im Charité-Lazareth beizuwohnen. Allein
theils die Entfernung dieser Anstalt, theils die Pri-
vatgeschäfte dieses grofsen Arztes, und, mehr wie
alles, die grofse Anzahl der daselbst befindlichen
Kranken, machten es für denselben unmöglich, seinen Schülern bei jedem einzelnen Fall die Gründe
seines Verfahrens umständlich auseinander zu setzen.
Der Ungeübte war also nicht im Stande, Vortheile
aus dieser praktischen Uebung zu ziehen, und die
Verschiedenheit der Zufälle, die sich in einem Augenblick seinem Auge darbothen, erzeugten eher
Verwirrung als deutliche Begriffe bei ihm.

Um diesen sichtbaren Mangel abzuhelfen, wurde im October 1789 ein klinisches Institut errichtet,
wozu in dem Charité-Lazareth einige Zimmer, die

R

jederzeit wenigstens mit 12 Kranken, nach Umständen auch wohl mit mehreren beiderley Geschlechts
belegt werden sollten, eingerichtet sind. Hier sollten Mittewochs und·Sonnabends Nachmittags die
Stunden von 2 bis 5 Uhr zu praktischen Uebungen
verwandt werden *).

Diese Anstalt wurde dem Collegio medico chirurgico einverleibt, und Winter und Sommer ununterbrochen fortgesetzt. Die Direktion und der Unterricht bei, derselben wurde dem würdigen Herrn
Geh. Rath Fritze als Lehrer der praktischen Heilkunde übertragen, und nahm im October 1789 seinen
Anfang,

Indessen blieb bei dieser Einrichtung die grofse
Entlegenheit der Charité ein mächtiges Hindernifs
zur zweckmäfsigen Behandlung der Kranken sowohl,·
als zum nützlichen Unterricht der sie besuchenden
jungen Aerzte.

**) Diesem Hindernifs wurde durch eine neue
Gnade des·Königs abgeholfen, indem derselbe der
Anstalt ein eigenes Haus, mitten in der Stadt ge-
legen, und mit hinlänglichen Bequemlichkeiten zur

---

*) Nachricht von einem neu errichteten klinischen In-
stitut bei königl. Coll. med. char. vom Geh. Rath
Fritze. Berlin bei Decker 1789.
**) Annalen des klinischen Instituts. 1s Heft. Berlin 1791.

Verpflegung von 12 bis 16 Kranken versehen, im
Jahr 1790 schenkte. Hiedurch sind nun Lehrer und
Schüler in den Stand gesetzt, die Kranken täglich zu
besuchen, sie besser zu beobachten und zweck-
mäfsigere Maasregeln zu ihrer Heilung zu treffen.

*) In diesem erwähnten Hause sind zwei ge-
räumige Zimmer für männliche und eben so viel für
weibliche Kranke eingerichtet, mit Betten und mit
allem was zu ihrer Bequemlichkeit nöthig ist, versehen worden. Eine Todtenkammer, eine Sections-
kammer und ein Hörsaal zu Vorlesungen und gemeinschaftlichen Berathschlagungen bestimmt, machen, nebst den zur Wirthschaft gehörigen Zimmern,
den übrigen Theil der Anstalt aus. Die Oekonomie
führt ein verheiratheter Mann; er sorgt, nebst einer
Magd, die ihm gehalten wird, nach Vorschrift des
Directors für Speise und Trank, leistet die nöthige
Aufwartung, und siehet auf Reinlichkeit. Ueber-
dies wohnt noch ein wohlunterrichteter Candidat
der Arzneywissenschaft in dem Institut, welcher die
Ordnung im Ganzen zu erhalten sucht, und bei
vorkommenden dringenden Fällen, dem Director
Nachricht von dem Zustande der Kranken geben kann.
Die speciellere Besorgung der Kranken vertheilt der
Director unter die geschicktesten seiner Zuhörer, wel-

R 2

*) Annal. des klinischen Instituts, 2s Heft,

che alle bemerkte Veränderungen in ein Tagebuch eintragen müssen.

Täglich besuchen sowohl der Herr Geh. Rath Fritze als die Schüler dieser Anstalt ihre Kranken. Aufserdem sind aber Mittwochs und Sonnabends die Nachmittagsstunden von 3 bis 5 Uhr zu gemeinschaftlicher Zusammenkunft aller Zuhörer bestimmt.

Es werden nur ganz gewöhnliche alltägliche Krankheiten aufgenommen, und die unheilbaren oder nicht belehrenden an das Charitélazareth abgegeben.

Zum Gehülfen und Nachfolger in der Direktion des clinischen Instituts ist der Sohn des Herrn Geh. Rath Fritze, Herr Professor Fritze von dem Könige ernannt worden.

Jährlich geben beide Rechenschaft von den Fortschritten dieser ihnen anvertrauten Anstalt in den *Annalen des clinischen Instituts*, von welchen bereits 3 Hefte erschienen sind, die sehr viele belehrende Krankengeschichten enthalten.

Zu beklagen ist es, dafs das Haus, welches zu diesem Institut eingerichtet worden ist, durch seine Lage, durch Mangel an Hofraum und an Luft überhaupt, nicht für die Kranken so zweckmäfsig scheint, als es seyn könnte.

Dafs jeder hier cursirende Arzt und Wundarzt
diese Anstalt zu besuchen verpflichtet ist, haben wir
bei einer andern Gelegenheit schon bemerkt.

3. Die Hebammen - Schule.

Diese so nothwendige Anstalt wurde im Jahr 1751
von dem höchstseligen König gestiftet. Bis dahin
war es mit den Hebammen sehr mifslich gewesen.
Es wurden zwar solche durch die medicinische Collegia, oder durch die Physici vor ihrer Anstellung
und Vereidigung geprüft, und dadurch ihrer so nachtheiligen Unwissenheit abzuhelfen gesucht worden.
Die Direktion über diese Anstalt erhielt der berühmte
Mekel. Seine Instruktion ging dahin, den angehenden Hebammen die Struktur der zur Empfängnifs,
Nahrung, Ausbildung und Geburt eines Kindes
nothwendigen Theile, an weiblichen Leichnamen
gründlich zu zeigen, und ihnen dabei den Zweck
und den Nutzen derselben zu erklären, damit sie dadurch zu einer richtigen Erkenntnifs derjenigen Zeichen gelangen möchten, wodurch man sich zu überzeugen weifs, ob eine Schwangerschaft vorhanden,
eine frühzeitige Geburt zu befürchten, die Leibes-
frucht todt, und die Stellung des lebenden Kindes
natürlich sei? welche Handgriffe bei falschen Stel-
lungen erforderlich, und was sonst zum Unterricht
bei Entbindungen nothwendig sei?

Zu Berlin wurde mit den Hebammen sogleich

der Anfang gemacht, und aus den Provinzen müssen solche ebenfalls eine Zeitlang in dieser Anstalt gewesen seyn.

Gegenwärtig geschieht dieser Unterricht durch einen besondern Hebammenlehrer (den Hr. Prof. Ribke) und damit es ihnen auch an praktischer Geschicklichkeit nicht fehlen möge, so werden sie bei den in der Charité vorfallenden häufigen Geburten zugelassen und unterwiesen. Dieser Unterricht ist unentgeldlich, und findet in den vier Wintermonaten: Nov. Dec. Jan. und Febr. statt. Der Polizeidirektor bestimmt diejenigen Frauen, welche bei dem Lehrer der Hebammenkunst sich als künftige Hebammen bilden sollen. Sie müssen sich vorher in Ansehung ihres Lebens und Wandels durch ein Attest ihres Beichtvaters und des Polizeicommissarius des Viertels legitimiren, wobei auch auf den Bau ihres Körpers die gehörige Rücksicht genommen wird.

Die Hebammen, welche angestellt werden wollen, müssen sich zur Prüfung bei dem Ober-Collegio medico melden, und vom Hebammenlehrer ein Zeugnifs ihres genossenen Unterrichts und der erlangten Geschicklichkeit, auch die Erlaubnifs der Gerichtsobrigkeit des Orts, wo sie sich niederlassen wollen, beibringen. Wenn die Hebamme im Examen gut besteht, so wird sie vom Ober-Collegio medico approbirt, in Eid und Pflicht genommen, und erhält ein Exemplar des vom gedachten Collegio

herausgegebenen Unterrichts und der Anweisung
für die Hebammen, desgleichen die für diese dem
Staate so nützliche Weiber herausgekommene Instruktion, welche für Ost- und Westpreussen in
deutscher und polnischer Sprache gedruckt ist.

Die Berlinsche Hebammen sind angewiesen,
bei jedem schweren Fall und jeder widernatürlichen
Geburt einen Geburtshelfer zu rufen, und ist ihnen
der Gebrauch der Instrumente völlig untersagt. Im
Uebertretungsfall sind sie straffällig. Dennoch geschieht es nicht immer, und oft werden die Hülfs-
meister zu spät gerufen, gegen welchen unverant-
wortlichen Unfug nicht strenge genug verfahren werden kann.

Jede schwere und unglückliche Geburt, wo entweder Mutter oder Kind gestorben, müssen die Hebammen dem Stadtphysico anzeigen, welcher angewiesen ist, dergleichen Fälle genau zu untersuchen,
und dem Ober-Collegio medico darüber zu berichten.

Für die Studirenden des königl. medicinisch-chi-
rurgischen Collegiums, welche sich dieser Wissenschaft widmen wollen, geschieht der theoretische
und praktische Unterricht von dem ersten Professor
der Chirurgie (Hr. Gen. Chir. Mursinna) und werden
solche sowohl, als die königl. Pensionairchirurgi,
unter dessen Aufsicht zu den Entbindungen zugelassen.

III.

VON DEN KRANKENANSTALTEN IN BERLIN.

Die Verpflegung der Kranken in öffentlichen zu diesem Zweck bestimmten Anstalten, ist nichts weniger, als der Theil unserer Medicinalverfassung, auf den wir stolz zu seyn Ursache hätten; vielmehr müssen wir eingestehen, dafs hier gerade eine Reform am nöthigsten ist, und dafs uns in diesem Stücke die Franzosen, Engländer, Oestreicher, Schweden, Dänen, und mit einem Worte, die mehrsten Nationen übertroffen, und weit zurück gelassen haben.

Bei der sonst so vortrefflichen preussischen Verfassung, und bei den übrigen so guten und zweckmäfsigen Anstalten ist dieses um so auffallender, und jeder Fremde, welcher andere Lazarethe gesehen hat, und die unsrigen besucht, verlässt sie voll schmerzhaften Erstaunen über die Mängel derselben.

Es ist zwar in den letzten Zeiten zur Verbesserung derselben vieles geschehen, aber noch weit mehr bleibt zu thun übrig, ehe wir solche unter die Muster guter und zweckmäfsiger Anstalten dieser Art aufstellen können.

Das Charitéhaus, welches die gröfste Anstalt dieser Art bei uns ist, hat einen dreifachen Zweck. Es besteht nämlich aus 1) einem Hospital, wo elende und abgelebte Menschen Verpflegung erhalten; 2) aus einer Lehranstalt für die königl. Pensionairwundärzte und andere bei dem Collegio medico chirurgico Studirende; und 3) aus einem Krankenhause und einer Anstalt, worin arme Schwangere, verheirathete und unehelich Geschwängerte einige Zeit vor der Entbindung aufgenommen, verpflegt, entbunden, und erst nach den Wochen entlassen werden. Von diesen letzten ist hier blos die Rede.

1. *Das Charité - Lazareth.* *)

Als 1710 die Pest in der Gegend von Berlin wüthete, und schon bis Prenzlau gedrungen war, liefs König Friedrich der I. zu den Charitégebäuden den Grund legen, und bestimmte das damals errichtete Gebäude zu einem Lazareth für arme hiesige Einwohner, im Fall sie von der Pest angesteckt werden sollten. Es wurde daher das Gebäude aufserhalb der Stadt, am äufsersten nord-westlichen Ende derselben errichtet. Als aber die Gefahr vorbei war, und

---

*) Ellers medicinische chirurgische Anmerkungen, sowohl von innerlichen als äufserlichen Krankheiten und Operationen, welche in dem Lazareth der Charité zu Berlin vorgefallen; nebst einer kurzen Beschreibung der Stiftung, Anwachs und jetzigen Beschaffenheit des Hauses. Berlin, bei Podiger.
Nicolai Beschreibung von Berlin. 2ter Theil.
Krünitz ökonomisch-technologische Encyklopaedie. 47ter Theil.

die Pest nicht weiter vordrang, wurde das Gebäude zu einem Hospital für arme, kranke und gebrechliche Personen, und zugleich zu einem Arbeitshause für gesunde arbeitsfähige Bettler bestimmt. Ehe aber noch der dazu gemachte Entwurf ausgeführt werden konnte, trat König Friedrich Wilhelm I. die Regierung an. Dieser wollte es zu einem Krankenhause für die Garnison bestimmen. Allein der damalige Armenchirurgus und nachherige Inspektor des Hauses, Habermaaſs, erwarb sich das gröfste Verdienst dadurch, 'dafs er dem Könige den ersten Vorschlag that, das Haus zu einer Uebungsschule für angehende Aerzte und Wundärzte einzurichten. Dadurch wurde der König veranlafst, den 18ten Nov. 1726 zu verordnen, dafs darin ein allgemeines Krankenhaus für die Residenzstädte, worin die bürgerlichen Armen, auch gefährlich kranke Soldaten, unentgeldlich verpflegt, und von Aerzten behandelt würden, eingerichtet werden sollte. Der berühmte Arzt Eller, und der Regimentschirurgus Senf, und nachher der Generalchirurgus Holzendorff, wurden bei dieser Anstalt angesetzt. Im folgenden Jahre wurde sie erweitert, und erhielt den Namen Charité. Es wurden nunmehro auch arme Schwangere darin aufgenommen, unentgeldlich verpflegt und entbunden. Die Aufsicht über die Oekonomie erhielt als Oberinspektor der Charité, Habermaaſs, zwei Prediger, deren der eine lutherischer, der andere reformirter Confession war, erhielten die geistliche Pflege der Kranken. Aufser einem Capital von 100000 Rthlr. schenkte der ,

König zu einem beständigen Fond für dieses Haus ausschließungsweise den Verlag aller Kundschaften, Lehr- und Geburtsbriefe der Handwerker in allen seinen Staaten. Auch verschiedene Privatpersonen unterstützten das Unternehmen durch ansehnliche Schenkungen und Vermächtnisse auf die edelmüthigste Weise.

Das Haus ist drei Stockwerk hoch und besteht aus vier Flügeln, welche einen geräumigen Hof einschliefsen, auf welchen in der Mitte die Wohnung des Inspektors steht. Im untern Geschofse ist das Hospital, im zweiten und dritten die Krankenstuben, Operations- und Entbindungs-Säle. Das Haus wird von Wiesen, Gärten und einer Maulbeer-Plantage eingeschlossen.

Durch die immer zunehmende Volksmenge in den Preußischen Staaten überhaupt, und in Berlin insbesondere, wurde dieses Haus endlich zu enge. Im Jahr 1785 wurde daher das Gebäude durch neu angelegte Seitenflügel ansehnlich erweitert, wobei man die vortrefliche Idee gefaßt hatte, daß bis jetzt mitten in der Stadt liegende Irrenhaus, damit zu vereinigen. Dem Plan gemäß, nach welchem noch gegenwärtig gebaut wird, bekommt das ganze Gebäude die Gestalt eines griechischen Π, mit dem Zusatze, daß ein freistehendes Hintergebäude vor das offene Ende hinlaufen wird. Der innere Hof ist ein vollständiges Viereck von 280 Fufs, aber nicht völlig

geschlossen, weil an jeder Seite des Hintergebäude:
40 Fuſs zum freien Luftzuge bleiben. Die Vorder-
seite wird 450 und jeder Seitenflügel 280, das Hintergebäude aber 200 Fuſs lang. Das Hauptgebäude
ist 3 Stockwerke hoch, durchgängig 52 Fuſs breit,
und hat noch unter der Erde ein hohes gewölbtes
Kellergeschofs. Das freistehende Hintergebäude, in
welches das Irrhaus aus der Stadt verlegt werden soll,
wird 45 Fuſs tief und 2 Geschoſse auſser dem Kellergeschofs haben.

Die Aufnahme der Kranken in das Charitè-La-
zareth geschieht folgendermaſsen. Die Kranken werden durch ihre Verwandte dem Armen-Chirurgus
angezeigt, und wenn dieser attestirt, daſs sie in ihren Wohnungen nicht wohl kurirt werden können,
zur unentgeldlichen Cur in die Charité gebracht.
Herrschaften aber, die ihre Dienstboten, oder Gilden
und Handwerker, die ihre Kranken schicken, müssen für Pflege und Kost wöchentlich 16 gr. entrich-
ten. Die Anzahl der darin aufgenommenen Kranken ist unbestimmt, mehrentheils beträgt sie jährlich
3000 und darüber. .

Die Schwangern, besonders die Unehelichen,
melden sich bei der Armencasse, und wenn es ihre
häuslichen Verhältnisse nicht zulassen, daſs sie auſser
dem Hause bei einer wöchentlichen Unterstützung
aus der Armencasse entbunden werden können, so
werden sie gegen die Zeit ihrer Niederkunft in der

Charité aufgenommen und unentgeldlich accouchirt. Die Entbindungen verrichten mit Beihülfe der im Hause befindlichen beiden Pensionair - Chirurgen, theils die Studirenden, theils die angehende Hebammen.

Die ankommenden Kranken werden besichtiget, vom Ungeziefer gereiniget, und erhalten Hemden und Kleidungsstücke von der Anstalt. Demnächst werden sie nach Beschaffenheit der Umstände auf die Zimmer der innern oder äufsern Kranken gebracht, und jeder kömmt in ein reinlich Bette.

Die Behandlung der Kranken wird unter Aufsicht eines Arztes, (gegenwärtig Hr. Geh. Rath Selle) der die innern Krankheiten besorgt, und eines Wundarztes (jetzt Herr General-Chirurgus Mursinna) welcher die äufserlichen behandelt, von 2 daselbst wohnenden Pensionairen und 8 Unterwundärzten, mit aller Sorgfalt und Menschlichkeit besorgt, und kein Mittel zu ihrer Wiederherstellung unversucht gelassen. Es sind auch Anstalten zum Baden, Electrisiren u. dergl. mehr.

Die Zahl der in einem Zimmer befindlichen Kranken ist ungleich, und hängt von der Gröfse der Stuben ab. Doch liegen sie ziemlich eng beisammen, weil ihre Anzahl stets sehr beträchtlich ist. Ein jeder hat sein eigenes Bette, in welchem eine Matraze, ein Kopfkifsen und eine Friefsdecke sich

befindet, und geniefst nach Beschaffenheit seiner
Krankheit auch eine besondere Pflege. Eine Menge
Personen sind zur Bedienung der Kranken bestimmt,
und die Zimmer werden fleifsig durch Luftzüge und
Räuchern von giftigen Dünsten gereiniget.

Nicht allein sind die äufsern von den innern
Krankheiten getrennt, sondern es haben auch die
Venerische und Schwangere und Wöchnerinnen ihre
eigene Zimmer. Die Pensionair-Chirurgi besorgen
die tägliche Behandlung derselben; der eine hat die
Inneren, der andere die Aeufseren unter seiner Aufsicht. Wenn keine besondere Vorfälle es erfordern,
kommen der dirigirende Arzt und Wundarzt nur
zweimal jede Woche dahin. Wichtige Operationen
werden entweder von dem ersten Wundarzte selbst,
oder unter seiner Direction durch die Pensionair-
Wundärzte verrichtet, und es vergeht selten eine
Woche, wo nicht dergleichen vorfallen. Die Arz-
neyen werden aus der Hofapotheke unentgeldlich ge-
liefert, und in der Apotheke der Charité von einem
Provisor verfertiget.

Die geheilten Kranken werden auf das Attest
des Arztes oder Wundarztes entlassen und ausge-
schrieben. Die inficirt gewesenen, welche nach der
Cur noch schwach sind, oder die bekannte liederli-
chen Weiber werden auf eine kürzere oder längere
Zeit ins Arbeitshaus gebracht. Des Sommers werden die daselbst Verstorbenen anständig beerdiget,

General - Liste

aller Kranken, Schwangern, Sechswöchnerinnen und Kinder des Charité - Lazareths im Jahre 1789.

	Anzahl der Kranken.	Geheilt	unge- heilt Entlassene,	Ge- stor- ben.	Venerische Min. Weib.	Ac- con- chir-t"-.	Kinder sind geboren. leb. tod.	Anmer- kungen.
Jan.	689	152	15	39	34	70	12	11	1
Febr.	637	101	9	46	29	55	6	5	1
März.	646	104	13	27	30	54	6	6	—
April.	669	145	13	46	29	47	10	9	2
Mai.	616	155	—	42	26	47	5	5	—
Juni.	574	174	4	33	27	49	11	8	3
Juli.	507	99	6	28	27	47	9	6	3
Aug.	514	139	5	35	29	53	10	9	1
Sept.	492	104	5	32	25	52	8	7	1
Octbr.	512	84	6	25	26	58	3	3	—
Nov.	571	100	12	33	29	59	10	8	2
Dec.	619	115	11	29	33	54	8	7	1
Summa.	7046	1472	99	415	334	645	98	84	15

wobei eine Zwillingsge-burt.

Recapitulation.

Es war die ganze Summe der Kranken 2533, davon wurden geheilt entlassen 1472, ungeheilt 99, gestorben sind 415. Die Gestorbenen verhalten sich also zu den Kranken wie 1 zu 6$\frac{43}{41}$.

Unter den 2533 Kranken waren 305 venerische, nemlich 113 Männer und 192 Weiber. Es verhalten sich die venerischen Männer zu den venerischen Weibern wie 1 zu 1$\frac{71}{113}$. Die venerischen Kranken überhaupt verhalten sich zu allen übrigen Kranken wie 1 zu $\frac{91}{305}$.

Entbunden wurden 98 Weiber, welche 99 Kinder gebahren, nemlich 84 lebendige und 15 todte. Es verhalten sich also die todtgebornen zu den lebendig gebornen wie 1 zu 5$\frac{9}{15}$.

General-Liste

aller Kranken, Schwangern, Sechswöchnerinnen und Kinder des Charité-Lazareths im Jahre 1790.

	Anzahl der Kranken.	geheilt	ungeheilt	Gestorben.	Venerische.		Accouchirte.	Kinder sind geboren.		Anmerkungen.	Recapitulatio.
			Entlassene.		Män.	Weib.		leb.	todt.		
Jan.	686	121	5	34	38	51	14	13	1		Es war die ganze Summe der Kranken 2996, davon wurden geheilt entlassen 1745, ungeheilt 151, gestorben sind 454.
Febr.	745	144	16	48	47	63	21	21	—		
März.	741	178	23	51	55	66	12	11	1		
April.	713	151	12	40	48	67	13	11	2		Das Verhältniſs der Gestorbenen zu den Genesenen und Kranken ist also wie 1 zu 6¼⁷⁷.
Mai.	692	182	18	34	48	73	13	10	3		
Juni.	664	154	6	27	33	78	10	7	3		Unter den 2996 Kranken waren 588 venerische, nemlich 174 Männer und 214 Weiber. Es verhalten sich also die Männer zu den Weibern wie 1 zu 1⁷⁰⁄₈₉,
Juli.	666	187	3	31	31	73	12	9	3		
Aug.	610	156	3	38	39	68	7	7	—		
Sept.	609	149	29	30	35	58	2	2	—		
Octbr.	623	109	17	44	42	59	17	13	4	wobei 2 frühzeitige.	übrigen Kranken wie 1 zu 7¹⁄₉₉.
Nov.	627	105	6	49	42	67	10	10	—		Entbunden wurden 141 Weiber, welche 141 Kinder gebahren, davon 123 lebendige und 18 todte. Es verhalten sich also die todtgebornen zu den lebendig gebornen wie 1 zu 6ᵛ.
Decbr	665	109	13	28	57	83	10	9	1		
Summa.	8041	1745	151	454	515	806	141	123	18		

General-Liste

aller Kranken, Schwangern, Sechswöchnerinnen und Kinder des Charité-Lazareths im Jahre 1791.

	Anzahl der Kranken	geheilt Entlassene	ungeheilt	Gestorben	Venerische Männ.	Venerische Weib.	Accouchirte	Kinder sind geboren leb.	Kinder sind geboren todt	Anmerkungen
Jan.	732	109	3	36	62	88	12	11	1	
Febr.	798	170	10	40	71	87	15	13	2	
März.	806	157	5	42	71	77	14	10	4	wobei ein frühzeitiges.
April.	769	170	5	56	62	73	12	12	1	
Mai.	784	186	8	36	58	81	12	11	1	
Juni.	680	145	3	32	63	68	8	7	1	
Juli.	737	162	4	42	59	67	13	12	1	
Aug.	701	157	2	37	62	61	10	10	—	
Sept.	633	145	2	40	53	54	20	16	4	
Octbr.	708	177	—	32	66	62	14	11	3	
Nov.	722	134	—	33	68	67	19	15	4	wobei zwei Zwillingsgeburten.
Decbr	771	164	4	27	75	65	17	16	3	
Summa.	8841	1876	48	463	770	850	166	144	25	

Recapitulatio.

Es war die ganze Summe der Kranken 5275, davon wurden geheilt entlassen 1876, ungeheilt 48, gestorben sind 465.

Die Gestorbenen verhalten sich also zu den Kranken wie 1 zu $7\frac{4}{87}$.

Unter den 5275 Kranken waren 552 venerische, nemlich 267 Männer und 265 Weiber. Die venerischen Kranken verhalten sich zu allen übrigen Kranken wie 1 zu $6\frac{71}{11}$.

Entbunden wurden 166 Weiber, welche 169 Kinder gebahren, worunter 144 lebendige und 25 todte.

Es verhalten sich also die todtgebornen zu den lebendig gebornen wie 1 zu $5\frac{19}{25}$.

General - Liste

aller Kranken, Schwangern, Sechswöchnerinnen und Kinder des Charité-Lazareths im Jahre 1792.

	Anzahl der Kranken	geheilt Entlassene	ungeheilt	Gestorben	Venerische Män.	Venerische Weib.	Accouchirte	Kinder sind geboren leb.	Kinder sind geboren tod.	Anmerkungen	Recapitulatio
Jan.	796	152	2	31	81	72	15	12	3		Es war die ganze Summe der Kranken 3237, davon wurden geheilt entlassen 1864, ungeheilt 11, gestorben sind 440.
Febr.	876	156	—	34	75	95	31	28	3		
März.	864	174	2	40	80	91	18	14	4		
April	849	217	—	38	100	59	14	13	1		Die Gestorbenen verhalten sich also zu den Kranken wie 1 zu 7$\frac{11}{12}$.
Mai.	764	176	—	39	70	76	10	9	1		Unter den 3237 Kranken waren 600
Juni.	745	154	—	51	66	67	15	13	2		venerische, nemlich 263 Männer und
Juli.	734	164	7	32	57	77	13	11	2		527 Weiber, die venerischen Männer
Aug.	727	142	—	36	51	83	10	8	2		verhalten sich zu den Weibern wie 1 zu
Sept.	757	156	—	33	63	91	12	10	2		1$\frac{11}{11}$, und die venerischen Kranken überhaupt zu allen übrigen Kranken wie 1
Octbr.	793	149	—	40	63	98	10	10	2	wobei 1 Zwillingsgeburten	zu 5$\frac{7}{100}$.
Nov.	816	131	—	42	63	99	15	15	1	wobei eine Zwillingsgeb.	Entbunden wurden 195 Weiber, welche 198 Kinder gebahren, worunter
Dec.	832	93	—	24	68	102	32	29	3		172 lebendige und 26 todte. Es verhalten sich also die todtgebornen zu den lebendig gebornen wie 1 zu 6$\frac{4}{7}$.
Summa.	9553	1864	11	440	747	910	195	172	26		

General - Liste

aller Kranken, Schwangern, Sechswöchnerinnen und Kinder des Charité-Lazareths im Jahre 1793.

	Anzahl der Kranken.	geheilt / Entlassene.	unge- heilt.	Ge- stor- ben.	Venerische. Min. Weib.		Ac- cou- chir- te.	Kinder sind geboren. leb. todt.		Anmer- kungen.
Jan.	920	132	—	36	66	101	17	15	2	
Febr.	941	141	—	43	65	100	15	14	1	
März.	911	161	—	39	55	95	22	20	2	
April.	903	289	3	38	48	92	14	13	1	
Mai.	712	159	—	27	41	80	12	11	1	
Juni.	703	115	—	27	34	80	10	10	1	
Juli.	707	195	12	38	28	73	12	11	1	
Aug.	618	129	2	24	31	79	8	8	—	
Sept.	588	108	2	30	29	73	5	3	2	
Octbr.	636	107	—	24	35	81	8	7	1	wobei eine Zwillingsgeb.
Nov.	665	123	—	26	38	83	13	12	1	
Decbr	696	128	—	41	44	74	17	15	2	
Summa.	9000	1787	19	393	514	831	153	139	15	

Recapitulatio.

Es war die ganze Summe der Kranken 2719, davon wurden geheilt entlassen 1787, ungeheilt 19, gestorben sind 393.

Die Gestorbenen verhalten sich also zu den Kranken wie 1 zu $6\frac{1}{9}\frac{6}{1}$.

Unter den 2719 Kranken waren 404 venerische, nemlich 172 Männer und 252 Weiber, die venerischen Männer verhalten sich zu den Weibern wie 1 zu $1\frac{1}{3}\frac{5}{7}$, und die venerischen Kranken überhaupt zu allen übrigen Kranken wie 1 zu $6\frac{2}{8}\frac{5}{4}$.

Entbunden wurden 155 Weiber, welche 154 Kinder gebahren, davon 139 lebendige und 15 todte. Es verhalten sich also die todtgebornen zu den lebendig gebornen wie 1 zu $10\frac{4}{15}$.

General - Liste

aller Kranken, Schwangern, Sechswöchnerinnen und Kinder des Charité - Lazareths im Jahre 1794.

	Anzahl der Kranken.	Geheilt Entlassene,	ungeheilt	Gestorben.	Venerische Män.	Venerische Weib.	Accouchirt.	Kinder sind geboren. leb.	Kinder sind geboren. tod.	Anmerkungen.	Recapitulation.
Jan.	743	140	1	27	51	86	18	17	.		Es war die ganze Summe der Kranken 5135, davon wurden geheilt entlassen 1826, ungeheilt 4, gestorben sind 450.
Febr.	785	134	—	36	45	96	10	7	3		
März.	794	190	—	40	50	95	11	10	1		Die Gestorbenen verhalten sich also zu den Kranken wie 1 zu 6⅔⅓.
April.	762	128	—	46	54	101	17	12	5		Unter den 5135 Kranken waren 554 venerische, nemlich 256 Männer und 298
Mai.	747	183	—	22	51	99	7	7	1		Weiber. Es verhalten sich die veneri-
Juni.	710	122	1	36	53	93	7	5	2		schen Männer zu den venerischen Wei-
Juli.	789	151	—	51	64	103	8	6	2		bern wie 1 zu 1 ??. Die venerischen
Aug.	783	172	1	46	71	105	9	5	6	welche 6 un-	Kranken überhaupt verhalten sich zu al-
Sept.	751	153	—	42	69	104	9	6	4	zeitig waren u. wobei 7 zwil- linge gebo- ren, dis se 3 waren unzeitig,	len übrigen Kranken wie 1 zu 5⅓⅓.
Octbr.	745	193	—	39	77	106	9	6	3	wovon 2 un- zeitig waren.	Entbunden wurden 117 Weiber, wel- che 121 Kinder gebahren, nemlich 89 le-
Nov.	719	112	—	22	89	110	4	4	—		bendige und 52 todte. Es verhalten sich
Dec.	879	148	1	43	85	111	8	4	4		also die todtgebornen zu den lebendig
Summa.	9207	1826	4	450	760	1209	117	89	32		gebornen wie 1 zu 3⅔.

in den Wintermonaten aber werden ihre Leichname an das anatomische Theatrum überliefert.

Die Oekonomie steht unter Aufsicht eines Inspectors. Die Speisen für die Kranken und Genesenden bestimmt täglich der Pensionair-Chirurgus. Die Speisung der Kranken kostet ohngefähr täglich 2 gr. auf die Person. Es werden monatliche genaue Listen von dem Bestande der Zu- und Abgänge der Kranken, sowohl summarisch als nach den besonderen Krankheiten und Verletzungen angefertiget. Aus diesen Listen habe ich folgende Generallisten aller Kranken, Schwangeren, Sechswöchnerinnen und Kinder des Charité-Lazareths von 1789 bis 1794 angefertiget. Aus diesen läfst sich das Verhältnifs der Gestorbenen zu den Geheilten und ungeheilt Entlassenen, der Venerischen zu den übrigen Kranken und der daselbst todt- zu den lebendig geborenen Kindern bestimmt angeben, welches bei jedem Jahre besonders angemerkt worden.

Das Resultat dieser Listen ist, dafs die ganze Summe der angegebenen Kranken, sowohl innere als äufsere, von dem Jahre 1789 bis inclus. 1794, also in 6 Jahren 17891 gewesen ist.

Davon sind geheilt entlassen 10570.

—   —   ungeheilt   -   -   332.

—   —   gestorben   -   -   2615.

Es verhalten sich also die Gestorbenen zu den Kranken wie 1 zu $6\frac{2201}{2617}$.

Unter den 17891 Kranken waren

Venerische 2783, nehmlich 1255 Männer und 1528 Weiber. Die venerische Männer verhalten sich also zu den Weibern wie 1 zu $1\frac{273}{1255}$ und die Venerische überhaupt zu allen übrigen Kranken wie 1 zu $6\frac{1173}{2783}$.

Entbunden wurden in diesen sechs

Jahren -	- - -	870 Weiber.
welche gebahren	- -	882 Kinder
nämlich -	- - -	751 lebendige
und	- - - -	131 todte Kinder.

Es verhalten sich demnach die Todtgebornen zu den Lebendiggebornen wie 1 zu $5\frac{96}{131}$.

Diese Uebersicht zeigt dafs die Sterblichkeit in dieser Anstalt sehr grofs ist, fo dafs beinahe der sechste Kranke stirbt. Wenn man dazu die grofse Anzahl der Venerischen, Krätzigen und äufserlichen Kranken, welche doch selten an der Krankheit sterben, mit in Anschlag bringt, so ist das Resultat noch ungünstiger.

Die Ursachen dieser auffallend grofsen Sterblichkeit in einer Anstalt wie diese, verdienten genau untersucht zu werden. Ich begnüge mich hier an-

zuführen, dafs erstlich unter den Kranken sich gewöhnlich viel unheilbare, oder wenigstens sehr
schwer zu heilende Leute, als Wassersüchtige,
Schwindsüchtige, Epileptische, mit Krebsschaden
behaftete und dergl. mehr befinden; zweitens, dafs
dieses Lazareth dem Schicksale aller Anstalten dieser
Art ebenfalls ausgesetzt ist, indem es nehmlich gewöhnlich die Kranken viel zu spät erhält, worunter
sich oft agonisirende befinden, die kaum in ihr Bette
gebracht werden können.

Die Armen haben mehrentheils eine solche
Furcht für diese Anstalt, dafs sie es eher als eine
Strafe, denn als eine Wohlthat ansehn, darin aufge-
nommen zu werden. Drittens endlich ist nicht zu
leugnen, dafs es bisher daselbst an den nöthigen
Raum und zum Theil auch wohl an Wartung und
Reinlichkeit gefehlt hat. Daher die Luft in den Zim-
mern immer verdorben gewesen ist, und fast jedes
Jahr epidemische Lazareth-Fieber daselbst geherrscht
haben, die eine beträchtliche Anzahl wegen anderer
Zufälle daselbst befindlicher Kranken und mehrere
Officianten weggerafft haben. Selbst die Lage des
Hauses ist nicht die günstigste, indem im Frühjahr
die mehrsten sie umgebenden Wiesen und Felder
mit Wasser bedeckt sind, und die Luft mit schädli-
chen Ausdünstungen erfüllen, und die zur Reinigung derselben so heilsamen Winde nicht von allen
Seiten ungehindert streichen können.

S

Durch die neu aufgeführte Gebäude wird nunmehr dem Mangel am Raum hoffentlich abgeholfen, und die Genesenden von den Kranken, welches bisher nicht möglich war, getrennt werden können. Da nun auch in den lezten Jahren die Verpflegung der Kranken und die ganze ökonomifche Verfassung dieser Anstalt beträchtlich verbessert worden ist, so läfst sich hoffen dafs für die Zukunft diese grofse Sterblichkeit ansehnlich abnehmen wird.

2. Das Irren-Haus.

Diefe Anstalt steht ebenfalls unter der Aufsicht des Armendirektorii. Das Haus liegt auf der Friedrichsstadt in der Krausenstrasse und· ward zur Aufnahme und Verpflegung für Wahnwitzige und trübsinnige Personen bestimmt, als dessen Besitzer 1726 wahnwitzig und ohne Erben starb. Es ward auf Kosten der Armenkasse, mit Verwendung eines besonderen Vermächtnifses, dazu eingerichtet. In der Folge wurde zur Erweiterung ein hinten daranstossendes Haus und Garten gekauft und 1766 durch innere Veränderungen bequemer eingerichtet. Von den Einwohnern Berlins werden ganz Arme unentgeldlich, die Uebrigen und Auswärtige gegen billige Verpflegungskosten, und alle bei dringender Gefahr sogleich aufgenommen, auch nicht eher als auf Gutachten des Arztes von dem Armendirectorium wieder entlafsen, und wenn sie arm sind in andere Armenhäussr untergebracht.

Die Wahnwizzigen haben ordentliche Zimmer
zu ihrem Aufenthalt, doch sind diese zu klein und
gewöhnlich liegen sie so eng zusammen, daſs die
Atmosphäre verdorben und der Geruch unerträglich
ist. Dieses ist, zumal im Winter, der Fall, wo zur
Ersparung des theuren Holzes diese Unglücklichen
noch mehr zusammen gepreſst werden. Beide Geschlechter sind von einander getrennt und haben,
wenn es ihr Zustand erlaubt, die Freyheit im Hof
und Garten herum zu gehn; die dazu geschikt sind,
werden mit Spinnen und andern Arbeiten beschäftiget. Die ganz Rasenden werden in gewiſsen von
starken Bohlen gemachten Verschlägen, welche Kas-
ten genennt werden und im Winter durch oberhalb
gezogene Röhren gewärmt sind, aufbewahrt und
zum Theil angeschlossen.

Ein besonderer Arzt (gegenwärtig Hr. Geh. Rath
Roloff) und ein Wundarzt tragen für die Wiederherstellung der Gesundheit dieser unglücklichen Personen, die möglichste Sorge. Da aber die Mehrsten
erst dahin gebracht werden, wenn schon in Krankenanstalten oder durch Privat-Curen bei ihnen alle
Mittel fruchtlos angewendet worden sind, so ist die
Anzahl der Geheilten immer sehr unbedeutend.
Die Medicamente liefert die Hofapothecke auf Anweisung des Arztes, und der Wundarzt besorgt die
Austheilung derselben.

Im Jahr 1790 hatte das Irrhaus vom Jahr 1789

behalten 98. Zu diesen wurden aufgenommen 28.
Davon besserten sich 10 so, dafs sie in andere Anstalten untergebracht werden konnten. Geheilt entlassen wurden 9, und es starben 7.

1791 waren vom vorigen Jahre 100 übrig geblieben. Es wurden aufgenommen 24, in andere Anstalten translocirt 6, geheilt entlassen 13, gestorben 29.

1792. Der Bestand war 76, aufgenommen wurden 26, in andere Anstalten kamen 10, geheilt entlassen wurden 4, und es starben 5.

1793. Vom vorigen Jahr blieben 83, hinzuge-
kommen 11, in andere Anstalten untergebracht 2.
geheilt 4, gestorben 6.

1794 waren vom vorigen Jahre 82, dazu kamen
14, in andern Anstalten untergebracht 3, geheilt entlassen 1, und es starben 8.

Es sind also in diesen 5 Jahren aufgenommen
542, geheilt entlassen sind 31, in andern Anstalten
untergebracht 31, gestorben sind 55.

Da alle am Verstande zerstörte Personen gröfstentheils in diese Anstalt aufgenommen werden, so
wäre wohl zu wünschen, dafs die innere Einrichtung
derselben es zuliefse, dafs sie besser gepflegt und be-

köstiget würden. Die Oekonomie steht unter einem Inspektor und einem Controlleur. Ein Zuchtmeister und nicht mehr als 2 Wärter besorgen die Aufwartung, die daher auch erbärmlich ist, da die gewöhnliche Anzahl der Wahnwizzigen sich oft über 100 beläuft, und diese Leute mehr, denn andere Kranken, Wartung und Aufsicht erfordern.

Da aufserdem diese Anstalt mehr zur Aufbewahrung, als zur Heilung der darin aufgenommenen Personen dient, so müfste um so nothwendiger die innere Einrichtung verbessert werden, und sowohl die Wohnungen, als die Speisung und Aufwartung derselben zweckmäfsiger eingerichtet seyn.

Der Gottesdienst für die Officianten des Hauses und für die Wahnwizzigen, die noch religiöser Erkenntnifs fähig sind, ward bis 1744 durch eigene dazu bestellte Prediger versehen. Da aber zwei von denselben kurz nacheinander sich bei diesem Amte eine Schwäche des Verstandes zugezogen hatten; so ist nun die Einrichtung getroffen worden, dafs die Präceptoren im grofsen Friedrichs-Hospitale wechselweise Sontags Vormittags predigen. Das Abendmal und die Kranken-Besuche besorgt einer der Prediger der Charité.

Die Ursachen der Verwirrungen sind bei Vielen häusliche Unglücksfälle, getäuschte Hoffnungen, Stolz, Liebe, bei einigen Melancholie und Schwär-

merei. Auch der Trunck hat bei Mehreren Ver-
rückungen zu wege gebracht. Indessen beweisen
die Listen, daſs das Verhältniſs der Wahnwizzigen
zu der Bevölkerung nur gering ist. Die Zahl der
Mannspersonen welche in diesen Zustand gerathen,
ist fast um ⅓ stärker, als der vom weiblichen Geschlecht.

3. *Das Krankenhaus der jüdischen Gemeinde.*

Dieses Haus ist 4 Stock hoch und 20 Fenster breit und wurde im Jahr 1756 auf Kosten der
Gemeinde erbaut. Es enthält 12 Stuben; 5 für
weibliche und 7 für männliche Kranke; ferner einen
groſsen Reconvalescenten - Saal, eine Vorraths - Stube
ein Bet - Zimmer und eine Wohnung für den Lazareth - Vater. Es faſst 350. bis 400 Kranke und nimmt
jährlich 500. biſs 550. Kranke auf, von welchen selten mehr als 10. bis 12. sterben. Zufolge des Kran-
kenbuchs enthielt dieses Lazareth vom Julio, 792. bis
zum Julio 1795. 1116 Kranke, von denen 27. gestorben sind. Unter den letzten befanden sich 5. die
mit consumirten Schwindsuchten in das Krankenhaus kamen.

Ein Arzt (gegenwärtig Hr. Prof. M. Herz) und
ein Wundarzt besuchen täglich die Kranken, und
zwei Wärter nebst einer Wärterin besorgen die Bedienung derselben. Auſser diesen werden, wenn es
die Anzahl der gefährlichen Kranken erfordert, noch

besondere Wächter gemiethet. Es werden Kranken aller Art in diese Anstalt aufgenommen, Ein-
heimische, Ansäfsige, Dienstbothen, Studirende, desgleichen Fremde aus Pohlen, Preufsen, aus dem
Reiche etc. die entweder hier krank werden, oder
um geheilt zu werden sich hieher begeben. Der
Kranke meldet sich bei dem Arzte, dieser giebt einen
Schein, der von einem der Vorsteher der Gesell-
schafft der Kranken-Besucher, welche die Aufsicht
über die ganze Anstalt haben, unterschrieben ist;
und der Kranke wird in einer Sänfte oder in einem
Wagen nach dem Lazareth gebracht. Es befinden
sich daher in demselben beständig merkwürdige
Kranken aller Art, hitzige sowohl als chronische,
da theils der Eintritt mit so wenigen Schwierigkeiten verbunden ist, theils von allen Orten her wichtige Kranke hergeschickt werden, indem es die einzige grofse und öffentliche Anstalt von der Art ist,
welche die Juden in ganz Deutschland haben.

Die Ausgaben in dieser Anstalt betragen jährlich an 4000 Rthlr.; es ist aber kein festgesezter
bestimmter Fond dazu vorhanden, sondern die Kosten werden jedesmal, so viel sie betragen durch Beiträge herbeigeschafft. Der Arzt ist auch nicht in
der Verordnung der Medicamente eingeschränkt;
er verschreibt die besten und theuersten; er verordnet wo es nöthig ist, Wein, Hühner, Chocolade etc.
Wenn wichtige Operationen vorkommen, die der
ordentliche Chirurgus nicht vornimmt, wird der

beste Wundarzt der Stadt dazu genommen und bezahlt. Es ist keine besondere bestimmte Apothecke
für das Lazareth; sondern die Recepte, die der Arzt
täglich verschreibt, werden abwechselnd bald in dieser bald in jener Apotheke verfertiget, und die ge-
sammten Rechnungen werden monatlich bezahlt.

Die Pflege ist ungemein gut. Die Genesenden
sowohl als die Kranken, denen es der Arzt erlaubt,
bekommen täglich Brühen, Gemüse, Kalb - und
Hühnerfleisch, Wein, Caffe u. s. w. Auch in Ansehung der Reinlichkeit hat dieses Lazareth vor sehr
vielen der gewöhnlichen Kranken - Häuser grofse
Vorzüge.

4. *Das Krankenhaus der französischen Pro-*
testanten.

Diese Anstalt, von der wir schon oben Erwäh-
nung gethan haben, ist bestimmt diejenigen Kranken der französischen Colonie aufzunehmen, welche
sich in der Lage befinden, dafs es ihnen an gehöriger Pflege, wenn sie schwer erkranken, gebricht.
Sie erhalten daselbst nicht allein medicinische Hülfe,
sondern auch die ihnen nöthige Pflege. Ein besonderer Arzt und Wundarzt behandeln die Kranken
und die Arzneien werden abwechselnd, aus den,
zur französischen Colonie, gehörigen Apothecken,
verschrieben. Das Consistorium führt die Aufsicht
über dieses Krankenhaus und der König läfst dem-

selben jährlich eine beträchtliche Summe auszahlen, um den Ankauf der Arzneien für die Kranken zu erleichtern. Wahnwitzige werden hier gleichfalls versorgt, wenn aber die Verrückung bis zur Raserei geht; so werden sie ins Irrhaus gebracht.

Im Jahre	wurden aufgenommen	davon genasen	es starben	Wahnwizzige
1790.	98	81	24	2
1791.	99	78	20	—
1792.	85	66	33	—
1793.	71	49	19	2
1794.	99	67	19	—
	452	341	115	4

Nach diesem 5 jährigen Durchschnitt verhalten sich die Gestorbenen zur Zahl der aufgenommenen Kranken wie 1. zu $3\frac{197}{115}$. Es stirbt also mehr als der vierte Theil der daselbst aufgenommenen Kranken.

5. *Die Krankenverpflegung der Berlinischen Garnison.*

Sämtliche Regimenter der Berlinschen Garnison haben jedes ihr eigenes Krankenhaus. Alle Soldaten, sobald sie in eine nur etwas anhaltende Krankheit verfallen, werden in das Krankenhaus gebracht. Für die Arzeneien bezahlt der König dem Regimentschirurgus, für jeden dienenden Mann, er sei krank oder gesund, monatlich ein festgesetztes Medicingeld.

Die Inhaber der Kompagnien geben noch eine besondere monatliche Zulage, in der menschenfreundli-
chen Absicht, dafs die kranken Soldaten besser gepflegt, und wenn sie zu genesen anfangen, durch
bessere Speisen erquickt werden. Die Unterhaltung
des Krankenhauses mit dazu gehörigen Betten und
andern Bedürfnissen kommt dem Regimente zu.
Der Fond dazu fliefset aus den Erlaubnifsscheinen,
die ein jeder Unterofficier und gemeiner Soldat, der
ein Ausländer ist, bei seiner Verheirathung mit 6.
rthlr. bezahlen mufs; und aus einem monatlichen
Beitrage des Krieges-Departements von 12 rthlr. 12
Gr. Von diesem Gelde ist bei jedem Regimente
eine besondere Casse errichtet, welche der Regi-
mentsquartiermeister verwaltet. Die Kranken werden in diesen Häusern sehr sorgfältig, sowohl von
dem Regiments- als auch Kompagniefeldscherern,
besuchet, und mit Arzneien versorgt. Sie liegen
nach ihren verschiedenen Krankheiten in besondern
Zimmern. Der im Hause wohnende Krankenwär-
ter sorgt, nach der Vorschrifft des Regimentsfeld-
schers, für ihre Aufwartung, für die Reinigung der
Betten und für die Diät. Ein Compagniechirurgus
hat beständig die Wache im Hause; auch ist, Ordnung zu erhalten, beständig ein Unterofficier da.
Beide müfsen täglich einen schriftlichen Rapport bei
dem Officier, der die Inspection hat, einreichen; der
ihn beim Regimente abgiebt. Wenn der Kranke
lange im Krankenhause bleibt, so fällt sein Servis
gleichfals an die Krankenhauskasse. Da aber die

Kosten dieser Anstalten, die sich bei jeder oft auf
400. bis 500. rthlr. jährlich belaufen, von den eben
angeführten Fonds nicht hinlänglich bestritten werden können; so mufs die Kasse des Regiments den
Zuschufs geben, wozu die Compagnien gemeinschaftlich beitragen.

Aus dieser Uebersicht der Medicinalverfassung,
in Berlin erhellet die Sorgfalt, welche die Gesezge-
ber von jeher angewendet haben, damit das Gesundheitswohl der Einwohner möglichst befördert werde,
und die Sorge für dasselbe sich in den Händen geschickter und geprüfter Männer befinde.

Die Grundgesezze auf welchen die Medicinalverfassung beruht, bestimmen mit Genauigkeit die
Grenzen welche die verschiedenen Medicinalpersonen von einander trennt und welche sie gegensei-
tig nicht übertreten sollen. Dessen ohngeachtet
aber wird der beabsichtete Endzweck bei weiten
nicht erreicht. Die Klagen über die Mordthaten der
Afterärzte die aus allen Ländern her erschallen, finden auch in Berlin häuffig statt. Der Pöbel aus
allen Ständen hängt an diese Charlatans mit einer
Art von Wuth die weder Vernunftgründe noch Gesezze bis jezt zu besiegen im Stande gewesen sind.
Es giebt daher noch immer mehrere geheime Arzneimittel und Sympathetische Curen die vom gröb-
sten Aberglauben zeugen; auch vergeht selten ein
Jahr wo nicht bei uns ein medicinischer Glücksrit-

ter auftreten sollte und entweder ein allgemeines Specificum zu haben, oder wenigstens die
unheilbarsten Uebel heilen zu können vorgiebt,
und selten verfehlt ein solcher Mensch seinen Endzweck, sich zu bereichern, bei uns. Schäfer, kluge
Weiber und dergleichen mehr, sind ebenfalls ein
nicht ungewöhnlicher Zufluchtsort. wo die Kranken
Heilung suchen.

Die Medicinalgesezze werden indessen nicht allein
von diesen Leuten übertreten; sondern es handeln
auch die mehrsten Medicinalpersonen dagegen. Die
Wundärzte z. b. sind aufs schärfste angewiesen, und
müssen eidlich versprechen sich aller inneren Curen
ohne Ausnahme zu enthalten. Demohngeachtet
aber praktisiren solche öffentlich und ohne Rückhalt und obgleich einige darunter durch Fleifs sich
einige Kenntnifse in der Arzneiwissenschaft ver-
schaft haben; so fehlt es doch der gröfseren Anzahl
derselben fast gänzlich daran, und der Schade den
sie anrichten ist unübersehbar. Der Bürger und
der Mittelstand in Berlin nehmen gewöhnlich in
Krankheiten ihre erste Zuflucht zu den Wundärzten
und der Arzt wird nur darin mit zu Rathe gezogen, wenn die Gefahr am höchsten gestiegen ist.
Sie sind es auch denen die mehrsten venerischen
Kranken sich anvertrauen, und ich habe schreckliche
Beispiele gesehen, wo die an dieser Krankheit Lei-
dende ein Opfer der Unwissenheit geworden sind.
Es wäre demnach wohl Zeit, dafs ernstliche Maas-

regeln dagegen sowohl, als gegen das Verfertigen der
Recepte in Apotheken, getroffen würden; denn obgleich unsere Apothecker vereidet sind, keine Recepte, als solche die von approbirten Aerzten unterschrieben sind, zu verfertigen; so geschieht solches
dennoch ohne den mindesten Rückhalt, und sie
lassen die gefährlichsten Mittel und selbst Gifte ver-
abfolgen, sobald sie nur in der Form eines Recepts
gefordert werden.

Berlin hat gewöhnlich zwischen 40 und 50
praktisirende Aerzte, und dies wäre für den Um-
fand der Stadt und die Bevölkerung derselben keine
übermäfsige Anzahl, wenn sie nicht angeführter-
maafsen in ihren Rechten stets beeinträchtiget würden. Aufser diesen haben alle Regimentschirurgi,deren
Anzahl 8 — 10 ist, das Recht, zu praktisiren. Unter
unsern Aerzten sind Männer, die in der Wissenschaft
Epoche gemacht haben, und viele, die durch ihre
Kenntnisse und ihren Fleifs das Zutrauen, welches
sie erhalten haben, mit Recht verdienen, und die
Wissenschaft sowohl, als die Menschheit selbst, würden unendlich dabei gewinnen, wenn Eintracht, ge-
genseitiges Zutrauen und Achtung eben so allgemein
wäre, als Neid und Scheelsucht gemein sind, und
das Sprichwort; mendicus mendicum non magis odit
quam medicus medicum, würde nicht mehr Spott
und Mangel an Achtung auf eine Wissenschaft verbreiten, welche durch ihren Nuzzen, und durch ihren edlen Zweck allgemeine Verehrung verdient.

Die bürgerliche Verfassung der Aerzte ist bei uns
wie aller Orten, äufserst fehlerhaft. So lange der
Staat nicht selbst die Aerzte besolden wird, werden
alle Maafsregeln und Gesetze nicht im Stande seyn,
die Medicinalverfassung zu der Vollkommenheit zu
bringen, deren sie, an und für sich, wohl fähig
wäre. Wenn hingegen eine Stadt nach ihrem Umfange in verschiedene Viertel eingetheilt wäre, wenn
die Besorgung aller in jedem dieser Theile der
Stadt vorhandenen Kranken einem dazu besoldeten
Arzte anvertraut wäre; so würde der nicht begüterte
Bürger eben so gut, wie der Reiche, wenn er es be-
nöthiget ist, ärztliche Pflege erhalten können, und
aller Neid und Eigennutz unter den Aerzten selbst,
würde dadurch wegfallen. Dann würde auch gewifs die Anzahl grofser Aerzte mehr zunehmen,
wenn der Staat Anstalten träfe, die auf die Erhaltung
des Ansehens und der Würde, und auf die Befriedigung der nothwendigen Bedürfnisse jenes Standes
abzweckten. Auch das Verhältnifs der Aerzte in dem
Lande, zu dessen ganzen Volksmenge und die Vertheilung derselben würde zweckmäfsiger werden,
und eine solche Einrichtung würde für das Wohl der
Menschheit und für die Vervollkommnung der Heilkunde gleich vortheihaft seyn. Sie wird aber wahrscheinlich noch lange zu den frommen Wünschen
gezählt werden.

V.

NATURGESCHICHTE.

Obgleich Berlin und die umliegende Gegend dem Naturforscher keinen reichhaltigen Stoff zur Unter-suchung und Unterhaltung darbietet, fo wird ein fystematisches Verzeichnifs der hier vorhandenen Produkte aus allen drey Naturreichen, dennoch vielleicht nicht unwillkommen seyn.

Das Thierreich bietet die gewöhnlichen Saug-thiere, Vögel, Fische und Amphibien dar. Ergie-biger und in etwas merkwürdiger ist die Erndte im Entomologischen Felde. Das Verzeichnifs der bey Berlin vorhandenen Infekten ist aus der Samm-lung des Königlichen Leibchirurgus Herrn Collignon entlehnt.

Aus dem Pflanzenreiche habe ich nur die offi-cinellen Gewächfe angeführt. Wer das Ganze über-

T

ſehen will, kann die äuſserst vollständige Flora berolinensis des Herrn Prof. Wildenow zur Hand
nehmen, aus welcher dieses Verzeichniſs ein Aus-
zug ist.

In mineralogischer Rücksicht hat Berlin mit
der ganzen Chur- und Neumark das gemeinschaft-
liche Schicksal, von der Natur, bey Austheilung
ihrer unterirdischen Gaben, nur stiefmütterlich behandelt worden zu ſeyn. Bekanntlich gehört das
ganze flache, nur hie und da etwas hüglichte Land,
vom sächsischen Erzgebürge an, bis zum Ufer der
Ostsee, zu den aufgeschwemmten, nur aus Sand
und Lehmschichten gebildeten, Gebirgen, in welchen, auſser einzelnen Lagern von Kalksteingyps,
Mergel, Alaunschiefer, Torf, keine weitern Mine-
ralprodukte zu suchen sind.

Berlin mit seiner nächstumliegenden Gegend,
muſs sich blos mit Sand und Lehmschichten begnügen, indem die Kalksteinbrüche bey Rüdersdorf, das Alaunschieferflötz bey Freyenwalde, die
Gypsbrüche bey Schorenberg ſchon einige Meilen
entfernt sind. Was für Flötzschichten unter die-
ſem aufgeschwemmten Erdboden vorhanden seyn
mögen, ist noch eben so wenig bekannt, als die
Beschaffenheit des noch tiefern Urgebirges.

Ob nun gleich die Gegend von Berlin keine
ihr eigenthümliche unterirdische Schätze und mi-

neralogische Merkwürdigkeiten aufzuweifen hat, so
verdienen doch, die als Geschiebe vorkommenden,
einheimisch gewordenen Fremdlinge und darunter
besonders die Petrefacta einige Aufmerkfamkeit.

Das nachstehende kurze systematische Verzeichnifs derfelben ist nach Anleitung der ungemein
vollständigen Sammlung des Königl. Ober - Kirchen - und Schulraths Herrn Meierotto hieselbst,
entworfen worden.

I.

DAS THIERREICH.

CLASSIS I.

MAMMALIA.

1. Vespertilio.

1. Vesp. auritus, *das Langohr.*
2. — murinus, *das Mauseohr,*
   die gem. Fledermaus.

2. Canis.

1. Can. familiaris, *der gesellschaftliche Hund.*
a. - domesticus, *der Haushund.*
b. - fagax, *der Jagdhund.*
c. - grajus, *der Windhund.*
d. - molossus, *der Bullenbeifser.*
e. - aquaticus, *der Pudel.*
f. - meliteus, *der Bolognefer.*
g. - fricator, *der Mops.*
h. - vertagus, *der Dachshund.*
i. - avicularius, *der Hünerhund.*
*k. - leoninus, *der Löwenhund.* c.
*l. - hydrophilus, *der Amerikanische Schwim-*
   mer. c.
m. - aegyptiacus, *der Neger oder der Tür-*
   kische Hund.
*n. - ovinarius, *der Schaafhund.* c.

*o. - islandicus, *der Isländer.* c.

*p. - ⟩danicus, *der Dänische oder* c.
⟩pantherinus, *der grofse und kleine Tie-*
gerhund.

2. - vulpes, *der Fuchs.*

3. Felis.

1. Fel. Catus domest. *die gemeine Hauskatze.*

4. Mustela.

1. Must. Lutra, *der Fischotter.*
2. - Martes, *der Marder.*
3. - Putorius, *der Iltis. Illing.*
4. - Erminea, *das Wiesel.*

5. Ursus.

1. Urs. Meles, *der Dachs.*

6. Talpa.

1. Tal. europaea, *der Maulwurf.*

7. Sorex.

1. Sor. Araneus, *die Spitzmaus.*

8. Erinaceus.

1. Erin. europaeus, *der Igel, oder*
das Stachelschwein.

9. Lepus.

1. Lep. timidus, *der Feldhaase.*
2. - cuniculus, *das Kaninchen.*
3. - fericeus, C. *der Seidenhaase.*

10. Castor.

1. Cast. Fiber, *der Biber*, *oder*
der Landkastor.

11. Mus.

1. M. Porcellus, *das Meerschweinchen.*
2. - Cricetus, *der Hamster.*
3. - terrestris, *die Feldmaus.*
4. - amphibius, *die Wasserratze.*
5. - Rattus, *die Hausratze.*
6. - musculus, *die Hausmaus.*
7. - avellanarius, *die Haselmaus.*
8. - gregarius, *die Erd- oder Feldmaus.*
9. - fylvaticus, *die Waldmaus.*
10. - albulus, C. *die weiſse Maus.*

12. Sciurus.

1. Sci. vulgaris, *das Eichhorn.*

13. Cervus.

1. Cerv. Elaphus, *der Hirsch.*
2. - Dama, *der Damhirsch.*
3. - Capreolus, *das Reh.*

14. Capra.

1. Cap. Hircus, *der Bock.*
die Ziege.

15. Ovis.

1. Ov. Aries, *das gem. Schaaf.*

16. Bos.

1. B. Taurus, *der Stier.*
   - a. Bos, *der Ochs.*
   - b. Vacca, *die Kuh.*
   - c. Vitulus, *das Kalb.*

17. Equus.

1. Eq. Caballus, *das Pferd.*
2. - Asinus, *der Esel.*

18. Sus.

1. S. Scrofa, *das zahme Schwein.*
2. - Aper, *das wilde Schwein.*

CLASSIS II.

AVES.

1. Falco.

1. Fal. pygargus, *der Bleyfalke.*
2. - Milvus, *der Weihe, Milan,*
   der Gabler.
3. - Alaudarius, *der Lerchenfalke.*
4. - Buteo, *der Weihe, der Bufshart.*
5. - Tinnunculus, *der Thurmfalke.*
6. - palumbarius, *der Taubenhabicht.*
7. - Nifus, *der Sperber.*
8. - Lanarius, *der Mausadler* *).
9. - Apivorus, *der Bienenfrefser.*

2. Strix.

1. Str. Bubo, *der Schuhu, Schufuth.*
2. - Otus, *die Horneule.*
3. - Scops, *die Baumeule,*
   die Ohr- oder Fuchseule.
4. - Aluco, *die Nachteule, Waldauf.*
5. - Stridula, *die Brandeule, Katzeneule.*
6. - Ulula, *die Steineule.*
7. - pafserina, *das Käuzlein, die Zwergeule.*

3. Lanius.

1. Lan. Excubitor, *der grofse Neuntödter,*

---

*) oder der Mausaar.

2. Lan. Collurio, *der Finkenbeifser.*

3. - rutillus, Brifs. *der kleine rothe Neun-*
tödter.

4. Corvus.

1. Cor. Corax, *der grofse Rabe, der Kolkrabe.*

2. - Corone, *der gemeine Rabe.*

3. - frugilegus, *die Saatkrähe.*

4. - Cornix, *die Nebelkrähe.*

5. - Monedula, *die Dohle.*

6. - glandarius, *der Waldholzheher.*

7. - Caryocatactes, *der Nufsheher.*

8. - Pica, *die Elster.*

5. Coracias.

1. Cor. Garrula, *der Birkheher, Mandelkrähe.*

6. Oriolus.

1. Or. Galbula, *der Kirschvogel,*
der Golddrofsel.

8. Cuculus.

1. Cuc. Canorus, *der Gugkuk.*

8. Yunx.

1. Yunx Torquilla, *die Natterwinde.*

9. Picus.

1. Pic. viridis, *der Grünspecht.*

2. - major, *der Buntspecht.*

3. - medius, *der Weisspecht.*

4. - minor, *der Grasspecht.*

10. Sitta.

1. Sit. europaea, *der Grauspecht.*
2. - morio, View. *der Schwarzspecht.*

11. Alcedo.

1. Alc. Ispida, *der Eisvogel.*

12. Upupa.

1. Up. Epops, *der Wiedehopf.*

13. Certhia.

1. Cert. familiaris, *der Baumklette.*

14. Anser.

1. Ans. Cygnus, *der Schwan.*
2. - fusca, *die wilde braune Ente.*
3. - Anser, *die zahme Gans.*
4. - ferus, *die wilde Gans.*
5. - arborea, *die Baumgans. (Naturf.)*
6. - Clangula, *die Quater-Ente.*
7. - Strepera, *die Schnatter-Ente.*
8. - Penelops, *die Pfeif-Ente.*
9. - Querquedula, *die grofse Kriech-Ente.*
10. - Crecca, *die kleine Kriech-Ente.*
11. - moschata, *die Türkische Ente.*
12. - Clypeata, *die Löffel-Ente.*
13. - Boschas, *die gemeine Ente.*
14. - Circia, *die Sommer-Halbente.*
15. - fuligula, s. } *die Hauben-Ente.*
    fulica,

15. Mergus.

1. Mer. merganser, die Tauchergans,
   die Schnarrgans.
2. - albellus, die Vollente.

16. Colymbus.

1. Col. cristatus, der Haubentaucher.
   der Landkragen.
2. - auritus, der Taucher, Ohrentaucher.
3. - fluviatilis, Brifs. der kleine Seehahn.

17. Larus.

1. Lar. Tridactylus, die Wintermewe.
2. - canus, die kleine graue Mewe.
3. - cinerarius, die aschgraue Mewe.

18. Sterna.

1. Ster. Hirundo, die Meerschwalbe,
2. - nigra, die schwarze Meerschwalbe.

19. Ardea.

1. Ard. Grus, der gem. Kranich.
2. - Ciconia, der weifse Storch.
3. - nigra, der schwarze Storch.
4. - Nycticorax, der Quackreiher.
5. - cinerea, der graue oder der gemeine
   Reiher.
6. - Stellaris, die Rohrdommel.
7. - minuta, die kleine Mooskuh.
   — — Rohrdommel.

8. Ard. Garzetta, *der weifse kleine Reiher.*
(*Naturf.*)

20. Scolopax.

1. Scol. rusticola, *der Waldschnepf.*
— *gem. Schnepf.*
2. - Gallinago, *der Heerschnepf.*
3. - Gallinula, *das Wafserhünchen.*
4. - Limofa, *der gem. Pfuhlschnepf.*
5. - Clottis, *der Regenschnepf.* (*Naturf.*)

21. Tringa.

1. Trin. Pugnax, *der Streitschnepf,*
— *Streithahn.*
2. - Vanellus, *der Kiebitz.*
3. - Calidris, *der grüne Strandläufer.*
4. - quatacula, *der Parder.*

22. Charadrius.

1. Char. Hiaticula, *der Strandpfeifer.*
2. - Morinellus, *der Pofsenreifser.*

23. Fulica.

1. Ful. fusca, *das braune Wafserhuhn.*
— *grofse* — —
2. - atra, *das Nufsfarbige* —
der Bläfsling.

24. Rallus.

1. Rall. aquaticus, *die grofse Wafserralle.*

25. Otis.

1. Ot. tarda, *die Trappgans.*

26. Pavo.

1. Pav. Cristatus, *der gem. Pfau.*
2. - albus, *der weifse Pfau.*

27. Meleagris.

1. Mel. Gallopavo, *der Truthahn,*
der Kalekutsche Hahn.

28. Phasianus.

1. Phas. Gallus, *der Haushahn.*
2. - Gallus cristatus, *das welsche Huhn.*
3. - Gallus ecaudatus, *die Kluthenne.*
4. - Gallus crispus, *das Straufshuhn.*
5. - Gallus pusillus, *der Zwerchhähn.*
6. - colchicus, *der gem. Fasan.*
7. - pictus, *der Goldfasan.*
8. - Nycthemerus, *der Silberfasan.*
Beyde leztere sind bey Berlin erzo-
gen worden.

29. Numida.

1. Num. Meleagris, *das Perlhuhn.*

30. Tetrao.

1. Tet. Perdrix, *das Rebhuhn.*
2. - Coturnix, *die Wachtel.*

31. Columba.

1. Col. Oenas, *die Feldtaube.*

2. Col. Dosypus, *die Trummeltaube.*

3. - gutturofa, *die Kropftaube.*

4. - cucculata, *die Schopf- oder Hauben-Taube.*

5. - laticauda, *die Pfauentaube.*

6. - gyratrix, *der Timmler, die Purzeltaube.*

7. - turcica, *die Türkische Taube.*

8. - Palumbus, *die Ringeltaube.*

9. - Turtur, *die Turteltaube.*

10. - risoria, *die Lachtaube.*

32. Alauda.

1. Al. arvensis, *die Feldlerche.*

2. - pratensis, *die Wiesenlerche.*

3. - arborea, *die Baumlerche.*

4. - campestris, *die Heidelerche.*

5. - trivialis, *die Pieplerche.*

6. - cristata, *die Haubenlerche.*

33. Sturnus.

1. Stur. vulgaris, *der gem. Staar.*

2. - Cinclus. *der Wafseramsel.*

34. Turdus.

1. Turd. viscivorus, *die Mistel, Drofsel.*

2. - pilearis, *der Krametsvogel.*

3. - iliacus, *die Weindrofsel.*

4. - musicus, *die Singdrofsel.*

5. - merula, *die Amsel, Schwarzdrofsel.*

6. - torquatus, *die Ringdrofsel, Ring-Amsel.*

7. Turd. arundinarius, *die Rohrdrofsel.*

35. Ampelis.

1. Amp. Garrulus, *der Seidenschwanz.*

36. Loxia.

1. Lox. Curvirostra, *der Kreuzschnabel.*
2. - Coccothraustes, *der Kernbeifser.*
3. - Pyrrhula, *der Thurmpfaff.*
4. - Chloris, *der Grünfink.*
5. - Enuclator, *der Parisvogel.*

37. Emberiza.

1. Emb. nivalis, *die Schneeammer.*
2. - Hortulana, *der Ortolan.*
3. - Miliaria, *die graue Ammer.*
4. - Citrinella, *die Goldammer.*
5. - Cia, *die Wiesenammer.*
6. - Schoeniclus, *der Moosemmerling.*
   die Rohrammer.

58. Fringilla.

1. Fring. Coelebs, *der Buchfink.*
2. - Montifringilla, *der Bergfink, Ingwiz.*
3. - Carduelis, *der Stigliz, Distelfink.*
4. - Canaria, *der Kanarienvogel.*
5. - Spinus, *der Zeisig.*
6. - Linaria, *der Häufling.*
7. - Cannabina, *der Flaschfink.*

8. Fring. Domestica, *der Sperling.*

9. - Montana, *der Berg-Baumsperling.*

39. Muscicapa.

1. Musc. atricapilla, *der schwarze Fliegenfänger.*

40. Motacilla.

1. Mot. Luscinea, *die Nachtigall.*

2. - modularis, *die Baumnachtigall.*

3. - corruca, *der Nachtsänger.*

4. - Hippolais, *die grüne Grasmücke.*

5. - falicaria, *der Weidenzeifslein.*

6. - alba, *die weifse Bachstelze.*

7. - flava, *die gelbe Bachstelze.*

8' - ficedula, *der Feigenfrefser.*

9. - Oenanthe, *der Weifsschwanz.*

— *Steinpicker.*

10. - Rubetra, *das Braunkehlchen.*

11. - Rubecula, *der Rothbart,*

12. - Rubicola, *das Weiskehlchen.*

13. - Atricapilla, *das Schwarzblättlein.*

der Kloster-Wenzel.

14. - Phoenicorus, *das rothe Schwänzlein,*

15. - Erithacus, *der Rothschwanz.*

16. - Suecica, *das Blaukehlchen.*

17. - Trochlodytes, *der Zaunkönig.*

18. - Regulus, *das Goldhänchen.*

41. Parus.

1. Par. cristatus, *die Haubenmeise.*

2. Par. major. *die Kohlmeise.*

3. - coeruleus, *die Blaumeise.*

4. - ater, *die Tannenmeise.*

5. - palustris, *die Sumpfmeise.*
    — *Plattenmeise.*

6. - caudatus, *die Schwanzmeise.*

7. - biarmicus, *die Barthmeise.*

42. Hirundo.

1. Hir. rustica, *die Rauchschwalbe.*

2. - urbica, *die Haus-Stadtschwalbe.*

3. - riparia, *die Uferschwalbe.*

4. - Apus, *die Mauerschwalbe.*

43. Caprimulgus.

1. Capr. europaeus, *der Ziegenmelker.*
    — *Geifsmelker.*

C L A S S I S III.

AMPHIBIA.

1. Testudo.

1. Test. orbicularis, *die Flufsschildkröte.*

2. Rana,

1. Ran. Bufo, *die Kröte.*
2. - Rubeta, *die Wafserkröte.*
3. - temporaria, *der Landfrosch.*
4. - esculenta, *der Wafserfrosch.*
5. - arborea, *der Laubfrosch,*

3. Lacerta.

1. Lac. agilis, *die Spring-Eidechse.*
2. - aquatica, *die Wafsereidechse.*
3. - palustris, *die Sumpfeidechse.*
4. - salamandra, *der Salamander.*

4. Coluber.

1. Col. Berus, *die Natter.*

5. Anguis.

1. Ang. fragilis, *die Blindschleiche.*

CLASSIS IV.

PISCES.

1. Petromyzon.

1. Petr.; marinus, *die Lamprete a).*
2. - fluviatilis, *das Neunauge b).*
3. - branchialis, *der Querder c).*

2. Acipenser.

1. Acip. Sturio, *der Stöhr d).*
2. - ruthenus, *der Sterlet e).*

3. Murena.

1. Mur. Anguilla, *der Aal.*

4. Gadus.

1. Gad. Lota, *die Quappe.*

5. Cottus.

1. Cott. Gobio, *der Kaulkopf f)*

---

a) Bey Spandow in der Havel gefangen. Bloch.

b) Bey Cüstrin und Oderberg.

c) In Schönhausen in der Panke.

d) Bey Potsdam in der Havel gefangen. Bloch.

e) Bey Stettin in einem Landsee, wo sie gezogen werden. Bloch.

f) Bey Neustadt-Eberswalde.

U 2

6. Perca.

1. Perc. Lucioperca, *der Zander.*
2. - fluviatilis, *der Stockbarsch.*
3. - cernua, *der Kaulbaarsch.*

7. Gasterosteus.

1. Gast. aculeatus, *der Stichling.*

8. Cobitis.

1. Cob. fofsilis, *der Schlampitzker.*
2. - Taenia, *der Steinpitzker.*
3. - barbatula, *die Schmerl.*

9. Silurus.

1. Sil. Glanis, *der Wels.*

10. Salmo.

1. Sal. lavaretus, *der Schnepel g).*
2. - maraena, nov. fpec. *die Maraene h).*
3. - maraenula, *die kleine Maraene i).*
4. - eperlanus, *der Stint k).*

---

g) Bey Tangermünde und ohnweit Boitzenburg.

h) Madinsee bey Werben und in andern Seen. Bloch.

i) Bey Lindow und in andern Seen der Neumark.

k) In der Müggel.

5. - Trutta, *die Lachsforelle l)*.
6. - Fario, *die·Teichforelle m)*.

11. Esox.

1. Es. Lucius, *der Hecht.*

12. Cyprinus.

1. Cypr. Erythrophthalmus, *die Plötze.*
2. - Rutilus, *das Rothauge.*
    · *der Rothflofser.*
3. - Vimba, *die Zärte n)*.
4. - Dobula, *der Döbel o)*.
5. - Jeses, *der Aland, die Göse p)*.
6. - Aspius, *der Raapfen q)*.
7. - Amarus, nov. fpec. *der Bitterling.*
   Bloch.
8. - Alburnus, *die Uekeley.*
9. - Gobio, *der Gründling.*
10. - Plestya, *die Guester.* Leske.
11. - Carassius, *die Karausche.*
12. - Gibelio, nov. spec. *die Giebel.* Bloch.

---

l) In der Neumark, und zwar in der Oder und Warthe.

m) Desgleichen in Teichen und in kleinen Flüfsen.

n) In der Warthe, auch in Landseen versetzt durch den Hrn. von Marwitz.

o) Bey D r a m b u r g in der Mark.

p) ln der Mark.

q) Desgl.

13. - Brama, *der Bley.*

14. - Tinca, *der Schley.*

15. - Carpio, *der gem. Karpfe.*

16. - Rex ciprinorum, *der Spiegelkarpfe.*

17. - Barbus, *die Barbe.*

18. - cultratus, *die Ziege* r).

---

r) In der Neumark in einem Landsee des Herrn von Marwitz.

ENTOMOLOGIE.

CLASSIS I.

ELEUTERATA.

1. a) Scarabaeus scutellatus.		25	Sc. scut. testudinarius.
b Scar. exscutellatus.		26	- quisquilius.
		27	- porcatus.
		28	- asper.
1	Sc. scut. Typhoeus.	29	- oblongus.
2	- nasicornis.	30	- variegatus.
3	- mobilicornis.	31	- merdarius.
4	- subterraneus.	32	- minutus. H.
5	- fossor.	33	- rufus. C.
6	- scybalarius.	34	- lunaris.
7	- fimetarius.	35	- taurus.
8	- vaccinarius. H.	36	- vacca.
9	- conflagratus.	37	- capra.
10	- erraticus.	38	- nuchicornis.
11	- conspurcatus.	39	- coenobita.
12	- inquinatus.	40	- planirostris.
13	- sordidus.	41	- spinicornis. C.
14	- luridus.	42	- flavipes.
15	- granarius.	43	- Schreberi.
16	- haemorrhoidalis	44	- ovatus.
17	- nitidulus.		
18	- stercorarius.		**2. Hister.**
19	- vernalis.		
20	- pusillus. H.	1	His. unicolor.
21	- rufipes.	2	- pygmaeus.
22	- nigripes.	3	- depressus.
23	- contaminatus.	4	- 2. maculatus.
24	- sus.	5	- 4 maculatus.

6 - aeneus.
7 - fimetarius. H.
8 - metallicus.
9 - parallelepipedusH.
10 - dubius. H.

3. Sphaeridium.

1 Sph. Scarabaeoides.
2 - 2 pustulatum.
3 - unipunctatum.
4 - ferrugineum,
5 - 2 maculatum.
6 - 4 maculatum H.
7 - haemorrhoidale.
8 - melanocephalum.
9 - minutum.
10 - flavipes.
11 - fimetarium.
12 - seminulum.
13 - crenatum. Pantz.

4. Byrrhus.

1 Byr. pilula.
2 - albopunctatus.
3 - fasciatus.
4 - ater.
5 - varius.
6 - aeneus.
7 - striatus. C.

5. Trox.

1 Tr. sabulosus.
2 - arenarius.

6. Opatrum.

1 Op. sabulosum.
2 - tibiale.
3 - Agricola.

7. Scarites.

1 Sc. arenarius.
2 - gibbus.
3 - globulus. C.
4 - piceus, C.
5 - sanguinolentus. C.

8. Blaps.

1 Bl. mortisaga.
2 - glabra.

9. Tragosita.

1 Tr. caraboides.

10. Helops.

1 Hel. serratus.
2 - ater.
3 - humeralis. C.
4 - quisquilius.

11. Tenebrio.

1 Ten. Molitor.
2 - carinatus. C.
3 - caraboides. C.

12. Carabus.
a. abterus thorace cordato.

1 Car. coriaceus.
2 - glabratus.
3 - violaceus.
4 - cyaneus.
5 - gemmatus.
6 - auropunctatus. H.

7 - hortensis.
8 - granulatus maj.
9 - granulatus, min. C.
10 - clathratus.
11 - nitens.
12 - arvensis.
13 - leucophthalmus.
14 - ruficornis.
15 - fulvipes.
16 - flavicornis.
17 - piceus.
18 - crepitans.
19 - terricola.
20 - oblongus.
21 - cephalotes.

b. thorace rotundato margine prominolo obtuso.

22 - sycophanta.
23 - inquisitor.
24 - brevicollis.
25 - punctatulatus.
26 - pilicornis.
27 - coerulescens.
28 - cupreus.
29 - vulgaris.
30 - latus.
31 - ovatus.
32 - azureus.
33 - erythrocephalus.
34 - ferrugineus.
35 - pallens.
36 - aterrimus.
37 - aeneus.
38 - parumpunctatus.
39 - 6punctatus.
40 - marginatus.
41 - vestivus.
42 - melanocephalus.

43 Car. cyanocephalus.
44 - crux maj.
45 - crux min.
46 - haemorrhoidalis.
47 - Andreae.
48 - germanus.
49 - vaporarium.
50 - meridianns.
51 - 4maculatus.
52 - 4guttatus.
53 - guttula.
54 - testaceus.
55 - 2punctatus.
56 - celer.
57 - minutus.
58 - pygmaeus.
59 - tristis.
60 - truncatellus.
61 - minimus.
62 - marchias.
63 - notatus.
4 - nitridilus H.
5 - fimbriatus H.
66 - levis. H.
67 - aethiops. H.
68 - varius. H.
69 - marginellus. H.

13. Cicindela.

1 Cic. angustata.
2 - campestris.
3 - hybrida.
4 - sylvatica.
5 - germanica.

14. Elaphrus.

1 El. riparius.
2 - striatus.

3 El. flavipes.
4 - semipunctatus.

15. Scolytus.

1 Scol. limbatus.

16. Hydrophilus.

1 Hyd. piceus.
2 - caraboides.
3 - emarginatus.
4 - scarabaeoides.
5 - orbicularis.
6 - haemorrhoidalis.
7 - marginellus.
8 - obscurus.
9 - luridus.
10 - minutus.
11 - griseus.
12 - granarius.
13 - picipes.
14 - bicolor.
15 - erythrocephalus.
16 - sphaeridius C.
17 - ouatus. C.
18 - minutissimus C.

17. Dytiscus.

1 Dyt. latissimus.
2 - marginalis.
3 - punctatus.
4 - Roeselii.
5 - sulcatus fem.
6 - cinereus mas.
7 - striatus.
8 - fuliginosus.
9 - 2pustulatus.
10 - transversalis.
11 - Hermannii.

12 Dyt. abbreviatus.
13 - agilis.
14 - erythrocephalus.
15 - ovatus.
16 - picipes.
17 - chrysomelinus.
18 - granularis.
19 - inaequalis.
20 - minutus.
21 - pygmaeus.
22 - reticulatus.
23 - nigrita.
24 - bilineatus. Deg.
25 - lineatus.
26 - oculatus. H.
27 - ater. Deg.
28 - simplex. H.
29 - insulanus. H.
30 - crassicornis.
31 - clavicornis H.
32 - parvulus.
33 - bicolor. C.
34 - bisculatus C.
35 - nitidulus. C.
36 - bifascitus C.
37 - conspurcatus C.
38 - 4maculatus C.
39 - parvulus H.
40 - 4semilineatus C.
41 - minutissimus C.

18. Gyrinus.

1 Gyr. natator.
2 - glaber C.

19. Elophorus.

1 El. aquaticus.
2 - elongatus.
3 - brevis H.

4 - minutus.
5 - pygmaeus.
6 - minimus.
7 - griseus H.
8 - minutissimus. C.

20. Clerus.

1 Mut. mutillarius.
2 - formicarius.
3 - minutus.

21. Trichodes. H.

1 Tr. apiarius. Fr.

22. Notoxus.

1 Not. mollis.
2 - monoceros.
3 - thoracicus. Schn.

23. Cantharis.

1 Cant. fusca.
2 - livida.
3 - obscura.
4 - pallipes.
5 - fulvicollis.
6 - melanura.
7 - testacea.
8 - nigricollis. C.
9 - nigra.
10 - biguttata.

24. Malachius.

1 Mal. aeneus.
2 - apustulatus.
3 - marginellus.

4 - pulicarius.
5 - fasciatus.
6 - equestris.

25. Dermestes.

1 Derm. lardarius.
2 - murinus.
3 - tessalatus.
4 - catta. H.
5 - macellarius.
6 - pellio.
7 - undatus.
8 - 20 guttatus.
9 - tomentosus.
10 - fumatus.
11 - fuscus.
12 - picipes.
13 - scanicus.
14 - mesomelus Schn.
15 - fenestralis.
16 - nigripes.

26. Korynetes. H.

1 Kor. violaceus. Fr.

27. Latridius.

1 Latr. longicornis.
2 - gibbosus.
3 - rugosus.
4 - porcatus.
5 - glaber.
6 - melanocephalus.
7 - punctatus. C.
8 - crenatus. C.

28. Kateretes. H.

1 Kat. pedicularius. Fr.

314

2 Kat. brachyterus.
3 - fuscus.
4 - funetarii.
5 - ater.
6 - dentatus.
7 - castaneus,
8 - piceus. C.

29. Triplax. H.

1 Trip. russica. Fr.
2 - 4 maculata. Fr.
3 - ruficollis.
4 - testacea. C.
5 - rufipes. C.
6 - nigricollis. C.
7 - minuta. C.

50. Pselaphus. H.

1 Psel. Dresdensis.
2 - Hellwigii.
3 - Berolinensis. C.
4 - aterrimus. C.

51. Dorkatoma. H.

1 Dork. Dresdensis.

52. Megatoma. H.

1 Meg. atra.
2 - brevicornis.

53. Ascitatus C.

1 Asc. luridus.

54. Anobium.

1 An. tessalatum.
2 - pertinax.
3 - molle.
4 - paniceum.
5 - abietis.
6 - minutum.
7 - micans.
8 - fagi. H.
9 - castaneum.
10 - domesticum. C.
11 - piceum. C.

55. Ptinus.

1 Ptin. longicornis.
2 - fur.
3 - imperialis.
4 - latro.

56. Ptilinus.

1 Ptil. pectinicornis.
2 - pectinatus.

57. Parnus.

1 Parn. prolifericornis.
2 - acuminatus.

58. Nicrophorus.

1 Nicr. germanicus.
2 - humator.
3 - vespillo.
4 - mortuorum.

59. Silpha.

1 Sil. littoralis.

2	Sil.	livida.	3	Ant. muscorum.
3	-	thoracica.	4	- - verbasci.
4	-	rugosa.		
5	-	atrata.		**45. Coccinella.**
6	-	obscura.		
7	-	reticulata.	1	Cocc. inpunctata.
8	-	opaca.	2	- bipunctata.
9	-	Sinuata.	3	- maculata.
10	-	4 punctata.	4	- 5 punctata.
11	-	ferruginea.	5	- 6 punctata.
12	-	oblonga.	6	- 7 punctata.
13	-	punctata H.	7	- 7 maculata.
14	-	tomentosa H.	8	- 9 punctata.
15	-	brunnea.	9	- 12 punctata.
16	-	dispar H.	10	- 13 punctata.
			11	- 14 maculata.
	40. Nitidula.		12	- 16 punctata.
			13	- 18 punctata.
1	Nit.	2 pustulata.	14	- 19 punctata.
2	-	4 pustulata.	15	- 20 punctata.
3	-	obscura.	16	- 22 punctata.
4	-	varia.	17	- 23 punctata.
5	-	imperialis.	18	- 24 punctata.
6	-	sordida.	19	- conglomerata.
7	-	colon.	20	- conglobata.
8	-	limbata.	21	- 12 guttata.
9	-	haemorrhoidalis.	22	- 14 guttata.
10	-	discoides.	23	- 7 guttata.
11	-	aenea.	24	- 16 guttata.
12	-	viridescens.	25	- 18 guttata.
13	-	silacea. H.	26	- 20 guttata.
14	-	sulcata H.	27	- oblongoguttata.
15	-	testacea C.	28	- impustulata.
			29	- 2 pustulata.
	41. Heterocerus.		30	- 4 pustulata.
			31	- 6 pustulata.
1	Het.	marginatus.	32	- 10 pustulata.
			33	- 14 pustulata.
	42. Anthrenus.		34	- variabilis.
			35	- tigrina.
1	Ant.	pimpinellae.	36	- annulata H.
2	-	scrophulariae.	37	- unifasciata H.

38 Cocc. fasciata H.
39 - campestris H.

44. Scymnus. Schn.

1 Scym. 4 guttatus C.
2 - flavipes. Panz. -
3 - auritus C.
4 - 2 pustulatus C.
5 - laricis C.
6 - rufipes C.
7 - picipes C.

45. Hemisphaerium.

1 Hem. liturum C.
2 - testaceum C.

46. Cassida.

1 Cass. viridis.
2 - affinis.
3 - vibexe.
4 - nebulosa.
5 - muraea.
6 - ferruginea.
7 - nobilis.
8 - margaritacea.
9 - variabilis.
10 - maculata Deg.
11 - scalaris C.

47. Chrysomela.

1 Chrys. hottentotta.
2 - graminis.
3 - hemoptera.
4 - violacea.
5 - populi.
6 - staphylaea.
7 - polita.
8 - collaris.

9 Chrys. salicis.
10 - ropunctata.
11 - pallida.
12 - polygoni.
13 - cerealis.
14 - fastuosa.
15 - limbata.
16 - carnifex.
17 - sanguinolenta.
18 - marginata.
19 - haemorrhoidalis.
20 - aenea.
21 - armoraciae.
22 - taraxaci H.

48. Crioceris.

1 Crioc. merdigera.
2 - 12.punctata.
3 - cyanella.
4 - melanopa.
5 - asparagi.
6 - phellandrii.
7 - 4 maculata.

49. Galleruca.

1 Gall. littoralis.
2 - tanaceti.
3 - rustica.
4 - alni.
5 - betulae.
6 - vitellinae.
7 - raphani.
8 - coccinea.
9 - 4 pustulata.
10 - 20 punctata.
11 - nympheae.
12 - capreae.
13 - calmariensis.
14 - nigricornis.
    saltatoriae.

15 Gall. oleraceae.
16 - erucae.
17 - napi.
18 - hyoscyami.
19 - nigripes.
20 - nitidula.
21 - helxines.
22 - modeeri.
23 - atricilla.
24 - testacea.
25 - exoleta.
26 - tabida.
27 - nemorum.
28 - atra.
29 - euphorbiae.
30 - brassicae.
31 - verbassi. H.
32 - picea. C.
33 - crux. C.

7 Crypt. lineola.
8 - cordiger.
9 - vitis.
10 - 6 punctatus.
11 - sericeus.
12 - vittatus.
13 - labiatus.
14 - flavilabris.
15 - moraei.
16 - ropunctatus.
17 - hieroglyphicus.
18 - coryli.
19 - 2 pustulatus.
20 - 2 guttatus.
21 - haemorrhoidalis.
22 - fulvicollis.
23 - aeneus. C.
24 - morio. C.
25 - lineatus. C.
26 - lividus. C.

50. Cistela.

1 Cist. cervina.
2 - ceramboides.
3 - sulphurea.
4 - murina.
5 - ferruginea.
6 - thoracica.
7 - fulvipes.
8 - betulae. H.
9 - Reppensis. H.

51. Cryptocephalus.

1 Crypt. 4 punctatus.
2 - tridentatus.
3 - auritus.
4 - maculatus.
5 - longimannus.
6 - marginatus.

52. Strongilus H.

1 Strong. 5 punctatus.
2 - aestivus.
3 - ater.
4 - spsyllius.
5 - brunneus. C.
6 - 5 punctatus.

53. Tetratoma. H.

1 Tetr. armata.
2 - globosa.
3 - castanea.
4 - atra.
5 - humeralis.
6 - haemorrhoidalis. C.
7 - orbicularis.
8 - fuscipes. C.
9 - minuta. C.

10 Tetr. seminula. C.
11 - minutissima. C.

54. Hispa.

1 Hisp. atra.
2 - mutica.

55. Lagria.

1 Lagr. hirta.
2 - flavipes.
3 - cylindrica. C.

56. Cerocoma.

1 Cer. Schaefferi.

57. Lytta.

1 Lyt. vesicatoria.

58. Mylabris.

1 Myl. Europaea. H.

59. Cucujus.

1 Cuc. flavipes.
2 - dermestoides.
3 - testaceus.
4 - lyctoides. C.

60. Lampyris.

1 Lamp. noctiluca.

61. Pyrochroa.

1 Pyr. coccinea.
2 - sanguinea.

62. Mordella.

1 Mord. aculeata.
2 - fasciata.
3 - atra.
4 - thoracica.
5 - ruficollis.
6 - flava.
7 - picea. C.
8 - 2 maculata. C.

63. Donacia.

1 Don. crassipes.
2 - undulata. C.
3 - festucae.
4 - sagitariae.

64. Trichius.

1 Tric. Eremita.
2 - nobilis.
3 - 8 punctatus.
4 - fasciatus.
5 - hemipterus.
6 - marginatus. H.

65. Cetonia.

1 Cet. aurata.
2 - fastuosa.
3 - aeruginea. H.
4 - floricola. H.

66. Melolontha.

1 Mel. Fullo.
2 - vulgaris.
3 - solstitialis.
4 - brunnea.
5 - variabilis.

7 Mel. Julii.
8 - Frischii.
9 - horticola.
10 - arvicola.
11 • fruticola.
12 - agricola.
13 -. ricola.
14 - farinosa.
15 - argentea.
16 - philanthus. H.

67. Buprestis.

1 Bup. Berolinensis.
2 - rutilans.
3 - Mariana.
4 - 8 guttata.
5 - aurulenta.
6 - 4 punctata.
7 - manca.
8 - unipunctata. C.

68. Elater.

1 El. rufus.
2 - ferrugineus.
3 - aterrimus.
4 - niger.
5 - murinus.
6 - holoscericeus.
7 - tessalatus.
8 - varius.
9 - aeneus.
10 - pectinicornis.
11 - cruciatus.
12 - castaneus.
13 - livens.
14 - linearis.
15 - obscurus.
16 - marginatus.
17 - thoracicus.
18 - rificollis.

19 El. brunneus.
20 - sanguineus.
21 - ephippium.
22 - praeusta.
23 - testaceus.
24 - balteatus.
25 - sputator.
26 - rufipes.
27 - minutus.
28 - striatus.
29 - pulchellus.
30 - 2 pustulatus.
31 - punctatus. H.
32 - fuscus min. Deg.
33 - cinereus. H.
34 - marginellus. H.
35 - piceolus. C.
36 - picipes. C.
37 - nigripes. C.

69. Lucanus.

1 Luc. cervus.
2 - Hircus. H.
3 - parallelepipedus.
4 - caraboides.

70. Prionus.

1 Pr. Faber.
2 - coriarius.

71. Cerambix.

1 Cer. moschatus.
2 - cerdo.
3 - heros.
4 - alpinus.
5 - hispidus.
6 - griseus.
7 - fascicularis.

X

72. Lamia.

1 Lam. aedilis.
2 - sutor.
3 - sartor.

73. Rhagium.

1 Rh. mordax.
2 - inquisitor.
3 - 2 fasciatum.
4 - elegans. H.

74. Saperda.

1 Sap. carcharias.
2 - scalaris.
3 - oculata.
4 - linearis.
5 - erytrocephala.
6 - nigricornis.
7 - populnea.
8 - tremula.
9 - praeusta.
10 - ferruginea.
11 - coerulescens. H.

75. Callidium.

1 Call. bajulus.
2 - fennicum.
3 - violaceum.
4 - femoratum.
5 - rusticum.
6 - sanguineum.
7 - fuscum.
8 - striatum.
9 - salicis.

76. Clytus. Schn.

1 Clyt. arcuatum.

2 - arietis.
3 - plebejum.
4 - mafsiliense.
5 - detritum.
6 - verbasci.
7 - mysticum.
8 - alni.
9 - confusum. H.
10 - flavipes. C.

77. Leptura.

1 Lept. hastata.
2 - melanura.
3 - livida.
4 - sanguinolenta.
5 - rubra.
6 - testacea.
7 - nigra.
8 - 4 maculata.
9 - marginella.
10 - subspinosa.
11 - 4 fasciata.
12 - collaris.
13 - melanaria. H.
14 - attenuata.
15 - ochracea. C.

78. Necydalis.

1 Nec. viridissima.
2 - coerulescens.
3 - virescens.
4 - ustulata.
5 - coerulea.
6 - nodagragriae.
7 - simplex.
8 - melanura.
9 - lineata. C.

79. Molorchus.

- 1 Mol. abbreviata.
- 2 - dimidiata.

80. Spondilis.

1 Sp. buprestoides.

81. Synodendron.

1 Syn. cylindricus.

82. Apate.

1 Ap. capucinus.
2 - limbatus.
3 - tiliae. Helw.
4 - undatus. C.

83. Bostrichus.

1 Bost. typographus.
2 - laricis.
3 - chalcographus.
4 - polygraphus.
5 - monographus.
6 - crenatus.
7 - ligniperda.
8 - piniperda.
9 - villosus.
10 - testaceus.
11 - bidentatus. H.
12 - elongatus. H.
13 - brunneus. C.
14 - piceus. C.

84. Ekkoptogaster. H.

1 Ekk. scolytus. F.

85. Bruchus.

1 Br. pisi.
2 - hemypterus. C.

86. Anthribus.

1 Anthr. Albinus.
2 - albirostris.
3 - planirostris.
4 - ruficollis. H.
5 - scabrosus.
6 - varius.
7 - pubescens. C.
8 - striatus. C.
9 - bruchoides. C.
10 - minutus. C.

87. Attelabus.

1. Att. coryli.
2 - curculionoides.
3 - pubescens.
4 - Bachus.
5 - betuleti.
6 - populi.
7 - cupreus.
8 - alliariae.
9 - cracceae.
10 - sorbi.
11 - cyaneus.
12 - globosus.
13 - flavipes.
14 - frumentarius.
15 - betulae.
16 - cyanocephalus. H.
17 - assimilis. H.
18 - punctatus. C.
19 - griseus. C.

X 2

20 Att, flavifemoribus. H.
21 - violaceus. H.
22 - minimus. C.

88. Rhinomacer.

1 Rhin. unicolor. C.

89. Curculio.

1 Cur. granarius.
2 - Oryzae.
3 - Paraplecticus.
4 - angustatus.
5 - Bardanae.
6 - Ascanii.
7 - Cerasi.
8 - Carbonarius.
9 - violaceus.
10 - sulcirostris.
11 - nebulosus.
12 - albidus.
13 - marmoratus.
14 - trisulcatus. H.
15 - Colon.
16 - dorsalis.
17 - Pegaso. H.
18 - primitus. H.
19 - scalptor. H.
20 - teretirostris. H.
21 - quinqueliniatus. H.
22 - rostellum. H.
23 - Jaceae.
24 - planus.
25 - pygmaeus. H.
26 - perforator. H.
27 - pini.
28 - Abietis.
29 - semicolon.
30 - Lapathi.
31 - rhei.
32 - druparum.]

33 Cur. pomorum.
34 - sisymbrii.
35 - phyllocola. H.
36 - Campanulae.
37 - arundinis.
38 - punctator. H.
39 - iberis. H.
40 - palmes. H.
41 - indigena. H.
42 - scrophulariae.
43 - Verbasci.
44 - tapsus.
45 - scrutator. H.
46 - Fraxini.
47 - rectangulus. Helw.
48 - villosus.
49 - cerasorum.
50 - nucum.
51 - crux.
52 - carpini.
53 - neophytis. H.
54 - occator. H.
55 - albofasciatus. H.
56 - floricola. H.
57 - messor. H.
58 - lymexylon.
59 - bipunctatus.]
60 - incanus.
61 - pilosus.
62 - canescens. H.
63 - rumicis.
64 - polygoni.
65 - crinitus. H.
66 - tempestivus. H.
67 - binodulus. H.
68 - oxalis. H.
69 - infossor. H.
70 - micans.
71 - percussor. H.
72 - latirostris. H.
73 - pyraster. H.
74 - spadix. H.

75	Cur. frit.		116	Cur. Erysimi.
76	- pyri.		117	- Lamii.
77	- plantaginis.		118	- Quercus.
78	- suspiciosus. H.		119	- grus. H.
79	- haemorrhoidalis.		120	- invasor. H.
	Helw.		121	- typhae. H.
80	- 5 punctatus.		122	- bruchoides. H.
81	- parallelepipedus H.		123	- Raphani.
82	- ictor. H.		124	- scortillum.
83	- sus. H.		125	- suprufus.
84	- Rhamni. H.		126	- pruni.
85	- nigrirostris.		127	- salicariae.
86	- equiseti.		128	- salt. viminalis.
87	- fasciculatus. H.		129	- - salicis.
88	- pilosulus.		130	- - fragariae.
89	- macellarites. H.		131	- - populi.
90	- unicolor. H.		132	- - monedula H.
91	- nubilus.		133	- - Rusci. H.
92	- Lygustici.		134	- - Alni.
93	- orbicularis. H.		135	- - Segeti.
94	- laevigatus.		136	- - hortorum.
95	- geminatus.			
96	- Coryli.		**90. Hypophlaeus.**	
97	- muricatus.			
98	- scabriculus.		1 Hyp. castaneus.	
99	- hirsutulus.		2 - depressus.	
100	- hispidulus.			
101	- rotundatus.		**91. Mycetophagus.**	
102	- ovatus.		1 Myc. 4 maculatus.	
103	- pinastri. H.		2 - piceus.	
104	- porcatus. H.		3 - testaceus.	
105	- picipes.		4 - bifasciatus.	
106	- lepidopterus. H.		5 - fasciatus. C.	
107	- netro. H.		6 - picipes. C.	
108	- tessalatus.		7 - Aethiops. C.	
109	- morio.			
110	- Echii.		**92. Tritoma.**	
111	- punctum album H.		1 Trit. 2 pustulata.	
112	- guttula.			
113	- cruciger. H.		**93. Scaphidium.**	
114	- didymus.			
115	- pericarpius.		1 Scap. 4 maculatum.	

2 Scaph. agaricinum.

94. Diaperis.

1 Diap. boleti.
2 - violacea.

95. Ips.

1 Ips. 2 pustulata.
2 - 4 pustulata.
3 - 4 guttata.
4 - 4 punctata. H.
5 - humeralis.
6 - testacea. C.

96. Krytophagus. H.

1 Kryt. aeneus.
2 - ipsoides.
3 - lycoperdii.
4 - crenatus.

97. Ryzophagus. H.

1 Ryz. 2 punctatus.
2 - clavicornis.
3 - histeroides.
4 - ferrugineus. C.

98. Monotoma. H.

1 Mon. striata.
2 - picipes.

99. Bitoma.

1 Bit. unipunctata.
2 - 2 punctata.
3 - crenata. F.

100. Meloe.

1 Mel. proscarabaeus.
2 - majalis.
3 - coleoptratus. C.

101. Staphylinus.

1 Stap. hirtus.
2 - murinus.
3 - pubescens.
4 - similis.
5 - picipennis.
6 - maxillosus.
7 - erythropterus.
8 - polytus.
9 - nitidus.
10 - fulgidus.
11 - striatulus.
12 - strumosus.
13 - fulvipes.
14 - flavescens.
15 - 2 pustulatus.
16 - 2 guttatus.
17 - fuscipes.
18 - angustatus.
19 - canaliculatus.
20 - emarginatus.
21 - rufipes.
22 - crassicornis.
23 - floralis.
24 - piceus.
25 - porcatus.
26 - hypnorum. H.
27 - tricornis. H.
28 - sabulosus. C.
29 - glaber. C.
30 - minutus. C.
31 - minutissimus. C.
32 - testalus. C.
33 - major. Deg.

102. Oxyporus.	103. Paederus.
1 Oxy. rufus.	1 Paed. riparius.
2 - lunulatus.	2 - ruficellis.
3 - analis.	3 - elongatus.
4 - merdarius.	4 - fulvipes.
5 - pygmaeus.	5 - brunnipes.
6 - flavipes.	6 - fulgidus.
7 - chrysomelinus.	7 - filiformis.
8 - melanocephalus.	8 - tricolor.
9 - testaceus.	9 - melanocephalus.
10 - brunneus.	10 - sulcatus. C.
11 - rufipes.	
12 - minutus.	

C L A S S I S II.

104. Forficula.

1 Forf. auricularia.
2 - minor.

105. Blatta.

1 Bl. orientalis.
2 - lapponica.
3 - germanica.

106. Mantis.

1 M. pagana.

107. Acrydium.

1 Acr. 2 punctatum.
2 - subulatum.

108. Acheta.

1 Ach. gryllotalpa.

2 Ach. domestica.
3 - campestris.

109. Locusta.

1 Loc. viridissima.
2 - verrucivora.
3 - varia.
4 - falcata. Fues.

110. Gryllus.

1 Gryl. migratorius.
2 - stridulus.
3 - italicus.
4 - germanicus.
5 - coerulescens.
6 - 2 guttulus.
7 - viridulus.
8 - grossus.
9 - rufus.
10 - Berolinensis. C.
11 - clavatus. C.

C L A S S I S III.

SYNISTATA.

111. Lepisma.

1 Lep. saccharia.

112. Podura.

1 Pod. plumbea.
2 - cincta.
3 - aquatica.
4 - fimetaria.

113. Ephemera.

a. *Caudatriseta.*

1 Eph. vulgata.
2 - lutea.

b. *Caudabiseta.*

3 - venosa.
4 - bioculata.
5 - fuscata.
6 - culiciformis.

114. Semblis.

1 Sem. phalaenoides.
2 - bicaudata.
3 - nebulosa.
4 - lutaria.

115. Phryganea.

1 Phr. reticulata.
2 - striata.
3 - fusca.

4 Phr. grandis.
5 - rhombica.
6 - grisea.
7 - atomaria.
8 - bimaculata.
9 - nigra.
10 - variegata.
11 - bilineata.
12 - longicornis.
13 - 3 punctatus.
14 - minuta.
15 - phalaenoides. C.

116. Hemerobius.

1 Hem. perla.
2 - albus.
3 - chrysops.
4 - phalaenoides.
5 - striatulus.
6 - pulsatorius.
7 - fatidicus.
8 - luteus. C.

117. Myrmeleon.

1 Myr. formicarium.

118. Panorpa.

1 Pan. communis.

119. Raphidia.

1 Raph. Ophiopsis.

CLASSIS IV.

PIEZATA.

---

120. Cynips.

1 Cyn. Quercusfolii.
2 - Fagi.
3 - Capreae.
4 - salicisstrobuli.
5 - florealis. C.
6 - Quercus petioli.

121. Tenthredo.

a) Antennis clavatis.

1 Tent. femorata.
2 - lucorum.
3 - lutea.
4 - Amerinae.
5 - marginata.
6 - fasciata.
7 - sericea.
8 - violacea. C.

b) Antennis inarticulatis, extrorsum crassioribus.

9 - ustulata.
10 - enodis.
11 - coerulescens.
12 - Rosae.
13 - Eglanteriae.
14 - annulata.

c) Antennis pectinatis.

15 Tent. Juniperini.
16 - Pini.

d) Antennis filiformibus.

17 - Scrophulariae.
18 - Salicis.
19 - flavicornis.
20 - viridis.
21 - Rapae.
22 - Cerasi.
23 - ovata.
24 - Alni.
25 - Abietis.
26 - analis.
27 - rufipennis.
28 - gonagra.
29 - atra.
30 - cincta.
31 - rustica.
32 - Capreae.
33 - morio.
34 - 12 punctata.
35 - erythrocephala.
36 - sylvatica.
37 - Populi.
38 - Betulae.
39 - saltuum.

40 Tent. haemorrhoidalis.
41 - lucorum.

122. Sirex.

1 Sir. gigas.
2 - psyllius.
3 - spectrum.
4 - juvencus.
5 - pygmaeus.

123. Ichneumon.

1 Ichn, molitorius.
2 - culpatorius.
3 - crispatorius.
4 - signatorius.
5 - infractorius.
6 - ambulatorius.
7 - pisofius.
8 - assertorius.
9 - volutatorius.
10 - vaginatorius.
11 - maculatorius,
12 - bidentorius.
13 - designatorius,
14 - edictorius.
15 - laetatorius.
16 - fusorius.
17 - deliratorius.
18 - segmentorius.
19 - infractorius.
20 - comitator.
21 - annulator.
22 - migrator.
23 - dimidiator.
24 - abbreviator.
25 - denigrator.
26 - manifestator.
27 - compunctor.
28 - atrator.
29 - cultellator.

30 Ichn. extensor.
31 - praerogator.
32 - inculcator.
33 - pugillator.
34 - jaculator.
35 - assectator.
36 - necator.
37 - luteus.
38 - ramidulus.
39 - glaucopterus.
40 - circumflexus.
41 - cinctus
42 - larvarum.
43 - glabatus.
44 - glomeratus.
45 - Aphidium.
46 - ramicornis.

124. Chalcis.

1 Ch. clavipes.

125. Sphex.
a) Abdomine petiolato.

1 Sph. sabulosa.

b) Abdomine sessili.

2 - fusca.
3 - viatica.
4 - nigra.
5 - sanguinolenta.
6 - variegata.
7 - fuscata.
8 - gibba.
9 - rufipes.
10 - bipunctata.
11 - exaltata.

126. Scolia.

1 Scol. 4 guttata.

2 Scol. prisma.}
3 - nigra. C.

127. Chrysis.

1 Chr. fulgida.
2 - purpurata.
3 - ignita.
4 - succincta.
5 - lucidula.
6 - aenea.
*7 - aurata.
8 - triangularis. C.

128. Bembex.

1 Bem. rostrata.

129. Vespa.

1 Ves. Crabro.
2 - vulgaris.'
3 - germanicus.
4 - saxonica.
5 - gallica.
6 - rufa.
7 - parietum.
8 - 4 fasciata.
9 - muraria.
10 - simplex.
11 - bifasciata.
12 - bidens.
13 - coarctata.

130. Melinus.

1 Mel. mystaceus.
2 - campestris.
3 - arvensis.

131. Philanthus.

1 Phil. arenarius.

2 Phil. ornatus.
3 - sunctus.

132. Crabro.

1 Crab. subterraneus.
2 - cribrarius.
3 - clypeatus.
4 - dimidriatus.
5 - leucostoma.
6 - albilabris.
7 - patellata. C.

133. Hylaeus.

1 Hyl. 6 cinctus.
2 - truncorum.
3 - annulatus.

134. Andrena.

1 And. coerulescens.
2 - labiata.
3 - florea.
4 - marginata.
5 - helvola.
6 - pilipes.
7 - hirtipes.
8 - succincta.

135. Apis.

1 Ap. terrestris.
2 - soroensis.
3 - hortorum.
4 - nemorum.
5 - equestris.
6 - lapidaria.
7 - sylvarum.
8 - agrorum.
9 - muscorum.'
10 - lucorum.

11	Ap.	subterranea.
12	-	senilis.
13	-	seminoda.
14	-	pygmaea.
15	-	lagopoda.
16	-	pilipes.
17	-	mellifica.
18	-	cineraria.
19	-	haemorrhoa.
20	-	maculata.
21	-	manicata.
22	-	rotundata.
23	-	tuberculata.
24	-	rufa.
25	-	hirta.
26	-	pubescens.
27	-	centuncularis.
28	-	punctata.
29	-	conica.
30	-	clavicornis. C.

136. Eucera.

1	Euc.	longicornis.
2	-	tumulorum.
3	-	linguaria.
4	-	antennata.

137. Nomada.

1	Nom.	variegata.
2	-	ruficornis.
3	-	rufipes.
4	-	striata.
5	-	fulvicornis.
6	-	gibba.
7	-	albilabris.
8	-	cingulata.

138. Formica.

1	Form.	herculeana.
2	-	rufa.
3	-	nigra.
4	-	fusca.
5	-	rubra.
6	-	rufibarbis.
7	-	obsoleta.
8	-	flava.
9	-	caespitum.

139. Mutilla.

1	Mut.	maura.
2	-	coronata.

CLASSIS V.

ODONATA.

———

140. Libellura.

1 Lib. 4 maculata.
2 - depressa.
3 - flaveola.
4 - rubicunda.
5 - vulgatissima.
6 - vulgata.
7 - cancellata.
8 - aenea.

141 Aeshna.

1 Aes. forcipata.
2 - grandis.

142. Agrion.

1 Agr. virgo.
2 - puella.

CLASSIS VI.

MITOSATA.

---

143. Scolopendra.

1 Scol. forficata.
2 - electrica.

144. Julus.

1 Jul. terrestris.
2 - sabulosus.

145. Oniscus.

1 On. pustulatus.
2 - asellus.
3 - armadillo.

CLASSIS VII.

UNOGATA.

146. Trombidium.

1 Tromb. holoseriaeum.
2 - aquaticum.
3 - abstergens.
4 - impressum.

147. Aranea.

1 Ar. extensa.
2 - signata.
3 - nigrita.
4 - horrida.
5 - viatica.
6 - domestica.
7 - laevipes.
8 - tricuspidata.
9 - angulata.
10 - diadema.
11 - marmorata.
12 - quadrata.
13 - 4 punctata.
14 - labyrinthica.

15 Ar. aquatica.
16 - scorpiformis.
17 - 6 punctata.
18 - faccata.
19 - fimbriata.
20 - dorsatis.
21 - scenica.
22 - pubescens.
23 - senoculata.
24 - cornuta. C.
25 - aenea.

148. Phalangium.

1 Ph. opilio.
2 - cornutum.
3 - carinatum.
4 - brevipes. C.

149. Scorpio.

1 Scor. cancroides.
2 - ruficollis.

C L A S S I S   VIII.

A G O N A T A.

150. Astacus.

1 Ast. fluviatilis.

151. Monoculus.

1 Mon. apus.

2 Mon. piscinus.
3 - pellucens. C.

152. Cymothoa.

1 Cym. aquatica.

Y

CLASSIS IX.

GLOSSATA.

153. Papilio.

a) Equites Achivi.

1 Pap. Podalirius.
2 . Machaon.

b) Nymphalis.

3 . Nym. Jo.
4 . Maegera.
5 . Aegeria.
6 . Cardui.
7 . Ilia.
8 . Clythia. Brochh.
9 . Populi.
10 . Antiopa.
11 . Atalanta.
12 . polychloros.
13 . Xanthomelas. Esp.
14 . V. album.
15 . C. album.
16 . Urticae.
17 . Paphia.
18 . Aglaja.
19 . Adippe.
20 . Lathonia.
21 . Euphrosine.
22 . Niobe.

c) Parnassi.

23 P. Par. Crataegi.

d) Danai.

24 P. Dan. Brassicae.
25 . Rapae.
26 . Napi.
27 . Sinapis.
28 . Daplidice.
29 . Cardamines.
30 . Palaeno.
31 . Rhamni.

e) Satyri.

32 P. Sat. Hyperanthus.
33 . Pamphilius.
34 . Arcanius.
35 . Hero.
36 / Fauna.
37 . Semele.
38 . Hermionemin.Esp.
39 . Pilosellae.
40 . Janira.
41 . Eudora.
42 . Sibilla.
43 . Aetiops. Esp
44 . Cinxia.
45 . Dictynna.
46 . Maturna.
47 . Levana.
48 . Prorsa.
49 . Pales.
50 . Chloris. Esp.

154. Hesperia.

a. *Rurales.*

51 P. Hesp. Betulae,
52 . Pruni.
53 . Quercus.
54 . Spini.
55 . Amyntas,
56 . Rubi.
57 . Arion.
58 . Argiolus.
59 . Argus.
60 . Alexis. Esp.
61 . Alciphron.
62 . Aegon.
63 . Phlaeas.
64 . Phocas. Esp.

b. *Urbiculae.*

65 . Comma.
66 . Linea.
67 . Sylvanus.
68 . Malvae.
69 . Alceae.
70 . Fritillum,
71 . Tages.

155. Sphinx.

1 Sph. ocellata.
2 . Populi.
3 . Tiliae.
4 . Nerii.
5 . Atropos.
6 . Pinastri.
7 . Euphorbiae.
8 . Gallii.
9 . Celerio.
10 . Elpenor.
11 . Porcellus,

12 Sph. Convolvulus,
13 . Ligustri.

156. Sesia.

1 Ses. stellatarum.
2 . fusciformis.
3 . bombyliformis.
4 . apiformis.
5 . culiciformis,
6 . tipuliformis.

157. Zyaena.

1 Zyae. Filipendulae.
2 . scabiosae.
3 . Pilosellae. Esp.
4 . Loti.
5 . quercus.
6 . Coronillae.
7 . Ephialtes. Esp.
8 . statices.
9 . Pruni.

158. Bombyx.

a. *Alis patulis.*

1 B. pavonia minor.

b. *Alis reversis.*

2 . populifolia,
3 . quercifolia,
4 . Fagi.
5 . Trifolii.
6 . Quercus,
7 . Pruni.
8 . potatoria,
9 . Pini.
10 . Dumeti.
11 . versicolora,

Y 2

12 B. Rubi.
13 . vinula.
14 . lanestris.
15 . Populi.
16 . processionea.
17 . pithyocampa.
18 . Mori.
19 . neustria.
20 . castrensis.

c. *Alis deflexis.*

21 . dispar.
22 . pudibunda.
23 . fascelina.
24 . bucephala.
25 . coeruleocephala.
26 . Ziczac.
27 . dictaea.
28 . dromedarius.
29 . Coryli.
30 . atra. Huffn.
31 . monacha.
32 . curtula.
33 . reclusa.
34 . anachoreta.
35 . pigra. Huffn.
36 . anastomosis.
37 . palpina.
38 . trepida.
39 . camelina.
40 . lubricipeda.
41 . mendica.
42 . Menthastri.
43 . luctifera.
44 . leporina.
45 . lota.
46 . spreta.
47 . v. nigrum.
48 . chrysoroea.
49 . aurifloa.
50 . salicis.
51 . Cassinia.

52 B. plumigera.
53 . russula.
54 . Jacobeae.
55 . grammica.
56 . lugubris.
57 . vidua.
58 . villica.
59 . Hebe.
60 . Caja.

d. *Alis incumbentibus.*

61 B. Dominula.
62 . furcula.
63 . antiqua.
64 . gonostigma.
65 . viciella.
66 . mucella.
67 . munda.
68 . Graminis.
69 . popularis.
70 . rosea.
71 . rubricollis.
72 . fuliginosa.
73 . cribrum.

159. Cossus.

1 Coss. ligniperda.
2 . Aesculi.

160. Hepalius.

1 Hep. Humuli.
2 . hectus.
3 . bufo. mas.
4 . testudo. fem.
5 . asellus.

161. Noctua.

a. *Thorace laevi, alis planis incumbentibus.*

1 Noct. Quercus.
2 . 4 punctata.
3 . pallens.
4 . nervosa.
5 . Vaccinii.
6 . complana.
7 . quadra.

b. *Thorace laevi, alis deflexis.*

8 . Arundinis.
9 . Batis.
10 . Silene.
11 . nitida.
12 . rubiginea.
13 . rufina.
14 . scutosa.
15 . glyphica.
16 . dipsacea.
17 . Mi.
18 . Roboris.
19 . albicollis.
20 . Italica.
21 . palliata.
22 . muscerda. Huffn.
23 . Tiphae.
24 . minicsa.
25 . trapezina.
26 . Cerasi.
27 . istrabilis.
28 . munda.
29 . ambigua.
30 . gracilis.

c. *Thorace cristato, alis incumbentibus*

31 Noct. sponsa
32 . nupta.
33 . pacta.
34 . promissa.
35 . Fraxini.
36 . pronuba.
37 . orbona.
38 . Solani.
39 . paranympha.
40 . fimbria.
41 . Janthina.
42 . elocata. W.
43 . Segetis.
44 . texta. Esp. Huffe
45 . irregularis.
46 . retusa.
47 . scrophularia. Borkh.
48 . saponaria. Borkh.
49 . lusoria.
50 . libatrix.
51 . plecta.
52 . eborina. W.
53 . C. nigrum.
54 . signum.
55 . polymita.
56 . Brassicae.
57 . Cespetis.
58 . Chenopodii.
59 . grisea.
60 . dentina. W.
61 . exclamationis.
62 . suffosa.
63 . coecimacul.
64 . L. album.

d. *Thorace cristato, alis de flexis.*

65	Noct. fulvago.	104	Noct. Ligustri.
66	. suphurago.	105	. strigillis.
67	. cerago.	106	. runica.
68	. rutilago.	107	. aprilina.
69	. citrago.	108	. virens.
70	. gilvago.	109	. perla.
71	. chrysitis.	110	. Lichenes.
72	. concha.	111	. tridens.
73	. Festucae.	112	. tristis.
74	. Artemisiae.	113	. Psi.
75	. gamma.	114	. Lamda.
76	. aemula.	115	. comma.
77	. interrogationis.	116	. Chi.
78	. Jota.	117	. Aceris.
79	. meticulosa.	118	. Euphorbii.
80	. oo.	119	. megacephala.
81	. gothica.	120	. litura.
82	. derasa.	121	. rubricosa.
83	. or.	122	. etythrocephula.
84	. rufficollis.	123	. Persicariae.
85	. satellitia.	124	. Tragopoginis.
86	. Absinthii.	125	. hepatica.
87	. Abrotani.	126	. turca.
88	. Alni.	127	. conigera.
89	. Pteridis.	128	. albipuncta.
90	. Linariae.	129	. flavocincta.
91	. Pisi.	130	. polyodon.
92	. compta.	131	. nigricans.
93	. prasina.	132	. flavicornis.
94	. Atriplicis.	133	. calvaria.
95	. praecox.	134	. triplacia.
96	. pyramidea.	135	. Asclepiades.
97	. pyrophila-	136	. tristis.
98	. typica.	137	. Rumicis.
99	. lucipara.	138	. ridens.
100	. oleracea.	139	. exoleta.
101	. rivularis.	140	. Verbasci.
102	. serena.	141	. Tanaceti.
103	. Pinastri.	142	. umbratica.
		143	. putris.
		144	. rhizolitha.
		145	. conformis.

146 Noct. advena.	162. Phalena.
147 . radicea.	
148 . Mytilli.	a) Antennis pectinatis.
149 . Arbuti.	
150 . tritici. Linn.	1 Ph. lactearia.
151 . grusozoena. W.	2 . vernaria.
152 . sigma. W.	3 . bupleuraria.
153 . aenea. W.	4 . thymiaria.
154 . Segetum. W.	5 . putataria.
155 . petrificata. W.	6 . margaritaria.
156 . Alchymista. W.	7 . punctaria.
157 . unita. W.	8 . amataria.
158 . vestigialis. Huffn.	9 . pennaria.
159 . leucophea. Huffn.	10 . falcataria.
160 . pyralina. Huffn.	11 . cultraria.
161 . pygarga. Huffn.	12 . fambucaria.
162 . thalassina. Huffn.	13 . lacertinaria.
163 . ignobibis. Huffn.	14 . crassaria.
164 . morpheus. Huffn.	15 . equestraria.
165 . sordent. Huffn.	16 . alniaria.
166 . velitaris. Huffn.	17 . lunaria.
167 . brunnea. Huffn.	18 . roboraria.
168 . sororcula. Huffn.	19 . consortaria.
169 . crenata. Huffn.	20 . dolabraria.
170 . circellaris. Huffn.	21 . vibicaria.
171 . tricoma. Huffn.	22 . papilionaria.
172 . sagittigera. Huffn.	23 . prunaria.
173 . byolorata. Huffn.	24 . piniaria.
174 . bombycina. Huffn.	25 . atomaria.
175 . tineodes. Huffn.	26 . Lichenaria.
176 . cursoria. Huffn.	27 . cineraria.
177 . cinerea. Huffn.	28 . pusaria.
178 . clavis. Huffn.	29 . annularia.
179 . menianthides. W.	30 . capreolaria.
180 . Rubi. Vieweg.	31 . defoliaria.
181 . olivacea. View.	32 . pedaria.
182 . Fragariae. View.	33 . hirtaria.
183 . Ypsilon. View.	34 . Wavaria.
184 . undosa View.	35 . prasinaria.
185 . Chenopodii. W.	36 . ditaria.
186 . Ilicis. C.	37 . viridaria.
187 . quercina. C.	38 . carbonaria.
188 . pollinalis. Oehlm.	

39 Ph. moeniaria.
40 . pulveraria.
41 . fasciaria.
42 . betularia.
43 . prodromaria.
44 . plumbaria.
45 . purpuraria.
46 . aureolaria.

b) Antennis setaceis.

47 . falcata.
48 . flexula.
49 . demandata.
50 . Rhamnata.
51 . dubitata.
52 . viridata.
53 . lividata.
54 . notata.
55 . emarginata.
56 . grossularita.
57 . undulata.
58 . comitata.
59 . dealbata.
60 . prunata.
61 . crataegata.
62 . marginata.
63 . miata.
64 . spartiata.
65 . albicillata.
66 . illibata.
67 . hastata.
68 . tristata.
69 . clathrata.
70 . aversata.
71 . fluctuata.
72 . bilineata.
73 . bimaculata.
74 . rubiginata.
75 . fimbriata.
76 . propugnata.
77 . fulvata.

78 Ph. ocellata.
79 . lynceata.
80 . rusticata.
81 . rivulata.
82 . brumata.
83 . linariata.
84 . chenopodiata.
85 . centumnotata.
86 . hexapterata.
87 . duplicata.
88 . psittacata.
89 . succenturiata.
90 . ferrugata.
91 . euphorbiata.
92 . punctata.
93 . sociata.
94 . sagitata.
95 . luteata.
96 . ornata.
97 . purpurata.
98 . rubricata.
99 . ochreata.
100 . immorata.
101 . immutata.
102 . remutata.
103 . osseata.
104 . albulata.
105 . pusillata.
106 . variegata.
107 . cingulata.
108 . urticata.
109 . limbata.
110 . verbascata.
111 . potamogata.
112 . stratiolata.
113 . nympheata.
114 . lemnata.
115 . sambucata.

c) Alis forficatis.

116 . farinalis.

117	Ph. glaucinalis.		151	Ph. obscurata Linn.
118	. barbalis.		152	. russata.
119	. tentacularis.		153	. liturata. Linn.
120	. proboscidalis.		154	. plagiata. Linn.
121	. rostralis.		155	. angulata. Linn.
122	. nemoralis.		156	. testata. Linn.
123	. forficalis.		157	. punctulata- Linn.
124	. margaritalis.		158	. palludata. Linn.
125	. verticalis.		159	. montanata. Linn.
126	. nitidalis.		160	. linealata. Linn.
127	. pinguinalis.		161	. euphorbiata. Linn.
128	. palealis.		162	. rubidata. Linn.
129	. pudoralis.		163	. obliterata. Linn.
130	. sticticalis.		164	. luridata. Huffn.
131	. cespitalis.			
132	. purpuralis.		*ad Lit. C. Alis forficatis.*	
133	. porphyralis.			
134	. punicalis.		165	. tarsicrynalis. Linn.
135	. 4 punctalis.		166	. emortualis. Linn.
136	. argentalis.		167	. coronalis. Huffn.
137	. atralis.		168	. litteralis. Linn.
138	. pollinalis.		169	. auroralis. W.
139	. salicalis.		170	. emortualis. Linn.

Supplementum.
ad Lit. A. Antennis pectinatis.

163. Pyralis.

			1	Pyr. Bankiana.
			2	. prasinaria.
140	. marmoria Linn.		3	. viridana.
141	. hispidaria.		4	. chlorana.
142	. jubataria. Linn.		5	. uncana.
143	. quercinaria. Huffn.		6	. Hattorfiana.
144	. repandaria. Huffn.		7	. Hermanniana.
145	. pusaria. Linn.		8	. rosana.
146	. pluviata. Linn.		9	. ameriana.
147	. sordiaria Linn.		10	. fuscana.
148	. pendularia. Linn.		11	. costana.
			12	. Xylosteana.
ad Lit. B Antenis setaceis.			13	. Udmanniana.
			14	. Zoegana.
149	. diversata.		15	. Trauniana.
150	. luctuata.		16	. arcuana.

17 Pyr. Lecheana.
18 . Christiernana.
19 . avellana.
20 . Holmiana.
21 . gnomana.
22 . Logiana.
23 . squamana.
24 . litterrana.
25 . quercana.
26 . Bergmanniana.
27 . pomana.
28 . resinana.
29 . Heracleana.
30 . viridana. Linn.

164. Tinea.

1 Tin. colonella.
2 . gelatella.
3 . envoymella.
4 . padella.
5 . sequella.
6 . irrorella.
7 . plumbella.
8 . perlella.
9 . lutarella.
10 . mesomella.
11 . argyrella.
12 . Pinetella.
13 . pratella.
14 . pascuella.
15 . culmella.
16 . margaritella.
17 . argentella.
18 . camella.
19 . marginella.
20 . Fagella.
21 . salicella.

22 Tin. pusiella.
23 . foenella.
24 . tapezella.
25 . pellionella.
26 . vestianella.
27 . mellonella.
28 . cucculatella.
29 . tessella.
30 . funerella.
31 . strobilella.
32 . braeteella.
33 . Goedartella.
34 . Schaefferella.
35 . Roesella.
36 . minutella. C.

165. Alucita.

1 Al. Xylostella.
2 . flavella.
3 . 2 punctella.
4 . granella.
5 . asperella.
6 . Swammerdammella.
7 . Degecrella.
8 . Sulzella.
9 . vindella.
10 . Reaumurella.
11 . caprella.
12 . oppositella.

166. Pterophorus.

1 Pter. didactylus.
2 . tridactylus.
3 . pterodactylus.
4 . pendactylus.
5 . hexadactylus.

CLASSIS X.

RYNGOTA.

167. Fulgora.

1 Ful. europaea.

168. Membracis.

1 Memb aurita.
2 . cornuta.

169. Cicada.

1 Cic. lateralis.
2 . interrupta.
3 . lineata.
4 . flavicollis.
5 . viridis.
6 . nervosa.
7 . diadema.
8 . punctata.
9 . Rosae.
10 . maculata.
11 . Ulmi.
12 . virescens.

170. Cercopis.

1 Cer. spumaria.
2 . marginella.
3 . leucophthalma.
4 . striata.
5 . rustica.
6 . bifasciata.]
7 . reticulata.
8 . Populi.

171. Notonecta.

1 Not. glauca.

2 Not. minutissima.

172. Sigara.

1 Sig. striata.
2 . minora. C.

173. Nepa.

1 Nep. cinerea.

174. Naucoris.

1 Nauc. cimicoides.

175. Ranatra.

1 Ran. linearis.

176. Acanthia.

1 Ac. lectularia.]
2 . flavipes.
3 . pallicornis.
4 . nigricornis.
5 . clavicornis.
6 . crassicornis.
7 . littoralis.
8 . depressa.
9 . corticalis.
10 . Betulae.
11 . crassipes.
12 . sylvestris.
13 . Cardui.
14 . Humuli.
15 . cristata. C.
16 . antennata. C.
17 . serrata. C.

546

177. Cimex.

a. *Scutellati, scutello longitudine abdominis.*

1 Cim. maurus.
2 . carinatus. C.
3 . fuliginosus.
4 . scarabaeoides.

b. *Spinosi, thorace utrin- que spina armata.*

5 . bidens.
6 . sanguinipes.
7 . rufipes.
8 . nigricornis.
9 . punctatus.
10 . haemorrhoidalis.
11 . rufus. C.
12 . bispinosis. C.
13 . ferrugineus. C.
14 petularius. C.

c. *Ovati thorace mutico.*

15 . prasinus.
16 . dissimilis.
17 . juniperinis.
18 . dumosus.
19 . agathinus.
20 . griseus.
21 . griseus. Deg.
22 . interstinctus.
23 . Baccarum.
24 . ornatus.
25 . festivus.
26 . spacelatus.
27 . bicolor.
28 . oleraceus.
29 . coeruleus.
30 . 2 guttatus.

31 Cim. albomarginellus.
32 . nigrita.
33 . flavicornis.
34 . morio.
35 . perlatus.
36 . acuminatus.
37 . ater. C.
38 . grysellus. C.

178. Coreus.

1 Cor. marginatus.
2 . scapha.
3 . quadratus.

179. Lygaeus.

1 Lyg. saxatilis.
2 . Hyoscyami.
3 . apterus.
4 . calcaratus.
5 . pini.
6 . sylvaticus.
7 . luseus.
8 . crassicornis.
9 . arenarius.
10 . erraticus.
11 . tunicatus.
12 . Coryli.
13 . campestris.
14 . pratensis.
15 . Fraxini.
16 . Tiliae.
17 . Populi.
18 . leucocephalus.
19 . saltatorius.
20 . ater.
21 . bifasciatus.
22 . flavicollis.
23 . ruficollis.
24 . trifasciatus.
25 . seticornis.

26 Lyg. capillaris.
27 . spissicornis.
28 . agilis.
29 . varius.
30 . falcator.

180. Miris.

1 Myr. laevigatus.
2 . populinus.
3 . virens.
4 . ferus.
5 . striatus.
6 . Abietis.
7 . Umi.

181. Gerris.

1 Ger. lacustris.
2 . paludum.
3 . stagnorum.
4 . tipularius.
5 . clavipes.
6 . linearis.
7 . leucophthalmus. C.
8 . vagabundus.
9 . longicollis. C.

182. Redivius.

1 Red. personatus.
2 . annulatus.
3 . albipes.
4. . guttula.

183. Pulex.

1 Pul. irritans.

184. Aphis.

1 Aph. Lychnidis.

2 Aph. Capreae.
3 . Sambuci.
4 . Cerasi.
5 . Ribis.
6 . Arundinis.
7 . Rumicis.
8 . Pastinacae.
9 . Pruni.
10 . Achillae.
11 . Cardui.
12 . Millefolii.
13 . bursaria.
14 . Nympheae.
15 . corni.
16 . Absinthii.
17 . Avenae.
18 . Fraxini.
19 . Fagi.
20 . Betulae.
21 . Alni.
22 . Populi.
23 . Mali.
24 . Rosae.
25 . Atriplicis.
26 . Dauci.
27 . Urticae.
28 . Tanaceti.
29 . Ulmi.
30 . Papaveris.
31 . Tiliae.
32 . Juniperi.
33 . Brassicae.
34 . Roboris.
35 . Quercus.
36 . Pini.
37 . Pineti.
38 . Ligustici.
39 . Salicis.
40 . Acetosae.
41 . Padi.
42 . Lactucae.
43 . Sonchi.

44 Aph. Vitis.
45 . Opuli. Sultz.
46 . Persicae. Sultz.
47 . Tuberosae. Sultz.
48 . Pyri. C.
49 . Fabae. C.
50 . Aurantiae. C.

185. Chermes.

1 Ch. Graminis.
2 . Ulmi.
3 . Pyri.
4 . Cerastii.
5 . Buxi.
6 . Fagi.
7 . Persicae.
8 . Urticae.
9 . Betulae.
10 . Calthae.
11 . Alni.
12 . Abietis.
13 . Salicis.
14 . Fraxini.
15 . Aceris.

186. Ccccus.

1 Coc. Quercus.
2 . Ilicis.
3 . Aceris.
4 . Ulmi.
5 . Betulae.
6 . Coryli.
7 . Carpini.
8 . Tiliae.
9 . Capreae.
10 . Pilosellae.
11 . Arbuti.
12 . Crategi.
13 . Vitis.
14 . polonicus.

187. Thrips.

1 Thr. physapus.
2 . juniperina.
3 . Ulmi.
4 . Urticae.
5 . fasciata.
6 . minutissima.

C L A S S I S XI.

A N T L I A T A.

188. Oestrus.

1 Oest. pecorum.
2 - Bovis.
3 - Vituli.
4 - Equi.
5 - Ovis.

189. Tipula.

a. *alis patentibus.*

1 Tip. pectinicornis.
2 - rivosa.
3 - 4 maculata.
4 - crocata.
5 - flaveola.
6 - hortorum.
7 - oleracea.
8 - variegata.
9 - contaminata.
10 - lunata.
11 - pratensis.
12 - plumbea.
13 - cornicina.
14 - atrata.
15 - nigra.
16 - albimana.
17 - bimaculata.
18 - annulata.
19 - ocellaris.
20 - flavescens.
21 - regelationis.
22 - morio.
23 - replicata.
24 - monoptera.

b. *Alis incumbentibus.*

25 Tip. plomosa.
26 - motitatrix.
27 - fasciculata.
28 - flexilis.
29 - stricta.
30 - pallida.
31 - barbicornis.
32 - flabellicornis
33 - monilis.
34 - viridula.
35 - pusilla.
36 - pallipes.
37 - macrocephala.
38 - brevicornis.
39 - hortulana.
40 - febrilis.
41 - Johannis.
42 - phalaenoides.
43 - Persicariae.
44 - palustris.
45 - sylvestris.
46 - longicornis.
47 - pulicaris.
48 - marci. Deg.

190. Bibio.

1 Bib. plebeja.
2 - flavipes.
3 - nobilitata.
4 - strigata.
5 - flerea.
6 - anilis.

191. Anthrax.

1 Ant. nigrita.
2 - morio.
3 - maura.

192. Stratiomys.

1 Str. chamaeleon.
2 - furcata.
3 - microleon.
4 - strigata.
5 - argentata.
6 - trigrina.
7 - hydrolion.
8 - viridula.
9 - trilineata.
10 - hypolion.
11 - hyalina. C.

193. Rhagio.

1 Rhag. scolopaceus.
2 - tringarius.
3 - tipuliformis.
4 - flavipes.
5 - maculatus.
6 - morio.

194. Syrphus.

a. *Antennis plumatis.*

1 Syr. inanis.
2 - pellucens.
3 - bombylans.
4 - mystaceus.
5 - apiarius.
6 - intricarius.
7 - bombyliformis.

b. *Antennis seda nuda.*

8 Syr. pendulus.
9 - floreus.
10 - supcoleoptratus.
11 - nemorum.
12 - cryptarum.
13 - hortorum. Eur.
14 - arbustorum.
15 - tenax.
16 - oestraceus.
17 - lucorum.
18 - fallax.
19 - bicinctus.
20 - arcnatus.
21 - devius.
22 - segnis.
23 - sylvarum.
24 - mutabilis.
25 - devius.
26 - femoratus.
27 - conopseus.
28 - ichneumoneus.
29 - diophthalmus.
30 - apiformis.
31 - vespiformis.
32 - festivus.
33 - flavicornis.
34 - aeneus.
35 - sepulchralis.
36 - metallinus.
37 - noctilucus.
38 - Ribesii.
39 - Pyrastri.
40 - transfuga.
41 - Menthastri.
42 - mellinus.
43 - scriptus.
44 - nectarius.
45 - pipiens.
46 - coeruleus. C.

195. Musca.

a. *Antennis seta plumata.*

1	Mus. meridiana.
2	- carnaria.
3	- cadaverina.
4	- lardaria.
5	- maculata.
6	- rudis.
7	- obscura.
8	- domestica.
9	- striata.
10	- Caesar.
11	- cornicena.
12	- cadaverina.
13	- mortuorum.
14	- vomitoria.
15	- vespillo.
16	- vulpina.
17	- nigripes.
18	- corvina.
19	- testacea.
20	- pallida.
21	- canica.
22	- strigosa.
23	- plebeja.
24	- rustica.
25	- tigrina.
26	- elata.
27	- meditabunda.
28	- ludifica.

b. *Antennis seta nuda.*

29	- fera.
30	- 4 pustulata.
31	- tessalata.
32	- lurida.
33	- grossa.
34	- tremula.
35	- rotundata.

36	Mus. larvarum.
37	- radicum.
38	- pagana.
39	- brassicaria.
40	- lateralis.
41	- albifrons.
42	- canicularis.
43	- pluvialis.
44	- chorea.
45	- roralis.
46	- senilis.
47	- serrata.
48	- scalavis.
49	- 4 maculata.
50	- ciliata.
51	- meteorica.
52	- atrata.
53	- putris.
54	- cupraria.
55	- coerulea.
56	- polita.
57	- viduata.
58	- cylindrica.
59	- nobilitata.
60	- 4 fasciata.
61	- cucularia.
62	- scybalaria.
63	- stercoraria.
64	- marginata.
65	- umbrarum.
66	- merdaria.
67	- lutaria.
68	- fimetaria.
69	- parietina.
70	- vibrans.
71	- umbellatarum.
72	- 4 punctata.
73	- lineata.
74	- combinata.
75	- Arnicae.
76	- seminationis.
77	- aestuans.

Z

78 Mus. serratulae.
79 - Urticae.
80 - crassipennis.
81 - Cardui.
82 - Cerasi.
83 - syngenesiae.
84 - solstitialis.

196. Tabanus.

1 Tab. bovinus.
2 - autumnalis.
3 - rusticus.
4 - tropicus.
5 - pluvialis.
6 - coecutiens.
7 - lugubris.
8 - sepulchralis.
9 - syrphoides. C.

197. Rhingia.

1 Rh. rostrata.
2 - muscaria.

198. Asilus.

1 As. crabroniformis.
2 - gibbosus.
3 - ater.
4 - Diadema.
5 - flavus.
6 - violaceus.
7 - gilvus.
8 - rufus. C.
9 - cylindricus.
10 - forcipatus.
11 - tibialis.
12 - germanicus.

13 As. cingulatus.
14 - tipuloides.
15 - teutonus.
16 - cinctus.
17 - oelandicus.
18 - frontalis.
19 - hottentota.
20 - culiciformis.
21 - empiformis. C.

199. Conops.

1 Con. vesicularis.
2 - aculeata.
3 - rufipes.
4 - macrocephala.
5 - flavipes.
6 - 4 fasciata.

200. Stomoxys.

1 Sto. siberita.
2 - calcitrans.
3 - irritans.
4 - pungens.

201. Myopa.

1 My. dorsalis.
2 - ferruginea.
3 - atra.
4 - testacea
5 - buccata.
6 - punctata.

202. Culex.

1 Cul. pipiens.

2 Cul. reptans.

203. Empis.

1 Em. borealis.
2 - pennipes.
3 - forcipata.
4 - stercora.

204. Bombylius.

1 Bomb. medius.
2 - minor.

205. Hippobosca.

1 Hip. equina.
2 - avicularia.
3 - Hirundinis.
4 - ovina.

206. Pediculus.

1 Ped. humanus.
2 - tunicarius. C.
3 - Pubis.
4 - Cervi.
5 - Bovis.
6 - Ovis.
7 - Vituli.
8 - Equi.
9 - Asini.
10 - Tinnunculi.
11 - Corvi.
12 - Cornicis.

13 Ped. infausta.
14 - Orioli.
15 - Cuculi.
16 - Anseris.
17 - Ardeae.
18 - Gruis.
19 - Ciconeae.
20 - Fulicae.
21 - Pavonis.
22 - Meleagridis.
23 - Gallinae.
24 - Phasianae.
25 - Caponis.
26 - Columbae.
27 - Emberizae.
28 - Pari.
29 - Motacillae.
30 - Hirundinis.
31 - Gryllotalpae.
32 - Apis.

207. Acarus.

1 Ac. Ricinus.
2 - Reduvius.
3 - crassipes.
4 - Vespertilionis.
5 - passerinus.
6 - motatorius.
7 - coleoptratus.
8 - aphidioides.
9 - telarius.
10 - Siro.
11 - scabicei.
12 - lactis.
13 - dysenteriae.
14 - geniculatus.
15 - baccarum.
16 - Muscarum.

Z 2

17 Ac. Gymnopterorum.
18 - Coleoptratorum.
19 - Caraborum.
20 - Phalangii.
21 - rupestris.
22 - longicornis.

23 Ac. fungorum.
24 - Tremulae.
25 - salicinus.
26 - Dytiscorum. C.
27 - Libellularum. C.

II.

H E L M I N T H O L O G I E.

C L A S S I S I.

Intestinaria.

1. Ligula. Müll.

Fischriemen.

1. Lig. piscium, L. *der Fischriemen, der Fiek.*
2. - avium, Bloch. *der Vogelriemen.*

2. Fasciola. L.

Doppelloch.

1. Fasc. hepatica, L. *der Leberwurm.*
2. . Lucii, Müll. *das langhälsige Doppellock.*

3. Taenia. L.

Bandwurm.

a. Inarmata.

1. Taen. lanceolata, Bl. *die Lanzette.*
2. - lanceolata nodosa, Bl. *die knotige Lanzette.*
3. - rectangulum, Bl. *der Winkelhaken.*
4. - articulis rotundis, Bl. *der rundgliedrichte Bandwurm.*

5. Taen. lineata, Bl. *der Linien-Bandwurm.*

6. - villosa, Bl. *der Frangen-Bandwurm.*

7. - articulus convideis, Bl. *der Bandwurm mit keilförmigen Gliedern.*

8. - collo longissimo, Bl. *der Langhals.*

9. - Cylindricea, Bl. *der Bandwurm mit cylindrischen Gliedern.*

10. - tenuis nodis instructa, Bl. *der schmale und knotige Bandwurm.*

11. - laevis, Bl. *der glatte Bandwurm.*

12. - capite-truncato, Bl. *der Bandwurm mit dem abgestümpften Kopfe.*

13. - collari nigro, Bl. *der B. W. mit dem schwarzen Kopfe.*

14. - vasis nutriciis distinctis, Bl. *die Manschette.*

15. - cucumerina, Bl. *der Gurkenwurm.*

16. - lata, L. *der breite Bandw.*

17. - vulgaris? L. *der zweymündige Bandw.*

b. Armatae.

18. - tricuspidata, Müll. *der Band-Wurm mit drey spitzigen Haken.*

19. - collo brevissimo, Bl. *der Kurzhals.*

20. - canina, Bl. *der schmale Band-Wurm.*

21. - solium, L.
cucurbitina, Bl.) *der Kürbis-Wurm.*

4. Vermes vesicularis.

Blasen - Würmer.

1. Verm. vesicularis eremita, Bl. *der Einsiedler.*
Hydra Hydatula. L.
2. - vesicularis socialis, Bl. *der gesellige.*

5. Echinorynchus.

Krätzer.

1. Ech. Gigas, Bl. *der Riese.*
2. - capite et - collo armato, Bl. *der Stachel-
hals.*

6. Ascaris intestinalis.

Spul - Wurm.

1. Asc. lumbricoides, L. *der Spul - Wurm.*
2. - acus, Bl. *der Nadel - Wurm.*
3. - vermicularis, L. *der After - Wurm.*
4. - papillosus, Bl. *der Warzen - Wurm.*

7. Trichurus.

Schwanz - Wurm.

1. Trich. Wagleri et Roederi, Bl. *der Wagler-und
Roederersche Schwanz - Wurm.*

8. Gordius.

Faden - Wurm.

a. Intestinalis.

1. Gord. intestinalis, Bl. *der Eingeweid - Faden-Wurm.*
2. - Harangum, Bl. *der Hering - Fadenwurm.*
3. - Coleoptratus, C. *der Käfer - Fadenwurm.*

b. Ex Intestinalibus.

4. - aquaticus, L. *der Wasser - Fadenwurm.*
5. - lacustris, L. *der Sumpf - Fadenwurm.*
6. - argilaceus, L. *der Thon - Fadenwurm.*
7. - arenosus, C. *der Sand - Fadenwurm.*

9. Chariophyllus.

Nelken - Wurm.

1. Char. Blochii, *der Bloch. Nelkenwurm.*

10. Cuculanus.

Kappen - Wurm.

1. Cuc. viviparus, Bl. *der lebendig gebährende Kappen - Wurm.*
2. - consideus, Bl. *der keilförmige Kappen-Wurm.*

11. Chaos.

Eingew. Infusions - Thierchen.

a. I n t e s t i n a l i s.

1. Ch. cordifera, Bl. *das Herzförmige Infusions-Thierchen.*

b. E x I n t e s t i n a l i b u s.

2. - redivivum, L. *der Kleisteraal.*
3. - Protheus, L. *der Unbestand.*

12. Lumbricus.

R e g e n - W u r m.

1. Lumbr. terrestris, L. *der gemeine Regenwurm.*

13. Hirudo.

B l u t - I g e l.

1. Hir. medicinalis, L. *der Aderlafs-Igel.*
2. - sanguisuga, L. *der Pferde-Igel.*
3. - stagnalis, L. *der Sumpf-Igel.*
4. - complanata, L. *der Breitbauch.*
5. - geometra, L. *der Spannenmefser.*
6. - intestinalis, Bl. *der Eingeweide Blutigel.*

C L A S S I S II.

HELMYNTHICA.

1. Hydra.	3 Hyd. grysea. L.
	4 - palleus. L.
1 Hyd. viridis. L.	5 - stencora. L.
2 - fusca. L.	6 - socialis. L.

———

CLASSIS III.

TESTACEA.

1. Limax.

1 Lim. ater. L.
2 - maximus. Mül.
3 - hyalinus. L.
4 - flavus. L.

2. Helix.

1 Hel. hispida. L.
2 - Pomatia. L.
3 - Arbustorum. L.
4 - perversa. L.
5 - Nemoralis. L.
6 - limosa. L.
7 - Pellucida. Müll.
8 - rotundata. Müll.
9 - nitida. Müll.
10 - Hortensis. Müll.
11 - succinea. Müll.
12 - pulchella. Müll.
13 - costata Müll.
14 - citrina, Müll.
15 - globulus, Müll.
16 - fructicum. Müll.
17 - trochulus; Müll.
18 - obscura, Müll.
19 - lubrica. Müll.
20 - muscorum, Kirst.
21 - cellaria, Kirst.

3. Buccinum.

1 Bucc. Auricula, Müll.
2 - Palustre, Müll.
3 - stagnale Müll.

4. Planorbis.

1 Plan. Purpurea, Müll.
2 - carinatus, M.
3 - Vortex, M.
4 - umbilicatus, M.
5 - gelatinus, M.
6 - spirorbis, M.
7 - Contortus, M.
8 - nitidus, M.
9 - albus, M.
10 - imbricatus, M.
11 - Bulla, M.
12 - turretus, M.
13 - tenuissimus, Kirst.

5. Nerita.

1 Ner. fluviatilis, L.
2 - lacustris, L.
3 - vivipara, M.
4 - Jaculator, M.
5 - valvata, M.
6 - cristata, M.

7 Ner. pusilla, M.
8 - pisinalis, M.
9 - scallata, Kirst.

6. Tellina.

1 Tell. rivalis, M.
2 - lacustris, M.
3 - amnica, M.

7. Mytilus.

1 Myt. cygneus, L.
2 - anatinus, L.

8. Mya.

1 M. pictorum, L.
2 - margaritifera, L.

9. Carychium.

1 Car. mininum, M.

III.

SYSTÉMATISCHES VERZEICHNIS

DER

OFFICINELLEN PFLANZEN

WELCHE IN UND BEY BERLIN WACHSEN.

DIANDRIA.
Monogynia.

1 Salix alba.
2 — pentandra.
3 Fraxinus excelsior.
4 Ligustrum vulgare.
5 Veronica off.
6 — beccabunsa.
7 — teucrium.
8 Orchis bifolia.
9 — militaris.
10 — maculata.
11 Ophrys bifolia.
12 Gratiola off.
13 Verbena off.

TRIANDRIA.
Monogynia.

14 Valeriana minor.
15 Iris pseudacorus.
16 Carex arenarie.

TRIANDRIA.
Digynia.

17 Festuca fluitans.
18 Triticum repens.

TETRANDRIA.
Monogynia.

19 Scabiosa arvensis.
20 Asperula cynanchica.
21 Gallium verum.
22 Plantago lanceolata.
23 — Psyllium.
24 Sanguisorba off.
25 Trapa natans.
26 Viscum album.
27 Alchemilla vulgaris.

Digynia.

28 Betula alnus.
29 Cuscuta europaea.

PENTANDRIA.
Monogynia.

30 Anchusa off.
31 Cynoglossum vulgare.
32 Pulmonaria off.
33 Symphytum. off.
34 Borago off.
35 Primula veris.
36 Menianthes trifoliata.
37 Anagallis arvensis.

38 Lysimachia vulgaris.
39 — Nummularia.
40 Vinca minor.
41 Verbascum thapsus.
42 — Lychnitis.
43 Dàtura stramonium.
44 Hyosciamus niger.
45 Solanum dulcamara.
46 — nigrum.
47 Rhamnus catharcticus.
48 — Frangula.
49 vitis vinifera.
50 Ribes rubrum.
51 — nigrum.

Digynia.
52 Asclepias vincetoxicum.
53 Gentiana amarella.
54 — centaurium.
55 Ulmus campestris.
56 Herniaria glabra.
57 Cannabis sativa.
58 Humulus lupulus.
59 Atriplex hortensis
60 Chenopodium bonus
    Henricus.
61 — rubrum.
62 — hybridum.
63 — vulvaria.
64 Daucus carota.
65 Conium maculatum.
66 Salinum palustre.
67 Athamanta oreoselinum
68 Heracleum spondylium
69 Angelica sylvestris.
70 Phellandrium aquati-
    cum.
71 Cicuta virosa.
72 Coriandrum sativum.
73 Scandix cerefolium.
74 Chaerophyllum sylves-
    tre.

75 pastinaca sativa.
76 anethum graveolens.
77 — foeniculum.
78 Carum carvi.
79 Pimpinella saxifraga.
80 — nigra.
81 Apium petroselinum.
82 — graveolens.
83 Clyopodium podagraria

Trigynea.

84 Sambucus nigra.
85 — Ebulus.
86 Alsine media.
87 Amaranthus Blitum.

Pentagynia.

88 Linum usitatissimum.
89 — catharcticum.
90 Drosera rotundifolia.

HEXANDRIA.

Monogynia.

91 Allium cepa.
92 Lilium martagon.
93 Asparagus off.
94 Convallaria majalis.
95 — polygonatum.
96 — byfolia.
97 Aristolochia clematilis.
98 Acorus calamus.
99 Berberis vulgaris.

Trigynia.

100 Rumex aquaticus.

Poligynia.

101 Alisma plantogo.

H E P·T·A·N·D·R·I·A.

Monogynia:

102 Aesculus hippocasta-
num.

O C T A N D R I A.

Monogynia.

103 Vaccinium Myrtillus.
104 — vitis idaea.
105 Erica vulgaris.
106 Populus nigra.

Digynia.

107 Corylus avellana.

Trigynia.

108 Polygonum bistorta.
109 — hydropiper.
110 — persicaria.

Tetragynia.

111 Paris quadrifolia.

E N E A N D R I A,

Digynia.

112 Mercurialis annua.

D E C A N D R I A.

Monogynia.

113. Ledum palustre.
114. Pyrola rotundifolia.
115 Arbutus uva urfi.

Digynia.

116 Chrysosplenium alter-
nifolium.
117 Saxifraga granulata.
118 Scleranthus perennis.
119 Saponaria off.

Trigynia.

120 Sedum Telephium.
121 — acre.
122 Agrostemma githago.

D O D E C A N D R I A.

Monogynia.

123 Asarum europaeum.
124 Portulaca oleracea.
125 Lythrum Salicaria.

Digynia.

126 Agrimonia Eupatoria.

Trigynia.

127 Euphorbia lathyris.
128 — Cyparissias.

Dodecagynia.

129 Sempervivum tecto-
rum.

566

ICOSANDRIA.

Monogynia.

130 Prunus cerasus.
131 — avium.
132 — . domestica.
133 — spinosa.

Digynia.

134 Crategus oxyantha.

Trigynia.

135 Sorbus aucuparia.

Pentagynia.

136 Mespilus germanica.
157 Pyrus malus.
138 Spiraea filipendula.
139 — ulmaria.

Polygynia.

140 Rosa canina.
141 Rubus idaeus.
142 . — fructicosus.
143 Fragraria vesca.
144 Potentilla anserina.
145 —. reptans.
146 Tormentilla erecta.
147 Geum urbanum.
148 — rivale.

POLYANDRIA.

Monogynia.

149 Chelidonium majus.
150 Papaver Rhoeas.
151 — somniferum.

152 Tilia europaea.
153 Nymphaea lutea.
154 — alba.
155 Calla palustris.

Trigynia.

156 Delphinium consolida.

Pentagynia.

157 Aquilegia vulgaris.

Polygynia.

158 Anemone hepatica.
159 — pulsatilla.
160 — pratensis.
161 Thalictrum flavum.
162 Ranunculus flammula.
163 —' acris.

DIDYNAMIA.

Gymnosperma.

164 Adjuga pyramidalis.
165 Teucrium Scordium.
166 Satureja hortensis.
167 Hyssopus off.
168 Nepeta cataria.
169 Lavendula spica.
170 Mentha crispa.
171 — aquatica.
172 — arvensis.
173 Glecoma hederacea.
174 Betonica off.
175 Marrubium vulgare.
176 Leonurus cardiaca.
177 Origenum vulgare.
178 — majorana.

179 Thymus serpillum.
180 — vulgaris.
181 Prunella vulgaris.

Angiospermia.

182 Euphrasia.
183 Lathraea squammaria.
184 Pedicularis palustris.
185 AnthirrinumLinaria.
186 Scrophularia nodosa.

TETRADYNAMIA SIHCU-
LOSA.

187 myagrum sativum.
188 Lepidium bursa pas-
toris.

Siliquosa.

189 sisymbrium nastur-
tium.
190 — alliaria.
191 — officinale.
192 — Sophia.

MONADELPHIA.

Triandria.

193 Juniperus sabina.
194 — communis.

Pentandria.

195 Xanthium strumarium

Decandria.

196 Geranium robertia-
num.
197 — rotundifolium.

Polyandria.

198 Althaea off.
199 Malva sylvestris.
200 — alcea.
201 Pinus sylvestris.
202 — Larix.
203 — picca.
204 — abies.

DYADELPHIA.

Hexandria.

205 Fumaria Halleri.
206 — officinalis.

Octandria.

207 Polygala vulgaris.

Decandria.

208 Sportium scoparium.
209 Genista tinctoria.
210 Ononis spinosa.
211 Trifolium officinale.
212 — repens.
213 — arvense.

POLYADELPHIA.

Polyandria.

214 Hypericum perfora-
tum.

SYNGENESIA AEQUALIS.

215 Tragopogon pratense.
216 Sonchus oleraceus.
217 Lactuca scariola.
218 Prenanthes muralis.

A a

368

219 Taraxacum officinale.
220 Hieracium pilosella.
221 - sylvaticum.
222 Cichorium Intybus.
223 - Endivia.
224 Hypochaeris maculata.
225 Onespordon acan-
thium.
226 Carduus marianus.
227 Serratula tinctoria.
228 Arctium Lappa.
229 Carlina vusgaris.
230 Eupatorium cannabi-
num.

Superperflua.

231 Tanacetum vulgare.
232 Gnaphalium arenarium
233 — dioicum.
234 Artemisia vulgaris.
235 — absynthium.
236 Senecio vulgaris.
237 — Jacoboea.
238 Erigeron acre.
239 Solidago virgaurea.
240 Inula dyssenterica.
241 Bellis perennis.
242 Chrysanthemum Leu-
canthemum.
243 Matricaria chamo-
milla.
244 Anthemis cotula.
245 Achillea ptarmica.
246 — millefolium.

Frustranea.

247 Centaurea cyanus.

Necessaria.

248 Tussilago farfara.

249 Tuss. petasitis.
250 Calendula off.

Monogamia.

251 Viola odorata.
252 — tricolor.
253 Bryonia alba.

CRYPTOGAMIA.

Filices.

254 Equisetum arvense.
255 — hyemale.
256 Lycopodium clavatum.
257 Ophioglossum vulga-
tum.
258 Osmunda lunaria.
259 Acrostichum spicant.
260 Asplenium trichoma-
noides.
261 — ruta muraria.
262 Polypodium vulgare.
263 — filix mas.

Musci.

264 Polytrichum piliferum

Algae.

265 Lichen pulmonaria.
266 — floridus.
267 Cladonia coccifera.

Fungi

278 Lycoperdon bovista.

IV.

SYSTEMATISCHES VERZEICHNIS

DER

MINERN und VERSTEINERUNGEN

WELCHE BEY BERLIN OEFUNDEN WORDEN SIND.

I. C L A S S E.

Erd und Steinarten.

1. ORDNUNG.

Kalkartige Erden und Steine.

A. Mit Kohlensäure verbundene.

Kreide; lapis calcareus, creta,
Gemeine Kreide creta vulgaris.
Rein, sehr selten; und wenn sie sich findet,
enthält sie
Versteinerungen.
Bei verwitterndem Hornstein, Feuerstein,
häufig.
Dichter Kalkstein, lapis calcareus aequabilis.
Von verschiedener Farbe, mit vielen Versteine-
rungen.

A a 2

Schimmernder Kalkstein, lapis calcareus micans.

Marmor findet sich:

einfärbig; der sogenannte schwedische; tief unter der Oberfläche behält er seine Röthe; hat er lange über der Erde gelegen, ist er ausgeblafst, gelblich, graubunt, überhaupt vielfarbig, dendritisch.

Mit Versteinerungen. Die Lumachellen sind hier sehr häufig, mannigfaltig und schön.

Kalksinter; gewöhnlich nur in Höhlungen kalkartiger Steine.

Kalktuph, calcareus tophus; findet sich als Roggenstein, calc. toph. oolithus, Beinwelle, Beinbruch, calc. toph. osteocolla.

Kalkspath, calc. spathum findet sich

fest, füllt die Schläuche und selbst die feinsten Arme der hier sehr häufigen Entrochorum aus.

Crystallisirt; ist die beständige Füllung der hier nicht selten zu findenden kugelrunden Echiniten.

Bitumineuser Kalkstein, Stinkstein, Saustein, calc. dysodes, findet sich

dicht; dichter Stinkstein, calc. dysodes aequabilis mit körnigem Bruch; c. d. granularis, ist gewöhnlich das Steinlager, worin der entomolus paradoxus sich findet.

Spathig, c. d. spathosus, füllt häufig die Concamerationen der Orthoceratiten aus.

B. Mit Schwefelsäure verbundene Kalkarten.

Gemeiner, dichter Gypsstein, calc. gypsum
aequabile, in kleinen abgerundeten Stücken.
Selenith, Gypsspath, c. g. spathosum, nur Spuren davon und selten.
Faseriger Gyps, Strahlgyps, c. g. fibrosum.

II. ORDNUNG.

Steinarten, welche die Bittererde enthalten.

Serpentin, talcum serpentinus, selten.
Strahlstein, talcum radiatum, asbestartig.
Hornblende, talcum corneum.
   Gemeine Hornblende.
   Hornblendschiefer, sehr häufig.
   Basaltische Hornblende, säulenförmig, crysta-
   lisirt, sehr selten.

III. ORDNUNG.

Steinarten, welche die Alaunerde enthalten.
Thonarten.

Reine Thonerde, argilla pura.
Gemeiner Thon, argilla vulgaris, findet sich gelb-
   lich-grau, dunkelbläulich in tiefen Lagen.
   Verhärteter Thon auch zuweilen in grofsen
   Blöcken.
Lehm, argilla limus.

Thonschiefer, arg. schistus.

Wetzstein, arg. coticula, sehr selten.

Mergel, arg. marga, findet sich als:

Mergelerde.

Verhärteter Mergel.

Sandmergel.

Glimmer, arg. mica, als dichter Glimmer und
Glimmerschiefer.

Chlorit, argilla chlorites.

Gemeiner Chlorit.

Chloritschiefer.

IV. ORDNUNG.

Steinarten, welche die Kieselerde enthalten.

Granat, silex granatus, findet sich crystallisirt,
schwarz oder dunkel, bläulichroth, ins Gelbe
spielend, in Granit eingesprengt.

Schörl, sil. scortus, findet sich als
crystallisirt; in Säulen selten.

Blättriger Schörl.

Grüner Schörl; nur Spuren davon.

Feldspath, sil. spathum, findet sich als
unförmlicher Feldspath; sehr häufig.

Gemeiner Feldspath, milchweiss, fleischroth,
sehr dunkelroth, mit Quarz durchsetzt.

Quarz, sil. quarzum, als fetter und trockner Quarz,
milchfarben, weissgelb, bläulicht, Stengelquarz,
crystallisirter Quarz in Klüften und Höhlungen

andrer Steine, auch finden sich Versteinerungen von Holz und Wurzelarten im Quarz.

Chalcedon, sil. chalcedonius, findet sich in verhärtetem Thon und jaspisartigem Stein sehr häufig; Tropfchalcedon in Feuersteinen, häufig; als Ausfüllung versteinerter Seekörper sehr häufig; in Echiniten, Entrochiten, Halcyonien, Fungiten, Tubiporiten, Stigmatiten und Ceratiten sehr häufig und von vorzüglicher Schönheit. Sind die Fungiten noch vollkommen und rund, so findet man sie durchaus mit Chalcedonmafse angefüllt. Findet man sie in Kalksteinen, so ist die äufsere Kruste oft mit Chalcedon gefüllt.

Carniol, sil. carneolus sehr selten; in Thongruben.

Achat, sil. achates, in Thonverhärtungen.

Opal, sil. opalus, selten; auch |in Granit eingesprengt.

Jaspis, sil. jaspis, sehr häufig; doch mehrentheils auf der Oberfläche verwittert, voll Versteinerungen, die mehrentheils in Entrochiten oder Madreporen bestehen und chalcedonartig sind; sonst einfärbig, vielfärbig und als Bandjaspis.

Feuerstein, sil. pyromachus, kommt vor als gemeiner Feuerstein, edler Feuerstein, durchsichtig, mit Hornstein durchsetzt, mit Kreidelagen durchsetzt, gestreift, dendritisch u. s. f. Die Echiniten, welche auf der Oberfläche kieselartig erscheinen, sind stets mit edlem oder gemeinem

Feuerstein angefüllt. Selten findet sich hier
der Feuerstein ohne Spuren von Versteinerungen.
Hornstein, sil. corneus, gemeiner und schiefriger.

v. ORDNUNG.

Zusammengesetzte Steine.

Granit, in allen Zusammensetzungen, sehr mannigfaltig gefärbt, doch scheint die Mischung mit
rothem Feldspath die herrschende. Die bei
Berlin vorkommenden Granitgeschiebe stehen
in der Gröfse denen nach, welche in der Entfernung von einigen Meilen, z. B. bei Freien-
walde ihre Lagerstätte gefunden haben; weil
die in der Nähe befindlich gewesenen schon längst
zu Pflastersteinen etc. verkleinert seyn mögen.

Gneus, seltener und meistens von grobfasrigem
Gefüge.

Sienit, selten.

Porphyr, in den Thongruben in grofsen Blöcken,
die aber mehrentheils säulenförmig klüften. Er
ist von den mannigfaltigsten Farben, doch
mehrentheils dem schwedischen von Elfedalen
(in Dalarne) ähnlich. Das Berlinische Stein-
pflaster zeichnet sich unter andern durch die
Menge und Mannigfaltigkeit seiner Porphyr-
steine aus, wovon einige den antiken Porphy-
ren gleichgestellt zu werden verdienten, wie
man solches nach einem heftigen Platzregen
wahrnehmen kann.

Wakke, von mannigfaltiger Art.

Basalt, unförmlich.

Serpentinfels, mit Chalcedon, Quarz und abwechselnden Kalkspath, theils eingesprengt, theils als Breccie gemischt.

Sandstein, als:

Thonartiger Sandstein, als da sind:

Filtrirstein, in verschiedenen Arten.

Grobkörnigter Sandstein.

Glimmriger Sandstein.

Feinkörnigter, dichter Sandstein; Varietät: in feinen Lagen, mit perpendikulär-gehenden Röhren durchsetzt, einer Versteinerung ähnlich, sehr häufig.

Schiefrigter Sandstein.

Kalkartiger Sandstein, grobkörnigt.

Mergelartiger Sandstein.

Eisenschüssiger Sandstein.

Grauwakke.

Breccie, als:

Quarzbreccie.

Kieselbreccie.

Jaspisbreccie.

Sandbreccie.

Porphyrbreccie.

Trappbreccie; vorzüglich solche Breccien, deren Bindemittel Eisen ist.

Wandelstein, mit Kalkspathnieren, Serpentinnieren, Feldspathnieren.

II. CLASSE.

Brennbare Mineralien.

Alaunhaltiges bituminöses Holz.

Erhärtetes Bergöl. Nur Spuren davon.

Braunkohle.

Bernstein, gewöhnlich undurchsichtig, von brauner Farbe, findet sich von Ocher umgeben in Thonlagern.

III. C L A S S E.

Metalle.

Eisen.

Magnetischer Eisenstein.

Dichter rother Eisenstein.!

Thonartiges Eisenerz.

Gelber Eisenocher.

Raseneisenstein.

Spathiger Eisenstein; selten aber schön.

Schwefelkies, kugel- und traubenförmig.

Markasit.

Braunstein, kalk- und baumförmig.

VERSTEINERUNGEN.

A. Versteinerungen von Thieren.

a) Von Säugethieren oder Zoolithen.

Von Elephanten; Backzähne mit den Wurzeln, mit wellenförmigen Gängen, die die
Härte vom Chalcedon haben, sind an verschiedenen Stellen in stratis von gerollten
Steinen, 40 Fufs tief unter der Dammerde,
gegen Schönberg und auch gegen Templow
zu, gefunden; so auch eben daselbst Reste
von beschädigten hervorstehenden Elephan-
tenzähnen noch 1½ bis 2 Fufs lang, auch andere sehr starke kalcinirte Knochen, vielleicht
von eben dem Thier. Dergleichen kleinere

im Feuerstein, auch so klein als Gerippe, dafs sie

b) Von Vögeln (Ornitholith) oder Fröschen seyn können.

c) Von Fischen, Ichtyolithen.

Fischschuppen, versteinte Zähne vom Haygeschlecht; sehr selten.

d) Von Insekten oder Entomolithen.

Die Kakadumuschel, entomolus paradoxus, ein Abdruck eines ganz vollkommenen ausgebreiteten, mit Füfsen oder Stacheln versehenen Thieres der Art, zweimal gefunden. Einzelne Kopf - und Schwanzstücke desselben Thieres von ganz verschiedener Gröfse sehr häufig, besonders im Stinkstein.

e) Von Gewürmen oder Helmintholithen.

Seesterne, besonders einzelne Strahlen und Glieder der Meduse.

Meerigel, helmintholithus echini globosi, die Seekugel; mehrentheils ganz mit Spathcrystallen gefüllt.

Uebrigens Seeigel sehr verschiedener Art, deren Kern mehrentheils Feuerstein, oder Chalcedon in Feuerstein, ist; auch Seeigel von der kleinsten Art, noch mit ihren langen Stacheln, und inwendig mit Quarzcrystallen gefüllt. Seltener der echinus mamillaris. Sonst auch grade, walzenförmige und keulenförmige Judennadeln.

f) Versteinerungen von Conchylien.

Pholaden.

Muskuliten, Myiten.

Soleniten.

Telliniten.

Ungleichseitige Chamiten.

Pecktiniten.

Ostraciten.

Patellen.

Gryphiten.

Pecktunkuliten.

Conchae anomiae.

Terebratuliten.

Miefsmuscheln, mytili.

Pinniten, klein.

Alle diese finden sich entweder einzeln oder in Kalksteinen, die Ostraciten und Gryphiten häufig mit Ansätzen von Chalcedon. Ammoniten zum Theil mit ihrer natürlichen Schale schön opalisirend, diese und andere gröfsere Muscheln mit gut erhaltenen Schalen finden sich am ersten im Eisensandstein.

Cituiten, nur unvollkommen und undeutlich.

Orthoceraliten von aller Gattung, auch sägeförmige, einzelne grofse, deren Concamerationen mit Kalkspathcrystallen, oder mit Gypscrystallen, angefüllt sind.

Strombiten.

Trochiten.

Dentaliten.

g) Versteinerungen von Korallen.

Röhrenkorallen, Tubiporiten.

Die Seeorgel, undeutlich.

Die Kettenkoralle.

Sternkorallen, Madreporiten.

Schwammkorallen Fungiten aller Art.

Irrgarten, helmintholitus macandritis.

Steinschwamm, helminth. agaricitis, mehrentheils hart und chalcedonartig versteint.

Astroiten, mit graden Strahlen und mit ge-
schlungenen Strahlen.

Kelchkoralle, helminth. calicularis, oder Cera-
tites, sehr häufig.

Hippuriten.

Poröse Fungiten.

Alcyomien.

Punktkorallen, Milleporiten.

Netzkoralle, milleporae reticulatae.

Kalkkoralle, milleporae polymorphae.

h) Versteinerungen von Thierpflanzen.

Räderkoralle, isis entrocha.

Entrochiten.

Asterien.

Belemniten im Eisensandstein, im Feuerstein, auch einzeln.

Reteporiten.

i) Von Gewächsen.

Lithoxylon im Eisenstein,' Kiesel - oder
Jaspisartig versteint.

Diese Steinarten finden sich mehr oder weniger
häufig in dem ganzen Bezirk des Feldes um Berlin.
Nur in den niedrigsten Gegenden' um das Flufs-
bette hat man wegen des Wasserstandes noch keine
Geschiebe auffinden können.

In den häufigen Lagern von feinem Sande, oder
von Mergelgemischtem Sande tragen die wenigen
dort vorhandenen Kalksteine selten die Spur von
Versteinerungen, die Kalksteine selbst sind hier zer-
fressen, und überhaupt selten.

Uebrigens machen Kalksteine den gröfsten Theil
des kleinern, abgerundeten, und in allen Tiefen
verbreiteten Gesteins aus. Sie enthalten mehr oder
weniger Spuren von Versteinerungen, und unterscheiden sich merklich von den in dem Flötzgebirge
bei Rüdersdorf eingeschichteten Kalksteinen.

In den Thonlagern sind die Versteinerungen oft
auf der Oberfläche weniger deutlich; finden sich aber
dort am besten erhalten, und nehmen durchschnitten
oder angeschliffen und polirt sich sehr gut aus.

Am häufigsten sind die Versteinerungen in solchen Geschieben, welche, gleich denen am Seestran-
de, aus grofsen und kleinen Kieseln und Kalksteinen
gemischt bestehen. Diese Schichten von blofsen
Steinen sind oft bis vier, fünf Fufs mächtig, und
enthalten gewöhnlich die auffallendsten Versteine-

rungen. Dergleichen Schichten würden gewifs an
mehreren Orten aufgefunden werden. Bis jetzt sind
vor dem hallischen Thore gegen Tempelhof zu, dann
bei Schöneberg, und zuletzt zwischen dem Gesundbrunnen und Schönhausen, eine beträchtliche Strecke
der Panke an ihren beiden Ufern hinauf, dergleichen
strata aufgegraben worden. Letztere Gegend enthält zwar nur kleinere Exemplare von Versteinerungen, dagegen aber unter allen die deutlichsten.